アジアの子どもと教育文化

―― 人類学的視角と方法 ――

坂 元 一 光

九州大学出版会

はしがき

本書は東・東南アジア諸社会を中心として子どもに対する文化的意味づけや処遇、生活のあり方、およびその接近方法に関して、分析視角、儀礼、ジェンダー、社会変容という四つの切り口から論じたものである。分析視角の部分を除く本書の大部は、筆者自身のフィールド・ワークにもとづく論考から構成されており、複数の対象社会の子ども観、子どもの産育や教育、あるいはその生活世界が、個々の社会的、文化的文脈に即して紹介されている。そこでは産育や教育をめぐる事象が当該社会の独自の構造や規範によって規定され、また人々の実践にもとづく変化過程のなかで再編される具体相が示される。結果として、本書では特定地域における子どもの成長文脈（growth context）を集中的に描くのではなく、産育や教育の実践が埋めこまれた多様な社会的、文化的文脈を右記の切り口に沿って広く見渡すかたちをとることとなった。

子どもの成長や教育に関する人類学的取り組みとしては、マーガレット・ミード（M. Mead）以来の心理人類学的アプローチにつながる研究や多民族社会の学校教育の問題に焦点化したいわゆる米国教育人類学の研究などが知られている。これに対し、本書では心理人類学というよりは社会・文化人類学的アプローチが意識されており、また学校教育ばかりでなく、その周辺に広がる子どもの生活世界や子産み、子育てなどの制度慣行を積極的に取り上げている。さらに、文化化や通過儀礼などの伝統的テーマのほか、ジェンダーやメディア、あるいは教育開発など今日的な課題に対しても目を向けることで、子どもや教育の人類学研究における新しいフロントの提示を試みている。本書を構成する四つの括りは、筆者のこれまでの論考を編集する過程で案出されたものではあるが、結果的に、今日のアジアに生きる子どもや産育、教育をめぐる様々な現象を、とりわけ人類学の視角から見てゆくうえでの重要な社会的、文化的局面を提示することになったと考えている。

本書のもうひとつの特徴として、アジア地域の子どもや産育、教育に関連する事象を取り上げるにあたり、複数の民族社会を対象としながらこれらを社会構造（出自様式）や宗教的大伝統（儒教、上座部仏教、イスラーム）などのマクロな枠組みに沿って相互参照的にみてゆく視座があげられる。ただ、そうした枠組みや視座は今のところゆるやかに設定されたものにすぎず、本書のなかでは多様な地域性と多彩なテーマの背後にそれとなく潜ませてある。一箇所に深く沈潜してゆく現地研究が主流を占める時代に、ひとりの研究者が複数の社会を取り上げて論ずる手法はいかにも無謀なことのように思える。しかし、これらは子どもに対する性別選好をあつかった部分（第Ⅲ部）において萌芽的に示されているように、アジアという広大な地域空間に展開する子どもの産育や教育の多様な事象を、個々の、あるいはその時々の問題意識に沿って総体的に見渡すための構造化された視点を獲得する試みにもつながっている。

以下、多様な地域や話題からくる本書の散漫な印象を補う意味も含めて、全体を構成する各部分（第Ⅰ部〜第Ⅳ部）の概要を示しておきたい。

まず第Ⅰ部「教育と人類学のクロスロード」では、本書の内容や成立にも深く関連するひとつの大学機関における人類学的教育研究の組織的な取り組みとその理論的枠組みについて紹介する。かつて九州大学教育学部に設置されていた「附属比較教育文化研究施設」（通称「比研」）における人類学分野の研究実践をふりかえることを通して、日本における人類学的教育研究の独自な展開を明らかにするとともに、そこで採用されていた教育や子ども研究の理論と視点についての簡単なレビューを行った。「教育文化」という独自の対象設定により、教育学と人類学をゆるやかに架橋した「比研」の研究実践は、その早い時期から海外現地調査にもとづく教育民族誌的手法によって支えられていた。そこでは人類学の立場から子どもの教育や成長を捉える分析視角としてマクロあるいはミクロな文化伝達論や文化化論、さらには通過儀礼論などが採用され、また学校以外の教育場面にも広くフィールドを求めたその研究実践は、米国の教育人類学だけでなく近年その導入がすすみつつある中国や韓国における教育人類学のあり方と比べても大きな特徴を有していたことが明らかにされる。

第Ⅱ部「子どもの儀礼生活」では、子どもの教育や成長の文脈を構成する儀礼のはたらきを、学校や家庭、あるいは地域生活においてみていった。日常、非日常を問わず、子どもの生活は様々な儀礼的実践によって満たされているという前提のもと、まず学校に関しては、教育研究における儀礼論の適用例を紹介しながら、子どもの学校生活の理解における儀礼論的視点の重要性と有効性が確認される。次に、インドネシア・西スマトラの産育儀礼の報告では、その儀礼表象を通して文化的モデルとしてのローカルな子ども観が提示され、また儀礼の正しい実践を通して地域社会の産育ネットワークが構成される様子を示した。さらに、日本の村落社会における山の神祭りや頭屋祭祀などの祭礼行事の事例から、村落共同体の再生産儀礼における子どもの象徴的意味や役割を、ジェンダーとセクシュアリティという「性」の文化をめぐる二つの枠組みにもとづいて明らかにしていった。

「子どもとジェンダー」と題された第Ⅲ部は、生まれてくる子どもの性別への親や社会の偏った期待のあり方として、アジア各地に見られる性別選好とそれにもとづく産育実践、およびそれを生み出す社会的、文化的な構造や編成過程に関する論考からなっている。性別選好の二つの典型である男児選好と女児選好を中心として、前者に関しては韓国社会の現状と日本村落社会の祭礼を事例に、また後者に関しては種々の民族誌資料や最近の日本の意識調査を通して、社会的、文化的に構成される子どもの性別に対する選好性およびその編成過程の具体相が明らかにされる。こうした子どもの性別にもとづく不平等な処遇とそれを支える子ども観や社会的、文化的構造に関する議論は、近年、特に注目されはじめた子どものジェンダーや人権問題に対しても重要な観点を提供すると思われる。

第Ⅳ部「子どもと社会変容」では、タイ農村社会と現代日本社会を取り上げながら、子どもの生活世界や教育環境の変容過程について考察している。まず、北部タイ社会で山地民の子どもを対象にすすめられている寺院教育や職業教育の取り組みについて紹介し、その多民族的地域特性と固有の文化資源（上座部仏教）に根ざした独自の補完的教育制度や、それらを活用しながら進められる教育開発の実態を指摘した。これらは、多文化化やグローバル化などマクロな社会変化に対応するローカルな教育開発戦略の事例を示しており、それはまた教育領域における内発的発展論の実践例としても捉えることができるように思われる。次の同地域の村落調査にもとづく報告では、都市化、産業化にともなう子どもの生活変容を学校教育、遊び、そして労働（手伝い）という三つの側面から検討し、伝統と現代のはざまに生きる農村の子どもたちの生活実態とその変化の様子について明らかにした。最終章では、まんがやカメラ付きケータイなどの娯楽メディアを享受する現代日本社会の子どもを中心に、そこに見いだされる大人と子どもの表象をめぐる文化政治について考察した。大人、子どもの領域を問わず多様な情報メディアが浸透している現代社会を念頭に、子どもの／に関するメディア表象を日常的権力という視点から読み解くことによって、そこに展開する表象の政治や子ども文化の先端部分の現状について論及した。

最後に、本書のタイトルにも用いた「教育文化」の語は、今回、一連の新旧論考をむすび合わせるために選ばれたものであり、第一章でもくわしく触れているように、本書の内容とも関係の深い「比研」における組織的な研究実践から引き継がれた「ローカルで開かれた射程」としての意味で用いられている。したがって、それは実体的な文化的下位概念ではなく、あくまでも特定のアカデミックな磁場を基点として歴史的に立ち上げられた操作的概念であることをお断りしておきたい。

目次

第Ⅰ部　教育と人類学のクロスロード

韓国巨文島 1983

第一章　子どもと教育文化の人類学

――ローカルな視点――

はじめに

「九州大学教育学部附属比較教育文化研究施設」（以下、比研と略記）は、文化人類学と比較教育学という当時としては新興の二つの学問分野から構成される学際研究機関として、一九五五年から一九九八年まで約四〇年間にわたり日本における人類学的教育研究の導入と展開に深く関わった。そこでは「教育文化」という独自の対象設定と比較あるいは現地調査の方法にもとづき、教育をめぐる様々な文化事象に対する人類学的アプローチの可能性が模索されていた。本章では、比研の、とりわけ人類学分野の活動を、わが国における人類学的教育研究の最初の組織的な試みとして位置付ける。そして、このような研究実践を生み出すひとつの鍵概念となった教育文化の内容検討や他の東アジア諸国における教育人類学の導入過程との比較などを通して、わが国の人類学的教育研究におけるひとつのローカルな展開のあり方を浮かび上がらせようと思う[1]。

比研の人類学者の間では、当時すでに学校教育へと焦点化されつつあった米国の教育人類学（educational anthropology）という人類学の応用分野が意識されていた。しかし、その実際の研究活動においては、学校教育ばかりでなく人々の生活実践としての多様で広範な教育事象が取り上げられ、また、今日、人類学的教育研究の主要な流れを構成している心理人類学的方法論への特化も見られなかった。結果として、比研における人類学的教育研究は、米国の教育人類学にも心理人類学的教育研究にもそのまま重なり合わない独自の実態を含んでいたように思われる。ここでは当時の比研の組織としての研究活動を、米国出自の教育人類学や心理人類学的教育研究などと区別する意味で、ひとまず「教育文化の人類学」と呼んでおきたい。そして、この独自の研究活動のあり方は、本書全体の研究の基本的な構えに通底するものでもある。

第一節　「教育文化」：ローカルで開かれた射程

比研では設立の主要な目的として「世界の教育文化の比較研究」がうたわれ[2]、以後、教育文化の語は組織研究の学際性や協同性を支える重要なキーワードとして用いられていった。しかし、この教育文化は組織的な学際研究を進めるために案出された一種の作業概念としての色彩が強く、少なくとも、最初から明確な規定を与えられた語ではなかった[3]。いうならば、それは教育学と人類学の学際組織において、教育と文化という二つの対象を単純に接合することにより産出されたきわめて便宜的な概念であったといえる。比研の人類学研究者たちは、暗黙の共通理解にもとづいて人類学的視角と教育事象とがクロスするところに立ち上がってくる（と考えた）現象や問題群を、とりあえず教育文化の語で包含しアプローチしていった。比研の教育文化は厳密な規定を与えられないまま組織研究の有用性にもとづいて用いられ、そこでの研究実践を通して不断に構築され続けていたローカルな概念といえるのである。

それでは、この教育文化は具体的にどのような対象を設定しながら構築されていったのだろう。かつての研究をふりかえることによってその内容を事後的に再構成してみたい。ここでは四〇年以上にわたる多様な研究内容を集約するために次のような手順をとった。まず比研の人類学者を中心とする研究実践を、その組織化の規模により三つのレヴェル（共同研究プロジェクト、研究プロジェクト、個人論文）に分ける。そこに現れた教育事象に関連の深いテーマやキーワードを手がかりに、各レヴェルの研究内容の輪郭をおさえる。各レヴェルごとに集約されたテーマ設定を教育文化の最大、中位、最小の範囲を示すものと考え、最終的に全体の概要を明らかにするのである。(4) 個々の研究内容にまで言及しない間接的な作業ではあるが、これにより歴代の比研の人類学者により教育文化として想定されてきた様々な対象やその全体的内容がある程度把握できると考えられる。また、これらの対象や内容は当時の研究者の判断と解釈によって適宜選定されたものであり、したがって、そこから再構成される教育文化は、明確な外延を持つというよりも研究者の視角の持ち方によってそのつど新たな対象やテーマを浮かび上がらせるひとつの開かれた射程としても捉えることができるだろう。

研究活動の三つのレヴェル

（一）　最初に参照するのは比研全体あるいは外部の研究者も加えて大規模に行われた「共同研究プロジェクト」である。このプロジェクトは、人類学、教育学両研究者の共同で進められ、具体的成果としては合計二一冊にもおよぶ研究報告書（特集紀要）を生み出した。共同研究では、アジア地域を中心に、広い意味での人間形成過程に関して道徳教育の国際比較やナショナル・アイデンティティの教育、あるいはナショナリズムやエスニシティのテーマが取り上げられている。また、国際理解や教育文化の語が両分野をくるキーワードとして用いられており、そ

表1　共同研究のテーマと特集紀要

1.「道徳教育の総合的比較研究」
(第5，8，9，10，11，13号の計6冊：1958～1966)
2.「東南及び南アジアにおける人間形成の総合的比較研究」
(第12，14，15，16，17，19，20，23号の計8冊：1963～1973)
3.「東南アジアにおける教育文化の総合的比較研究」
(第25号，1冊：1974)
4.「国際理解の教育とナショナリズムの類型」
(第27号，1冊：1977)
5.「発展途上国におけるナショナル・アイデンティティへの教育に関する比較研究」
(第31，32，33号の計3冊：1980～1982)
6.「戦後アジア諸国の教育政策の変容過程とその社会的文化的基盤に関する総合的比較研究」
(第36号，1冊：1985)
7.「民族文化とエスニシティ」
(第49号，1冊：1998)

こには教育文化として想定された最も広い範囲が示されていると考えられる（表1）。

（二）　通称「比研研究プロジェクト」（一九五四～一九九八年までの計三九件）は、「内外の研究補助金により、比研専任教官を代表者あるいは中核メンバーとして推進された研究プロジェクト」（『比研四〇年のあゆみ』：一〇〇）である。先の共同研究とは異なり各分野ごとの個別研究の色彩が強かったが、それでも全体としては比研の組織的、学際的枠組みの中に位置付けられていた。したがって、例えば、人類学分野の場合、広義の教育事象を前提に専門の文化人類学に軸足を置きつつ、地域や民族あるいは問題を限定したテーマ設定がなされた（表2）。

プロジェクトのテーマ設定には、人類学的研究関心がよりストレートに出ている。多岐にわたるテーマを敢えて大きく整理して示すならば、①民族集団の動態およびその文化の持続や変容、②少数民族の教育民族誌、③異文化理解教育、外国人子女教育、異文化間教育、留学生問題などに範疇化することができるだろう。①および②のテーマ設定

表2　比研研究プロジェクト（人類学者を代表とするもの）

1969-71：タイ農村開発の教育人類学的研究（A）
1973-74：漁村における青年集団の教育人類学的研究（A）
1974-75：在日アジア人留学生の文化接触に関する文化人類学的研究（A）
1975-76：米国における民族諸集団とその価値体系に関する文化人類学的研究（A）
1979：在日韓国人社会における伝統的行動様式の持続と変容に関する研究（M）
1981：西日本における韓国出身住民の定着過程と文化接触変容に関する研究（M）
1990-91：中国新疆ウイグル自治区の少数民族の教育文化に関する基礎的研究（M）
1991：わが国における異文化理解の理念と実態に関する教育人類学的研究（M）
1992：わが国における異文化理解の教育実態に関する基礎的研究（M）
1993：アメリカにおける教育人類学の成立過程に関する研究（E）
1993：中国少数民族の文化的持続性に関する基礎的研究（M）
1994-95：外国人子女教育に関する総合的比較研究（E）
1994-95：高等教育におけるカリキュラムの国際化に関する調査研究（E）
1994-96：中国少数民族の教育に関する基礎的研究（M）
1995-97：中国新疆及びカザフスタンにおける少数民族文化の持続と変容に関する基礎的研究（M）
1995-97：わが国における外国人児童生徒の文化適応と教育に関する調査研究（E）
1996-98：異文化間教育の体系化に関する基礎的研究（E）

（　）内は代表者（A：綾部恒雄　M：丸山孝一　E：江淵一公）

は、米国や日本の民族集団における文化的持続と変容過程のメカニズム、あるいはそれらと制度的教育との関係性について、エスニシティ論、文化変容論、マクロな文化伝達論、または教育民族誌の視点から接近する内容を含んでいる。さらに、③のテーマ設定からは、おもに文化化論、アイデンティティ形成の観点から国際関係やトランスカルチュラルな状況における子どもや教育の問題を取り上げる傾向が見いだされる。そして、これらは教育文化におけるいわば中位の広がりを示していると考えることができる。

（三）　右記のプロジェクトやメンバー個々の成果報告が紀要論文（『比研紀要』一～五一号）である。個々の研究者により設定された論文テーマは、教育文化のさらに細分化された内容を示していると考えられる。表3はすべての紀要論文のタイトルの中から広く教育事象に言及していると思われるものを選び、そこに用いられた交接的キーワード

表3　個別論文タイトルに現れた交接的キーワード

出版年	号	対象地域	教育と人類学の交接的キーワード等
1957	1	—	culture and education
1957	2	セイロン	教育文化
1958	5	日本	道徳教育の社会・文化的背景
1962	10	ヨーロッパ	道徳教育の社会的基底
1963	11	日本	社会構造と道徳体系
	同	—	道徳的形成の様式
1963	12	タイ	文化と教育
1966	13	日本	日常生活における道徳的体験
1966	16	タイ	仏教的価値志向
1967	17	タイ	人間形成
1967	19	東南アジア	親族組織と価値体系
1971	22	米国	クラブ集団の教育的機能
	同	—	文化の伝達
1973	23	タイ	社会化
	同	タイ	通過儀礼
1976	26	タイ	信仰体系伝達の様式
1977	27	タイ	Village Scout 運動
1979	30	日本	留学生の文化接触
1980	31	韓国	ナショナル・アイデンティティの形成
1981	32	インドネシア	ナショナル・アイデンティティの形成
1983	34	韓国	通過儀礼，青少年期
1984	35	米国	教育における文化的多元主義，日系米人
1985	36	米国	教育における文化的多元主義，韓国系米人
1986	37	—	出産
1987	38	日本	通過儀礼
1988	39	—	子どもを大人にするための儀礼
1989	40	タイ	労働倫理形成
1991	42	中国	教育民族誌
1992	43	中国	教育民族誌
	同	日本	華僑教育
1993	44	中国	口承文化の伝達様式，民族教育
1994	45	韓国	アイデンティティ再形成
1995	46	米国	教育人類学，成立過程
	同	中国	宗教教育
1996	47	カザフスタン	民族教育
	同	—	子どもの役割変遷
1996	48	日本	カリキュラムの国際化
1997	49	米国	エスニック・セクトと学校教育
1997	50	—	教育人類学，異文化間教育学
	同	カザフスタン	教育民族誌
	同	日本	徒弟教育，教育人類学
1998	51	日本	看護教育
	同	インド	非識字会員

を取り出したものである。[5] そこからは教育文化に関するより具体的なテーマ設定がうかがえる。また、東・東南アジアおよび米国を中心とする地域的特色に加え、個人報告である分、その内容も多岐にわたっていることが分かる。

表3から全体の概要を述べるならば、初期には道徳教育の研究に関連して、社会的規範の制度的内面化とそれにもとづく人間形成、あるいは民族・国民的な価値形成のプロセスを取り上げるテーマが多く見いだされる。これらは国家的な教育規範の内面化を、制度的文化化あるいはマクロな文化伝達の問題として社会・文化構造との関係において捉えようとする取り組みとして理解される。また、親族組織、クラブ集団など学校以外の組織における教育的機能への関心も見られる。第三七号以降、それまでの特集の枠がはずれたこともあり、個々のテーマ設定はさらに多岐にわたるようになる。公的な教育制度におさまりにくく、また文化的、宗教的コンテクストとの関連が深い民族教育や宗教教育、あるいは看護教育、徒弟教育、女性のエンパワーメント（教育開発）など限定的組織や共同体における技能や生活力の習得過程を扱う研究も現れた。さらには、そうした教育事象を文脈に即して記述分析する方法論（教育民族誌）それ自体を主題化する研究関心も見いだされるようになる。

教育文化の文脈性

論文やプロジェクトの検討を通して明らかになった対象やテーマ群は、結果的に教育文化の全体的内容を示すものであり、さらには組織的研究の射程を示すものでもあった。もちろん、右に見てきたようなテーマやキーワードの網羅的集合をもって教育文化を規定しつくせるわけではないし、また、それ以外の規定の可能性がないわけでもない。なぜなら、比研の教育文化はそれ自身を把握するための方法論や文化観と強く結びついており、また何よりも地域的、歴史的に文脈化されたものとしてあったからだ。

交接的テーマやキーワードに着目した作業（再構成）から得られた教育文化の内容は、一見、HRAF（Human Relation Area Files）の文化項目（文化的下位カテゴリー）の集合体としての印象を与える。周知のように、HRAF は、通文化的比較研究に与するためにマードック（G. P. Murdock）を中心に人間関係地域ファイル協会（Human Relation Area Files, Inc.）によって開発された世界の民族と文化に関する膨大なファイル・システムである。そのなかでも「文化項目分類（OCM）」（Outline of Cultural Materials）は、人類の文化を構成する諸要素を体系的に項目化したもので、そこには子どもや教育関連の項目も含まれている。具体的に示すならば、この「文化項目分類」では、「84　生殖」、「85　乳児期と子ども期」、「86　社会化」、「87　教育」、「88　青年期、成人期、老年期」などが子どもや教育関連の大項目として挙げられており、それぞれの項目には、さらに三桁の数字で表された下位項目が含まれている。例えば、「86　社会化」の項目には、「86-1　教化の技術」～「86-9　信仰の伝達」等の下位項目が並び、細かく階層化、体系化されている。これに対し、比研の教育文化は HRAF の文化項目のように階層化や体系化を前提に脱文脈化されたものとしてあるのではない。基本的に、それは研究者が身をおくフィールドのなかで個々に文脈化されたものとしてあったのだ。比研における研究活動を大きく特徴付けてきたフィールドワーク（あるいは、それにもとづくエスノグラフィー）は、教育文化として対象化された事象や過程が社会・文化的コンテクストのなかに埋めこまれてあるという基本認識に立った方法論であった。したがって、比研の人類学者にとっての教育文化は、単に脱文脈的な文化項目や要素ではなく、何より現地における個々の文脈から立ち上がってくる事象であり過程として考えられていたのである。(6)

比研における教育の人類学研究は、学校教育ばかりでなく人々の生活実践としての家庭教育や産育慣行に対しても広く対象を定め、早い時期（一九五〇年代）から海外現地調査にもとづく民族誌的アプローチの方法を採用していた。教育文化はそこでの組織的研究の学際性や協同性を支える重要なキーワードとして用いられていたのだ。ここに参画した人類学者のすべてが教育や子どもの問題を研究テーマの中心にすえていたわけではなかったが、組織的研究の共通枠組みとしてそれは常に意識され共有されていた。この教育文化に対しては最後まで厳密な規定が与えられることはなかったけれども、それは人類学と教育学の学際研究における共通の対象領域を設定するための作業概念として、あるいはひとつのローカルで開かれた射程として用いられていたのである。

第二節　教育文化への民族誌的アプローチ

比研の人類学者によって採用された具体的な研究方法は、現地調査（フィールドワーク）とそれにもとづく報告、すなわち民族誌（エスノグラフィー）的手法であり、それは当時の日本において、教育や子どもの研究に用いられる方法としては比較的目新しいものであった。一般に、教育や子どもに焦点化させた民族誌的手法は、「教育民族誌」（educational ethnography）や「学校民族誌」（ethnography of schooling）と呼ばれ、民族誌の下位区分を指すものとして言及されてきた。この教育民族誌と学校民族誌に関しては、米国における教育人類学の制度化に大きく貢献したスピンドラー（G. Spindler）が、対象の範囲にもとづく簡明な規定を行っている。彼によれば、教育民族誌は「学校に関連するしないにかかわらずあらゆる教育的な過程（processes）を対象とする研究」を指すものであり、これに対し学校民族誌は「学校における意図的教育や文化化の過程の研究（遊び場や遊び仲間、同年集団、学校内暴力などの学校生活に関する研究も含む）」であるとする（Spindler 1988（1982）: 2）。比研の民族誌的方法の場合、学校民族誌よりも広いレンジ（射程）を持ち、学校以外の多様な教育事象を扱うという意味において、スピンドラーのいうところの教育民族誌に近い位置付けを持っていたといえる。

教育民族誌および学校民族誌は、いずれも当該社会における広義の教育や学習の文化過程を理解するための有効な手法である。なかでもそのまなざしを学校へと収斂させる学校民族誌は、例えば、一時期「デオス（DEOS）」の呼称で米国の教育人類学の学習者の間に普及したリーディングス（Spindler 1988）などを通じて、人類学的教育研究のイメージ形成に大きな役割を果たした。当該社会の政治性（イデオロギー）や社会・経済構造あるいはエスニシティの問題などが集約された制度空間の現実過程を描く学校民族誌は、今日、教育の民族誌研究を強く特徴付ける代表的領域であり方法となっている（Wilcox 1988）[7]。しかし、このような学校民族誌は教育の民族誌研究におけるひとつの典型であるとしてもそのすべてではない。なぜなら、文化過程としての教育や学習は、学校の外部に広がる社会・文化的な後背地においても多彩な展開を示しているからである。

比研の人類学者による民族誌的な教育文化研究を概観するとき、その直接の対象は学校事象そのものにとどまらず学校を含む社会的、文化的な広がりにまで及んでいる。たとえ学校が取り上げられるにしても、まずなによりも民族文化や地域社会などそれを取り巻くマクロなコンテクストの記述に重点がおかれており、学校や学級内のミクロな相互交渉を細かく描くいわゆる学校民族誌の手法が採用されることはなかった。そこでの民族誌的アプローチは、特定の課題設定にもとづき、どちらかといえば、民族文化や社会構造、あるいは宗教的価値体系など学校外の社会的、文化的コンテクストに注目し、それを基点として学校教育を参照してゆくようなマクロあるいはエコロジカル（文化生態学的）（Ogbu 1981）な視点を特徴としていたといえる[8]。

比研の民族誌的手法に関しては、その対象設定の独自性に比べて、これといった組織独自の性格を指摘することはできない。ただ、アプローチの方向が教育文化という固有の対象を照準していたという点で、例えば、方法論としての教育民族誌それ自体に対する特別な関心のあり方や比較教育民族誌という新しい試みのなかにひとつの特徴をうかがうことができるかもしれない（丸山 一九九一、江淵 一九九四）。いずれにせよ、比研における教育研究の民族誌的手法は、全体として学校や学級内のミクロな相互作用の緻密な記述に向かうのではなく、文化に埋め込まれた多様な人間形成の諸制度の記述、あるいは国家や民族的アイデンティティと学校教育との関係やその動態についての記述に向けられていたように思われる。それでも、特にその後期の頃には伝統的徒弟制や状況的学習への関心も現れはじめ（シングルトン 一九九六、大家 一九九七）、比研の教育民族誌はマクロとミクロ両方のフィールドをカヴァーする広がりを持とうとしていた。

また、教育民族誌にせよ学校民族誌にせよ、結局のところそれらが基本的に人類学的民族誌の方法や認識にもとづいているかぎりにおいて、人類学的民族誌一般における課題や批判を共有していることにちがいはない。今日の人類学的民族誌の課題は、そのまま教育・学校民族誌の課題としても引き継がれており、教育の人類学的研究のひとつの方法としての教育・学校民族誌は、それが依って立つところの人類学的民族誌のパラダイムと密接に連動しながらその特性を形づくっているのである（クリフォード／マーカス 一九九六、Kelly 2000, Yon 2003）[9]。

第三節　東アジアの教育人類学

比研の人類学的教育研究をふりかえるとき、人類学のひとつの下位分野との関わりについて言及しないわけにはゆかない。それは、いわゆる「教育人類学」の名称で知られる人類学の応用分野である。そこでは、常に、米国で確立された教育人類学の動向が意識されていた。しかし、実際の比研の研究活動においては、学校教育を中心に制度化されつつあった当時の米国の教育人類学というより、文化伝達や文化化の問題を辺境社会や異文化の生活文脈のなかで考える伝統的な「教育の人類学」に近い構えが保持され、学校制度以外の広義の教育事象も視野におさめるゆるやかな対象の広がりを有していた。こうした教育人類学をめぐる固有の状況と展開は、韓国、中国など近隣のアジア諸国における教育人類学の導入過程と比較することで、その特徴がより一層明らかになるように思われる。中国および韓国ではいずれも教育人類学が導入されてまだ日が浅い。しかし、日本の場合と同じく、すでにそれぞれ独自の土着化の様相が見いだされる。

韓国の教育人類学

韓国では、一九九九年に「韓国教育人類学会」が設立され、現在、ソウル大学校師範大学の教育人類学研究室を中心に、教育と研究者の養成が進められている。韓国の教育人類学の導入過程に関しては、主だった研究者たちの著書、論文や学会、研究会の活動内容を概観することを通じて、次のような特徴を見いだすことができる。(10)

① 対象としては韓国国内の学校教育や学校文化、教育問題を中心にしており、教育の価値的側面への関心および教育問題の理解や解決に向けた実践志向が強い。

② 質的研究方法、すなわち民族誌的（エスノグラフィック）な方法が重視される。

異文化研究ではなく国内の教育現象が主たる対象であることに関しては、ひとつに、教育人類学の親学としての韓国の人類学研究の歴史的背景とも結びついているように思われる。韓国では、かつての植民地時代に日本人を中心に行われてきた朝鮮民俗・文化研究に対する反発から自民族による自文化研究を要請するナショナリスティックな雰囲気が醸成された。結果的に、韓国の文化人類学は長く国内研究に限定され、異文化研究への拡大が初動段階にとどまっていた（松本 二〇〇三、全 二〇〇四：三二〇－三二一）。この他、韓国社会自体、相対的にまだ民族的同質性が強く、今のところ外国人（異民族）の子どもや教育に関する問題がそれほど表面化していないという状況も考えられる。さらに、教育哲学あるいは教育人間学など教育の価値的研究への視点が強く見いだされる点に関しては、教育人類学を人類学の下位分野としてよりも教育学の知的脈絡のなかに位置付けてゆこうとする動向の存在（ソウル大学校師範大学 二〇〇三、趙 一九九九）などが考えられる。

中国の教育人類学

中国でも教育人類学の導入は始まっている。(11) 中国の場合、まだ学会組織は存在せず、管見するところ、華南師範大学と中央民族大学の一部の研究者の仕事のなかにその先駆的な動きを見いだすことができる。そのうち華南師範大学の冯増俊は、中国ではじめて学部、大学院に教育人類学の科目を置き、自らも『教育人類学』の著書を著わしながら、中国の教育人類学の確立のための全体枠組みと基本的な方向性をうちたてようとしている（顾 二〇〇〇）。また、中央民族大学の庄孔韶は、社会人類学を中心とする広範な研究関心領域のひとつとして教育人類学に関する著書や論文を著わし（庄 二〇〇〇a、b）、同じく、中央民族大学の滕星も欧米の教育人類学に関する理論紹介を行っている（滕 一九九九）。

中国における教育人類学の具体的な導入は、一九九〇年前後、その名称を冠した研究書や論文の登場によってうかがうことができる。人類学をはじめとして中国の人文社会科学研究は、長く厳しい思想統制下におかれ、その発展はいちじるしく滞っていた。しかし、文化大革命の終息や改革開放の波をうけて、人類学や教育学においても政治的イデオロギーから距離をとりつつ、科学的、実証的観点や方法論を採用する姿勢が見られるようになった。そうした流れのなかで、くだんの教育人類学もひとつの新しい政策科学としての位置付けと役割を与えられ、導入がはかられつつある。

冯増俊は、中国の文化的背景から出発し、欧米由来の教育人類学の新理論を用いて中国の教育実践を分析研究し、中国的な理論特色を備えた教育人類学の創立を主張している（冯 二〇〇〇：四）。すなわち、欧米式の教育人類学をそのまま移植し実用に供するのでなく、これを社会主義中国という固有の文脈において再解釈すること、あるいは再文脈化することが目指される。冯によれば、中国の教育人類学は、欧米の教育人類学理論を十分に消化したうえで、国情に沿った導入をはかるべきであり、その目的は中国教育の現代的問題を解決し改革するための糸口と方向性を指し示すことにある。すなわち、中国の教育人類学は、その主流文化を対象として封建教育から社会主義的な現代教育への転換を実現する教育政策の策定の手段であり、研究者には伝統（封建）教育の欠陥や問題構造を指摘し析出することを通して、現代的教育への発展をうながすモデル構築や政策策定に積極的に参画することが期待される（同書：八一一一、六〇一七五）。同じように、庄孔韶も米国の自由主義的、主体的な教育文化と中国の拘束的、受身的な伝統教育文化を対比しつつ、中国主流文化における伝統的教育風土を批判し、教育人類学の応用研究としての方向性と可能性を示唆している（庄 二〇〇〇a、b）。

以上、限られた関連書、論文などからは、中国における教育人類学の次のような特徴が浮かび上がる。

① 「国内主流文化」における学校教育問題や教育文化に関する研究を中心とする。
② 社会主義的な政治体制を背景として、改革開放後も純粋な理論研究よりも封建・伝統教育の悪しき風土や制度を改良するための政策提言やこれに積極的に参画する実用研究を重視する。
③ 米国およびヨーロッパの教育人類学の導入にあたっては、これらの蓄積や成果を尊重はするものの、それを

そのまま中国国内に応用するのではなく、独自の政治・社会体制を前提にした再文脈化が強く意識される。

おわりに

東アジアにおける教育人類学の導入に関しては、それぞれの国における人類学研究の発展状況、経済発展状況、植民地をめぐる歴史、社会の民族的構成、政治体制（イデオロギー）などの要因にもとづき多様な土着化の様相がうかがわれる。日本の場合も、比研の独自な活動を介することで米国の動向をそのまま踏襲することなく、幅広い人類学的教育研究の一部として導入されていった。そこでは教育や子どもの問題を学校教育のなかだけに限定せず、広義の文化過程としての教育や相対的に捉えられた子ども（期）の研究なども行われていた。民族間関係に関わる国内の教育問題が主題化されるまでには、米国の場合と比べて若干のタイム・ラグがあったように思われるが、最終的には異文化間教育学を追加した研究組織の確立（一九九〇年）によって、直接、学校教育における多文化化や民族問題を対象とする体制もととのっていった。

教育文化の語は学際的組織研究における重宝な作業概念として厳密な規定を放置したまま用いられていた。しかし、結果的に、それは子どもや教育と人類学とをつなぐ蝶番《ちょうつがい》のようにはたらくことによって、米国の教育人類学の直輸入ではない日本独自のローカルな教育の人類学をはぐくんだといえる。また、比研の教育文化の人類学は、子どもの存在や教育を単に学校空間へと囲い込むのではなく、その生活全般を視野におさめることによって、いわゆる子どもの人類学（Children and Anthropology）としての可能性も予感させていた。ただ、今のところ人類学的子ども研究は、人類学的教育研究に比べてもさらに人口に膾炙しているとはいいがたい。子どもの人類学を紹介する数少ない論文やレビューなどを見ても、先行研究として挙げられる業績のほとんどが教育人類学のそれと重複しており、まだ独自の領域を確立しえていないのが現状である（Schwartzman 2001, C. Toren 1998; 松澤・南出 二〇〇二）。そのなかで、すでに比研の教育文化の人類学は、子どもの生の全般につながるような研究の視点をもっていた。それは子どもを狭い教育過程のなかに閉じ込めるのではなく、生活場面での文化化やアイデンティティ形成、あるいは子ども観や子どもの社会的、文化的存在様式なども広く射程におさめることで、彼／彼女たちの生をそれ自体として捉え、またグローバルかつローカルな生活文脈において理解してゆくような研究の構えを準備していた。教育文化の組織的、学際的研究が行われた比研は、その独自の視点や方法において日本における人類学的教育研究のみならず子どもの人類学研究のための揺籃としての性格もそなえていたといえよう。

注

（1）したがって、本章では、比研の歴代の人類学者（助手を含む専任教官二〇名、『比研四〇年のあゆみ』比研創立四〇周年記念事業実行委員会編 一九九七：九一–九七）の個別の研究内容に深く立ち入ることはせず、あくまでも比研における「教育文化」の概要および「組織」としての研究の特色を浮かび上がらせることに主眼がおかれている。

（2）一九五三年の平塚益徳による設立趣意書（『比研四〇年のあゆみ』：六四）。

（3）「比研」に関する資料を検討するかぎり「教育文化」についての明確な概念規定に触れたものを見いだすことはできない。教育文化の概念規定をめぐる比研創立四〇周年記念国際シンポジウムの議論でも、最終的にその内容を明確化するまでにいたっていない（『教育文化の比較研究――回顧と展望――』九州大学教育学部附属比較教育文化研究施設編 一九九六：二二一–二二三）。このような経緯のために、その正確な規定が改めて議論の俎上に載せられた場合、様々な疑問がわきあがってくることになる。比研創立四〇周年記念国際シンポジウムでは、「比研」に関わる人類学者だけでなく教育学者の間からも「教育文化」の概念の曖昧さやそこから惹起される研究パフォーマンスの問題点が指摘されている（同書：二二―二三、七八―七九、三〇〇)。例えば、人類学の立場からは共同研究において真の学際的対話が深められなかったことが指摘され、その理由のひとつに「教育文化」の概念の曖昧さがあげられた。比較教育学の立場からは(比研の人類学者にとって)「教育文化」は「文化における教育」に近い意味を持つと理解されつつも、やはり概念自体の曖昧さによる両ディシプリンの連携不足が指摘されている(同書:七八―七九)。

一方、「教育文化」の規定の曖昧さを問題視していた江淵は、それに対するひとつの案として石附実(比較教育学)による「教育風俗」の視点に言及している(『教育文化の比較研究――回顧と展望――』:二五注10)。石附は人々の生活文化と結びついた比較教育研究の重要性を説きつつ、「教育風俗」の概念を提出する。それを「ある集団、時代に特徴的な教育の現実の日常生活にみられるならわし」(石附　一九九五:一一)と捉えることで、①具体から本質へと向かうアプローチにより、②全体としての教育の本質を明らかにするという目標をあげて、③各民族の土着的で非意図的な教育に比重をおいた考察の重要性を指摘している。石附の「教育風俗」概念は学校内から学校外まで広い生活場面にわたっており、例えば、制服、給食、校舎・教室のレイアウト、教材、就学年齢、入学・卒業の儀式、学校暦などをはじめ出生前後から成人式にいたる子どもの通過儀礼、遊びやおもちゃ、子育て風俗、人生儀礼の教育的意義など多彩な内容を包含している。そのうえで石附は「「風俗」は広く「文化」であり、当然、「教育風俗」は「教育文化」としてもよく、「比較教育風俗研究」は「比較教育文化研究」としても一向に差し支えはない」(同書:二九)として「教育風俗」と「教育文化」との互換性にも触れている。

(4)　検討にあたっては『九州大学比較教育文化研究施設紀要』(九州大学教育学部附属比較教育文化研究施設編)一～五一号の個別論文のほかに、『教育文化の比較研究――回顧と展望――』および『比研四〇年のあゆみ』などを主な参考資料として用いた。比研の具体的研究活動に関しては、すでに前掲書を通して詳しい報告がなされており、ここで同様の作業をくりかえすつもりはない。今回は比研の組織研究の独自性を生み出す基軸となった教育文化の具体的内容の検討を中心に、日本の人類学的教育研究のローカルな展開の事例をみてゆくものである。さらに、これらは当該機関に所属していた筆者自身の経験あるいは知見によって補足されている。

(5)　交接的キーワードの抽出に用いた人類学者による論文の著者・出版年・タイトル・号数は以下の通り(出版年順・共著含む)。論文の所収はすべて『九州大学比較教育文化研究施設紀要』である。

Kluckhohn, C. 1957 “Culture, Values and Education” vol. 1

吉田禎吾　一九五七「セイロンの文化と教育」第二号

――一九五八「八幡市における道徳教育の社会・文化的背景」第五号
――一九六二「ヨーロッパにおける道徳教育の社会的基盤」第一〇号
吉田禎吾・松永和人　一九六三「部落の社会構造と道徳体系」第一一号
江淵一公　一九六三「家庭における道徳的形成の様式」第一一号
松永和人　一九六三「タイ農村における文化と教育」第一二号
岩橋文吉・江淵一公・西睦夫　一九六六「児童生徒の日常生活における道徳的体験」第一三号
松永和人　一九六六「タイ農民の仏教的価値志向」第一六号
綾部恒雄　一九六七「旧制度下タイの身分制度と人間形成」第一七号
吉田禎吾　一九六七「東南アジアにおける親族組織と価値体系」第一九号
綾部恒雄　一九七一「米国におけるクラブ集団の教育的機能」第二二号
丸山孝一　一九七一「文化の伝達に関する教育人類学的研究」第二二号
――一九七三「タイ農村における社会化の諸相」第二三号
松永和人　一九七三「タイ農村における「通過儀礼」の一考察」第二三号
小野澤正喜　一九七六「タイ農村における信仰体系伝達の様式――得度式の分析――」第二六号
――一九七七「タイにおけるナショナリズムと村落社会の変動――Village Scout 運動に関する文化人類学的研究――」第二七号
綾部恒雄・小野澤正喜　一九七九「在日留学生の文化接触に関する文化人類学的研究」第二九号
丸山孝一　一九八〇「韓国社会におけるナショナル・アイデンティティの形成」第三一号
中島成久　一九八一「ワヤンを通してみたインドネシアのナショナル・アイデンティティの形成」第三二号
坂元一光　一九八三「通過儀礼よりみた韓国伝統社会の青・少年期の特質」第三四号
丸山孝一　一九八四「教育における文化多元主義とメリトクラシー（その一）日系米人の場合」第三五号
――一九八五「教育における文化多元主義とメリトクラシー（その二）韓国系米人の場合」第三六号
片山隆裕　一九八六「フェミニズムにおける「家内性」概念の代価――女性・出産・生産の民俗学的考察から――」第三七号
――一九八七「「通過儀礼」としてのオコモリ――南阿蘇・中二子石ムラの事例から――」第三八号

慶田勝彦　一九八八「子どもを大人にするための儀礼――人類学的「理解」と生きられた隠喩について――」第三九号
丸山孝一　一九八九「南タイ・イスラム社会における労働倫理の形成基盤」第四〇号
――――　一九九一「マイノリティ教育民族誌方法論（一）」第四二号
――――　一九九二「マイノリティ教育民族誌方法論（二）」第四三号
山本須美子　一九九二「日本における華僑教育に関する教育人類学的考察――神戸市華同文学校事例を中心に――」第四三号
宋建華・丸山孝一　一九九三「民族教育の理念と実態――現代中国における口承文化の伝達様式を中心に――」第四四号
丸山孝一　一九九四「離島におけるアイデンティティの再形成――巨文島における英雄づくり運動をめぐって――」第四五号
江淵一公　一九九五「アメリカにおける教育人類学の成立過程に関する研究（その一）」第四六号
宋建華　一九九五「ダイ族の宗教教育について――中国雲南省西双版納の現地調査報告――」第四六号
江淵一公　一九九六「子どもの役割の変遷に関する一考察――文化人類学的接近――」第四七号
丸山孝一・Demiyan Rahmat　一九九六「カザフスタンにおける民族教育の展開」第四七号
江淵一公　一九九六「高等教育における「カリキュラム国際化」にかんする比較研究――OECD/CERI国際共同研究から――」第四八号
坂井信生　一九九七「エスニック・セクトにおける学校教育」第四九号
江淵一公　一九九七「異文化への旅と人生――教育人類学・異文化間教育学の課題――」第五〇号
丸山孝一　一九九七「変革期カザフスタンの教育民族誌」第五〇号
大家香子　一九九七「小石原村陶工の徒弟教育に関する教育人類学的研究――徒弟教育と個性や創造力の育成について――」第五〇号
加藤尚子　一九九八「病院の組織文化と看護教育――語られる「教育」のエスノグラフィー――」第五一号
喜多村百合　一九九八「代価型開発の対価――SEWA（自営女性協会、インド）のSANGAM運動と非識字会員の対応――」第五一号

（6）こうした教育文化の文脈性に加え、それはまた文化観のパラダイム変遷や個々の研究目的によっても様々に規定される

可能性があることを了解しておかねばならない。文脈ごと捉えられた教育文化は、まず、親学である人類学内部の文化観のパラダイムや歴史性との関連において理解されなければならないだろう。すなわち、時代や立場によって文化の基本的な捉え方（文化観）も大きく変わってくるからである。実際、個々の報告書（紀要論文）のなかにも、研究者により様々に想定された文化観をうかがうことができる。都合五四本の報告書には、構造機能的文化観、記号論的文化観、象徴論的文化観、解釈学的文化観、カルチュラル・スタディーズの文化観などが、この間の学界動向と個々の研究者の採用する学説を敏感に反映するかたちで見いだされる。さらに、文化概念のパラダイムとの関連ばかりでなく、個々の研究者の研究目的や対象に応じた文化観の選択もありうるだろう（箕浦 一九九六：一五）。子ども存在や教育活動に関連する事象を広く人類学的視角から取り扱うにしても、例えば、子どもや教育をめぐる文化研究に関するデータベース化作業を行う場合、意味やシンボルを中心にそれを文脈的な解釈の過程のなかで捉えようとする場合、意味の内面化過程（文化化）を中心に捉えようとする場合、あるいは不可視の権力関係を前提に言説や表象の交渉過程として捉えようとする場合など、文化概念の選択とそれにもとづく教育文化の規定は、研究の方法や目的によって、そのつど採用するにふさわしい内容が定まってくるものと考えられる。

（7）　今日の学校民族誌の発展に関しては、教育の社会学および人類学における研究動向との関連からその背景を推し測ることができるように思われる。前者はカラベルとハルゼー（一九七七／一九八〇）により指摘された教育社会学のパラダイム展開、すなわち規範的アプローチから解釈論的アプローチへの理論的方法論の革新の流れである。教育現象への接近と分析において、社会による個人への一方的な規定性の視点の限界を補うように個やその対面的相互作用から社会の成り立ちや生成を捉える視点が登場し、そのなかで学校という具体的な場における参与観察と記録・分析を手段に用いたエスノグラフィー的手法の有効性が認識されるようになっていった。また、後者に関しては、江淵（一九八二、一九九四：二九）の指摘にもあるように、教育人類学の中心拠点としての米国における研究動向、すなわち研究の対象が産業化社会における定型的教育あるいは学校教育へと収斂されつつあることも教育の民族誌研究における学校への焦点化をうながす背景のひとつとして指摘できよう。両分野の研究動向やパラダイムの転換を通して、学校や学級を対象とした民族誌的方法の有効性と重要性がますます強く認識されるようになったと考えられる。

（8）　米国少数民族の教育問題研究で知られるオグブは、「学校民族誌」を研究の射程（scope）により、学校、学級内での教師－生徒間の相互過程に注目する「ミクロな学校民族誌」と学校外の家庭、地域、社会全体などより広い社会文化システムとの関連においてその相互過程を生態的（ecological）に見ていく「マクロな学校民族誌」のふたつのタイプに分けている（Ogbu 1981）。

（9）中国における教育の民族誌的研究論集に寄せて、ケリーは人類学的方法論としての民族誌の展開と今日的課題、例えば、『文化を書く』（クリフォード／マーカス）等に言及しながらも、これを中国社会の教育やその問題を理解する方法として用いることの生産性を指摘している（Kelly 2000）。

（10）韓国の教育人類学の動向に関しては、主に次の資料を参照した。

ソウル大学校師範大学　二〇〇三「教育人類学研究概観」（http://learning.sun.ac.kr/）

趙鏞煥　一九九九『社会化と教育――部族社会の文化伝承過程の教育学的再検討――』教育科学社

李鍾珏　一九九五『教育人類学の探索』夏雨

曺永達　二〇〇三「韓国教育人類学会会長挨拶」（韓国教育人類学会ホームページ：http://plaza.sun.ac.kr/~kssae/intro/insa.html）

『教育人類学研究』（韓国教育人類学会）一九九八（一巻一号）～二〇〇二（五巻二号）までの計一四冊の目次および教育人類学研究会研究発表会（一九八九～二〇〇〇年まで年間八回）の発表テーマ記録など。

なお、韓国教育人類学の資料収集に関しては佐々木正徳氏（九州大学助手）に多くを負っている。

（11）中国教育人類学に関しては、主として次の資料を参照した。

庄孔韶　二〇〇〇a「人类学与中国教育的进程（上）」『民族教育研究』第二期、中央民族大学期刊社

――　二〇〇〇b「人类学与中国教育的进程（下）」『民族教育研究』第三期、中央民族大学期刊社

冯增俊　二〇〇〇『教育人類学』江苏教育出版社

顾明远　二〇〇〇「序言」『教育人類学』（冯增俊）江苏教育出版社

滕　星　一九九九「国外教育人类学学科历史与现状」『民族教育研究』第四期、中央民族大学期刊社

第二章　教育の文化的過程
――伝達論から状況論へ――

はじめに

米国の教育人類学者シングルトンは、日本社会をフィールドとする教育の人類学的研究の展望を示した論文において、日本独自の精神教育や伝統芸術の継承およびその非職業（趣味）的形態、あるいは皇室儀礼の継承など、学校教育以外の学習の場に向けた視点の重要さを指摘している（シングルトン　一九九六）。また、彼の編著『場にふさわしい学習』（Singleton 1998）においても、やはり学校以外の場における様々な学習活動に関する民族誌的論考が紹介されている。そこでは陶芸や書道あるいは海女の訓練など日本の伝統的な徒弟教育から祭りや銭湯という生活の場を舞台とした子どもの学習まで、日本社会の文化文脈を強く意識した様々な「状況的学習」（situated learning）のあり方が描き出されている。[1] 今日の教育人類学の主たる研究対象が、産業化社会における定型的教育（学校教育）へと焦点化されているという指摘（江淵　一九八二）がある一方で、彼の仕事は学校外の教育活動や学習への関心がまったく失われているわけではないことを物語っている。[2]

シングルトンらが対象とする多彩な状況的学習の研究は、その理論的な構えにおいて従来の文化伝達・学習論とは根本的な違いを見せつつも、基本的には「文化過程としての教育」（Mead 1970（1942-43））研究というマーガレット・ミード以来の伝統的な課題意識の延長上に位置付けられるように思われる。本章では、ミード以来の世代間文化伝達論からシングルトンによる状況的学習論の応用研究までの大まかな動向をたどり、「文化過程としての教育」に関する理論的パラダイムの変遷を概観する。そのためのひとつの便宜的方法として、これらの研究動向の重要な節目に深く関与した幾人かの教育人類学者とその仕事を道標とすることにしたい。取り上げるのは、文化伝達論の洗練と体系化に力を注いだスピンドラー（G. Spindler）、スピンドラーの弟子としてその文化伝達論を批判的に継承し、学習重視の教育人類学（anthropology of learning）への足がかりを築いたウォルコット（Wolcott）、そして学習の人類学を継承し状況的学習論への新しい展開をおし進めつつあるシングルトン（Singleton）の三人である。

第一節　文化の伝達過程としての教育

スピンドラーは米国の教育人類学の組織化と若手研究者の養成に大きく貢献するとともに、教育人類学の伝統的かつ中核的課題であった「文化伝達としての教育」研究の推進や体系化に精力を注いできた研究者である（江渕　一九八八）。いわゆる「文化伝達」（cultural transmission）の理論化とその過程の記述に関する研究は、伝統的に広く教育現象に対する人類学的接近の中心的課題であった。なかでも文化の世代間伝達への関心は、早くからミードら初期の人類学者により着目されており、その後、スピンドラーとその後継者によって教育における文化の伝達過程を明確に意識した理論化への努力がなされていった。(3)ただ、後述するように文化の伝達過程に関する理論的な構えは、必ずしも一貫していたわけでなく、方法論的基本枠組みの転換や焦点の変化などを伴いながら、その五〇年程の研究史においてもいくつかの節目と分岐を見せている。

ミードからスピンドラーにいたる伝統的な文化伝達論の流れを概観するには、スピンドラー自身が行った先行研究の理論的類型化（「理論モデル」（theoretical model）の抽出と分類）の作業が便利である。彼はそのなかで従来までの文化伝達論に関する要約的で批判的なレヴューを行い、自らの文化伝達論に対しても新しく「用具的モデル」（instrumental model）としての位置付けを与えている。スピンドラーは「オムニバスからリンケージへ」（Spindler 1976）と題された論文の中で、それまでの文化伝達論を、①オムニバス・モデル（omunibus model）、②社会化・文化化モデル（socialization and enculturation model）、③文化圧縮・不連続モデル（cultural compression and discontinuity model）の三つに分けて整理し、それぞれ簡単なレヴューを行っている（Spindler 1976; 趙 一九九七）。

オムニバス・モデルは、当該社会の維持を前提として次世代へ伝達する文化内容を包括的な目録として列挙するものである。このモデルは、例えば、教育の通文化比較を目指したヘンリーの研究（Henry 1960）に典型的に示されているといわれるが、伝達の対象としての文化的な諸価値（規範）を包括的、目録的に示す観点を提示しながらも、項目相互の関連性が明確に提示できていない点が批判されている。

また、社会化・文化化モデルでは、文化伝達における過程というよりもむしろその結果としての成員性の獲得と成員補充が重視される。その例として、初期的社会化を重視した「文化とパーソナリティ」学派のホワイティングの研究（Whiting et al. 1966）が挙げられている。しかし、このモデルは育児様式などの限られた操作的変数により伝達構造を説明する点でその体系性が不十分とされる。

文化圧縮・不連続モデルは、文化伝達（＝教育）が人生の一時期に集中して行われる現象に注目する。部族社会の成年式の研究がその典型であるが、企業の新人研修や軍隊生活など産業化社会における類似の慣行などにも適用される。「不連続」の語は、集中的文化伝達の前後において当事者自身の意識や能力およびそれに対する周囲の見方や扱いが顕著に変化するという認識にもとづいている。この文化圧縮・不連続モデルの例としては、成年式の前後における文化伝達の内容や方法の違いに着目した民族誌を最初に紹介したハートの研究（Hart 1955）や初期のベネディクトの研究（Benedict 1938）あるいはファン・ヘネップ（Van Gennep 1909）の影響下で行われた通過儀礼の諸研究があげられる。しかし、スピンドラーによると、このモデルもただ一度の集中的伝達にのみ強調点がおかれ、人の一生にわたり連続的に達成されていく現実の文化伝達のあり方を理解するのには限界があることが指摘される。

これら従来の理論モデルに対して、スピンドラーは後に機能主義的と評される「用具的モデル」を自身の文化伝達論モデルとして提示している[4]。彼によれば、あらゆる社会はその維持と発展のために、どのような文化をどのような様式によって伝達するのか必要（目標）に応じ戦略的に選択しているという。これが「用具的活動」である。人々にとって必要とされる結果とそれをもたらす行為との関係は、ひとつの「用具的連鎖」（linkages）として捉えられ、それは当該文化における正統性の信仰によって支えられている。こうした「用具的活動」は、個人水準と社会水準の双方で実現され、用具的活動としての文化伝達は個人水準においては生存の方法を獲得するための回路であり、社会水準では社会の原理を個人に内面化させる活動としてある。スピンドラーによれば、これらの活動を通して伝達されるのは「用具的連鎖」についての文化的知識（認知構造）であり、それは文化それ自体というよりも文化を理解し活用するための道具的機能であるとする。スピンドラーにおけるこのような文化伝達観は、基本的には機能主義と認知理論によって特徴付けられていたといえる（江淵　一九八八、趙　一九九七）。

第二節　伝達論から学習論へ

スピンドラーの文化伝達論の批判的継承者であるウォルコットは、それまでの文化伝達論が、そこに内包される伝達過程と学習過程を明確に区別せずに議論されたり、あるいは伝達の側面ばかりが強調される傾向を批判している（Wolcott 1997（1982）, 1991）。ウォルコットは従来の「伝達（教授）」中心の文化伝達観に対し、学習の重要性を強調した。彼は一九八〇年のアメリカ人類学会の年次大会において、「教授（過程）の人類学」（anthropology of teaching）の限界を補完する「学習の人類学」（anthropology of learning）のシンポジウムを準備し、これ以降学習の問題は教育人類学における新たな争点となっていった（趙 一九九七：二〇）。教授と学習は操作的には個別の行為として捉えられるが、実際の教育場面においては、双方が同時進行的かつ相互作用的に実現されている。ウォルコットは、教育的場面における学習者のまなざしを回復することにより、学習という主体的行為の重要性と、教授と学習の相互作用に目を向けていった[5]。彼は文化伝達論のなかに学習者の視点を導入し、文化伝達論の新しい展開への道を準備したのだ。さらに、ウォルコットは教授中心の文化伝達論を相対化するなかで、学校以外のフィールドに対する関心を呼び起こすことにより、それまでの教育人類学研究の視野をさらに広げる役割も果たした（Wolcott 1997: 324）。いずれにせよ、ウォルコットが喚起した文化継承や教育における学習過程への関心は、その後の人類学的な教授・学習研究の文献レビュー（Pelissier 1991）や標準的な『社会・文化人類学事典』（*Encyclopedia of Social and Cultural Anthropology*, 1998, Routledge）においても明確に言及される重要な論点となっていった（Stafford 1998: 178-180）。

ところで、ウォルコットは、それまでの文化伝達論において学習よりも教授が強調されてきたひとつの要因に関して、あのマーガレット・ミードの影響を指摘している（Wolcott 1997: 311-312）。彼によれば、ミードは早い時期から文化の世代間伝達プロセスに強い関心を持っていた人類学者であり、しかも教授と学習という二つの行為側面を意識的に区別して捉えていた。しかし、結果的にミードが重視したのは、学習の側面ではなくその伝達的側面であった。ミードは学習文化と教授文化という文化伝達の二つのタイプを対比的に提示した。そして、前者を既存の知識や規範の習得に終始する小規模で同質的な集団の文化と見なし、後者を知っている者が知らない者を教え導くことが肝要視されているような文化として区分した。その上で、「人間の持つもっとも人間的特質とは、他の多くの動物にも見られる学習能力ではなく、ほかの人々が発展させ教えてくれたものを蓄えたり、それをまた教えたりする能力だとわれわれは認識している。学習は、人間の依存性にもとづくもので、これは比較的単純である」（ミード 一九八二：一一二―一一三）として文化における教授の優位を示唆したのである。ウォルコットによれば、このような文化伝達論における教授中心の視点は、教育人類学の組織化および文化伝達論の体系化に大きく貢献したスピンドラー（およびルイス・スピンドラー）にも受け継がれていったのだ。

第三節　多様な知識へのまなざし

ウォルコットが教育人類学の文化伝達論において果たしたキーパーソンとしての役割は、単に「学習の人類学」研究という新しい方向性を指し示しただけではない。彼はそれまでの伝達論や学習論のなかで流通していたキー概念や関連概念、あるいは分析視点を洗い直すことにより、将来の状況的学習論にもつながる理論的な見通しやヒントを先見的に提示していた。

具体的には、ウォルコットがライル（G. Ryle）やウォーレス（A. Wallace）によりつつ指摘した学習類型の「learning what」と「learning how」との区分や、学習としての「観察」や「模倣」への注目は、次の状況的学習論へつながる重要な視点となっている（Wolcott 1997: 321-324）。特に、learning how の概念に示されるような明示的に言語化されにくい身体的、暗黙的知識への着目は、学校の内外にわたる教育・学習活動の多様な形態への関心やそれを記述するエスノグラフィックな研究にはずみをつけるものであった。学習の人類学における学習者と文化体得の行為側面への関心の高まりを受けて、その過程を内在的に理解する解釈学的な視点（C. Geertz）やこれをテキストとして記述するエスノグラフィーの手法は、その後ますます重視され精緻化されてゆく。文化伝達・学習論におけるこうした知識の多様性の観点は、様々な教育・学習現象を状況や活動に埋め込まれた文化的過程として経験レヴェルにおいて記述し理解してゆく具体的作業へと開かれてゆくのである。

また、こうした多様な知識のあり方へのまなざしは、それまで自明視されてきた教育を広く「文化の伝達・学習過程」と捉える教育人類学の基本的視角それ自体に対しても再考をうながす。文化の伝達・学習過程の研究として簡潔に表現されてきたその伝統的スローガンの背後には、文化を内部的に均質な統一体として措定する本質主義的視点が見え隠れしていることにも留意する必要があるのだ（レイヴ　一九九八（一九九五）：一四―二〇）[6]。

第四節　状況的学習論

シングルトンらによる学校外の学習活動に関する民族誌的研究の理論的構えは、これまでの教授や学習の人類学的研究に比べ、基本的に大きく異なる立ち姿を見せている。本章の最初で紹介したシングルトンらの学校外の状況的学習活動の研究が依拠しているのは、レイヴとウェンガーによる徒弟制に関する民族誌研究にもとづいて構想された「正統的周辺参加論（LPP）」（Legitimate Peripheral Participation）にほかならない。正統的周辺参加論の大きな特徴は、特に人間の学習過程の捉え方において、従来の文化伝達論や学習論が採用していた知識や規範の内在化という心理主義的なメカニズムによって説明するのでなく、それを学習共同体への参加プロセスとして社会学的に説明する仕方にある（レイヴ／ウェンガー 一九九三：一二一―一二五）。このようなレイヴらによる理論的支柱を得ることで、シングルトンらのエスノグラフィックな学習研究はより一層の説得力を与えられることとなった。それでは、この正統的周辺参加論とは具体的にどのような考え方なのだろうか。

レイヴとウェンガーは、全く新しい観点から学習の概念化を試みることで、伝統的な学習論にまとわりついていた個人心理学的なニュアンスを払拭し、学習を社会学的概念から再構成することを目指した（福島 二〇〇一：一五三）。レイヴらはリベリアのヴァイ族の仕立屋における伝統的徒弟制の民族誌研究にヒントを得ながら、学習を「実践共同体（community of practice）への参加の度合の増加」として捉えるとともに、それを特定の社会文脈のなかに深く埋め込まれた過程（process）として理解してゆく。(7) 彼女らは学習を命題的知識の獲得と捉えることをせず、社会的共同参加という特定状況のなかに位置付ける。こうして学習は個人の頭の中でする何事かではなく、参加という枠組みで生じる過程として捉えられ、そしてまた、一人の人間の行為ではなく共同参加者に分かち持たれるものとなる。すなわち「レイヴらは、個人が文化規範を内化する、という個体主義を批判し社会的水準での参加を強調し、物象化された内的表象でなく人格の全体を指向し、そして学習を個人の熟達よりも、実践共同体全体の再生産プロセスに求める」のである（茂呂 二〇〇一：一二一―一二三）。(8)

一般に、文化の学習としての文化化論においては、例えば「あらゆる文化は、そうした範疇の複雑なセットと、それに結びついた行動の準則とから成り立っているということ、そしてそれらの範疇と準則は文化化の過程で習得され、それらを共有する個人間の相互の意志疎通と欲求の満足を可能ならしめるものである」（ボック　一九七七（第一巻）：六六）というようにいわゆる文化の内面化メカニズムにもとづく説明の様式が見られる。しかし、レイヴによればこうした内化プロセスへの焦点化は、いわゆる機能主義的立場をとるものであり、それは先述したように文化の全体論的な捉え方とも密接に関わる問題も抱えているという。これに対し、正統的周辺参加論における状況的学習は、少なくとも個人の頭の中において、一人の行為として、あるいは命題的知識の獲得として捉えられるものではない（ハンクス　一九九三）。状況的学習論では、技能の習得とアイデンティティ形成を含んだ全人格的な共同体への参加過程そのものを学習として捉え、基本的にそこには外部に実在する知識や技術を個人の内部に取り入れるといった発想は見られないのだ。

さらに、この状況的学習論は、文化化や内在化のような内的プロセスを用いない説明の様式であるために、抽象的な知識や明示的に示される知識は相対的に周辺化され、むしろ状況や文脈のなかで暗黙的に身体化された知識への焦点化の傾向が生まれる。学習としての「参加の度合いの増加」は、単なる形式的な知識の蓄積としてではなく、「実践知」（practical knowledge）あるいは「暗黙知」（tacit knowledge）の構成として、「実践共同体」にうまく参加できていること、あるいは作業をルーティーン化しえていることのなかに達成されていると考えるのである。

第五節　実践知・暗黙知の形成とエスノグラフィー

状況的な学習によって構成される知識の「もう一つの形態」(実践知、暗黙知)は、いわゆる「教育(学校)知」(educational knowledge)との対比のなかで、より鮮明に浮き彫りになる。教育知はカリキュラムに沿って生徒へと伝達される。カリキュラムは広く当該社会の文化を伝達するために考案された教育装置であり、一定のイデオロギー(正統性)を通して、その文化の中から一定の知識だけを選択・分類・配列し、社会の統制を実現するよう作用する。すなわち、教育知は教育社会学的なカリキュラム論の文脈において、学習者へ提供されるひとつの形式的な知識類型であり、また、純粋な学習の場に適するように日常生活から切り離され、パッケージ化され統制された脱文脈的な知識としてある。教育知は特定の文脈に拘束されない活動一般に広く適応可能な知識としていわゆる「学習転移論」(レイヴ 一九九八：一一三二、高木 二〇〇一：一〇一―一〇四)を暗黙の前提としながら、学校というひとつのモデル環境のなかで学習され獲得されていくと考えられている。[9]

これに対して、状況的学習論における知識形態である実践知あるいは暗黙知は、原則として日常生活の特定の状況の中でのみ活用可能であり、文脈を越えて転移させることが困難な知識である。このように時と場にしばられた知識のあり方(文脈的知識)は、多くの場合、人々の身体を中心に最も典型的に示され、無意識的な日常生活の文脈からより意図的な教育文脈にいたるまで生活の広い範囲にわたって見いだされるものである(田辺 一九九七)。

社会(人類)学的な知識論では、まずもって生活世界におけるわれわれ相互の行為を理解可能にし、また生活のリアリティを構築するものとして「知識」を措定する。そして、その知識における「社会的配置」や「多様な形態」

という考え方を採用することによって、人々の生活世界をより具体的に理解し説明することを試みる。例えば、知識の社会的配置に関しては、現象学的社会学のシュッツに端を発し、知識の不均衡配分や知識の成層性を考慮した生活世界についての理解が試みられている。また、知識の多様性に関しては、ブルデューによる実践知やモースの身体技法、あるいはポラニーによる暗黙知やライルの方法知などの類似概念が、われわれの生活世界や経験の理解に奥行きと広がりを与えている。(10)

このような多様な知識のあり方は、場に即した実践としての様相を帯びながら、教育や学習を含む人間の日常的な慣習的行為の基盤を形成している。そして、それは個々の文脈や状況に臨んだ上での人々の行為の観察や記述によってはじめてその姿を捉えることが可能になる。この点において、現場や状況、文脈にもとづく厚い記述を前提とするエスノグラフィーは、状況的な学習過程を把握するための最も基本的な方法となり、同時に「成果それ自体(教育民族誌)」となるのだ。(11)

おわりに

本章の文化伝達・文化化論と次章で扱う通過儀礼論は、比研の教育文化への人類学的アプローチにおいて積極的に用いられた二つの理論枠組みであった。文化の伝達や文化化に関するこれら二つの枠組みは、例えば、人の成長を植物の竹にたとえた時、その管《くだ》の部分と節《ふし》の部分に着目する観点であると考えられる。前者は日々繰り返される日常的な営みとしての持続的な養育と成長の過程であり、後者はその過程の節目、節目において成長の成果を承認し、これを祝う人生儀礼あるいは産育儀礼の行事に相当する。比研における教育文化の人類学は、これら管と節の双方を射程に収めることで、人の成長における全体的視点を確保しようとしていたといえる。
しかし、これまで管の部分に理論枠組みを提供してきた文化伝達・文化化論は、現在、状況的学習論などの新しいパラダイムの登場によってひとつの分岐点に立たされている。それは、大きく機能主義、心理主義と文脈主義との狭間を示しているのかもしれない。あるいは、従来の文化伝達・文化化論における様々な知識の「転移」や「内面化」という考え方から特定の場における知識やアイデンティティの不断の生成という考え方への発想の根本的な転換点を示しているともいえる。

注

（1）状況的学習（situated learning）論では、学習の生起する環境としての実践的コンテクストを重視する。このことは日常的に行われる多様な学習実践をそれが生起するリアルタイムな社会・文化環境としての場において理解（記述）しようとする取り組みに示される。後述するように、この観点はレイヴとウェンガー（一九九一）の「正統的周辺参加論（LPP）」をその理論的背景にすえている。
（2）シングルトンは、状況的学習論の視点にもとづく教育民族誌的研究をおし進めることを通して「教育人類学において教育の概念を拡大する」（シングルトン　一九九六：九五）ことを目指している。それはかつて狭義の教育概念を相対化する役割をになった教育の人類学的研究の基本姿勢を改めて彷彿とさせる（江淵　一九八二：一五九－一六七）。
（3）スピンドラーは文化伝達と教育過程を等価なものと捉えていた。例えば“cultural transmission-the educational process broadly conceived”（Spindler 1976: 177）のように。
（4）韓国教育人類学の趙は、スピンドラーの理論的変遷を三期に分け、用具モデルをその後期に位置付けている。ちなみに、前期（一九五〇－六〇年代）には、単一の社会体制内の文化伝達を前提とした社会化モデルが、中期（一九七〇年代）には、異文化接触による文化変容や多様な下位文化の存在を考慮した社会化モデルがそれぞれ位置付けられている（趙　一九九七）。
（5）もちろん、この頃のすべての（教育）人類学者が教授（過程）重視の観点に同調していたわけではない。例えば、ミードと共同研究を行ったベイトソンは人間の学習行動にも強い関心を示し、学習をプロト・ラーニング、デューテロ・ラーニング（第二次学習）の二類型に分けたり、学習・コミュニケーションを階層化して捉えるなど独創的な試みを行っている（ベイトソン　二〇〇〇：三八二－四一九）。また、ハンセンやキンボール、バーネットあるいはギアリングらの研究者も、当時としては例外的に教授ばかりでなく学習への問題意識を持っていた（Wolcott 1997: 313-317）。

（6）内堀は、個別文化に対する全体論的視点は、「文化なるものを個人に先立ちその外にある統一体として措定」し、それを「個人が成長するとともに身につけていく」いわゆる内面化論を介して「ある種の文化決定論」へと帰結していくと指摘している（内堀　一九九七：四六）。

（7）学習という現象は、特定の社会的共同参加という状況のなかに埋め込まれ、共同参加者間に分かち持たれているものである。「学習という現象はある特定の活動に従事する共同体（これを彼らは実践共同体と呼ぶ）における、徐々にその共同体の中核的な活動へと全人格的に向かう向中心的な参加の過程」として定式化される（福島　二〇〇一：一五三）。また、学習を言語的活動になぞらえるならば「すべてのことばの意味というのは話者同士の相互作用的活動の産物であって、たんに言語形式の「内容」（content）を意味しているわけではないように、意味、理解、学習のいずれもが行為の文脈との関連づけで規定されることを意味している」（レイヴ／ウェンガー　一九九三：一六一）のである。そこでは個々の学習者はひとまとまりの抽象的な知識の断片を獲得し、それを後に別の文脈に移して当てはめるといったことはしない。むしろ、学習者は「正統的周辺参加」というゆるやかな条件のもとで実際に仕事の過程に従事することによって業務を遂行する技能を獲得していくのである（同書：七）。

（8）レイヴらが「正統的周辺参加」による学習論の前提として想定する「実践共同体」は、組織構造、資源的布置、熟練や技能の階梯、権威などの多様な要素を含んでおり、学習はそこへの「全人格的参加」（whole person participation）の過程として理解される。この全人格的参加は、単なる技能の習得としてあるのではなく、むしろ実践共同体に関する理解やそこの仲間や成員としての自己の役割についての理解にもとづく「何者かになっていく」というアイデンティティ形成に深く関わる過程である。さらに、実践共同体の成員が構築する共同行為においては、いつでも末端的だが必要不可欠な関与（周辺参加）からより複雑で深い関与（十全的参加　full participation）へ向けての移行が目指されている。これは新参者同士や熟練者や古参者と新参者との関係システム（実践共同体）における絶えざるダイナミズムあるいは世代交代としての葛藤を生み出し、結果としてそれが共同体の再生産や置換（displacement）のような変容をもたらす。実践共同体における周辺参加は、既にまずもって正統的なのであり、そこに参与するすべての人は、変化しつつある共同体の将来において常に「新参者」であり続ける（レイヴ／ウェンガー 一九九三：一〇五）。この意味において学習者の周辺性は共同体の連続性と変化をもたらす契機でもある。

（9）　教育社会学におけるカリキュラム研究は、終始「教育（学校）知」だけを扱ってきたわけではない。一九七〇年代以後、学界における新しい潮流を形成したいわゆる「新しい社会学」では、エスノグラフィーの手法にもとづいてもうひとつの知識類型（hidden curriculum）の存在を明らかにしている。そこにおいて指摘されたかくれたカリキュラムの発見は、伝達される内容（知識）における多元的で文脈的な側面へのまなざしと学校現場でのエスノグラフィックな作業によって可能となった。

（10）　とりわけ、実践知あるいは身体技法に関しては、行為と知識の不可分性、行為即知識という側面にアクセントをおきながら、例えば、日常的慣習行為の習得に関わる外的記述や分析を通して社会学や民族誌的な領域で盛んに用いられている（ブルデュー 二〇〇一、田辺 一九九七）。一方、暗黙知に関してはどちらかといえば、明示的に言語化されないという知識の側面にアクセントをおきつつ、比較的ミクロな熟練の学習モデルにおいてその習得メカニズムを中心に認知科学的検討がなされている（福島 二〇〇一、一九九三：二四―三四）。

（11）　もちろん、従来の文化伝達論においてエスノグラフィックな方法がないがしろにされてきたわけではない。教育人類学では、常に、教育的現象のおかれた社会文化的文脈へのこだわりを持ち続けてきた。ただ、状況的学習論の場合、あくまでも個人としての学習者の視点に立ち、学ばれるべき内容や形式（learning what）というよりも、特定の文脈や状況の中で何がどのような方法によって学ばれるのか（learning how）に焦点化し、学習者が置かれた文脈や状況及びそこでのパフォーマンス（実践）に強くこだわる姿勢において大きな相違を示している。

第三章　産育の文化的表象
――通過儀礼と子ども観――

はじめに

一般に、異文化における子どもの産育や成長に関する文脈的理解に際しては、その日常過程（プロセス）の長期的かつ継続的な観察が前提となる。一方、短期的かつ集中的に行われる子どもの儀礼習俗は、長期調査が困難な場合も含めて、そうした日常的営みからは見えにくい産育や成長に関する深層の意味を捉えたり、あるいはそれらを当該文化の世界観や人間観などの全体性、体系性において理解してゆく有効な切り口を提供すると考えられる。特にファン・ヘネップの『通過儀礼』(Van Gennep 1909) の出版を契機として、人生の通過儀礼をめぐる研究は人類学における重要な研究課題として広く流布するようになり、それはまた、成年式や加入儀礼の問題を中心に人類学的視点によるひとつの人間形成論の概念基盤を準備することになった。こうして子どもをめぐる通過儀礼は、当該社会における非日常的な成長文脈を構成する産育文化のひとつと見なされ、また子どもの存在様式や成長過程を「意味論的」あるいは「文脈的」に理解するための重要な視点として用いられてゆくのである。(1)

本章においては、比研の教育文化研究を構成してきたもうひとつの主要な理論枠組みである通過儀礼論を取り上げる。なかでも子どもに関連する産育儀礼を中心に、その表象作用により顕在化するローカルな子ども観、発達観についての研究を概観するとともに、その人間形成の作用についても簡単に触れてゆきたい。

第一節　通過儀礼の二つの側面――成型と表象――

人間の一生はその生から死までの生涯にわたる継続的なプロセスとしてある。しかし、それはけっして平板で連続的な過程として実現されているわけではなく、通常、人類文化を共通に特徴付ける「分類的思考」（E・リーチ）にもとづいて、文化的に規定されたいくつかの段階に分節化されている。通過儀礼のなかでもいわゆる人生儀礼は、文化によって不連続化された人間の一生をその節目ごとに彩る民間習俗として広く世界中に存在している。また、人生儀礼は、文化ごとに独自の内容と形式をともないながら、成員に対し標準化された人生のシナリオを提供している。したがって、人生儀礼にはその社会の意味体系や社会規範などが凝縮されて含まれており、とりわけ本章の主たる対象である子どもの儀礼の場合には、子どもと大人の関係構造や人間形成上の目標などが集約的に表現されていると考えられる。こうして子どもの人生儀礼（産育儀礼）には、子どもや一人前になることについての土着の意味を内包する象徴的テクストとしての役割が期待されてきたのである。

教育や子どもの成長の問題を通過儀礼（産育儀礼、成年式）論の観点からみてゆく場合、そこには大きくふたつの枠組みが見いだされると思われる。ひとつはこれを人間形成およびその支援としてはたらく文化装置と考える枠組みであり、儀礼参加者の意識やアイデンティティの変化が議論の対象となる。もうひとつは、儀礼対象としての子どもや若者の存在様式や発達段階を当該社会の世界観や人間観に照らしながら解釈してゆこうとする表象論的な枠組みである。いいかえれば、子どもを対象とする通過儀礼のなかに、子どもの成長をうながし支援する力動的作用とその存在様式や成長過程を象徴的、集約的に提示する表象的作用の二つの側面をみてゆくのである。そして、儀礼のもつ特別な力と表象作用に対するこのような注目の仕方は、今日の人類学的な儀礼論の問題意識や課題のあり方にも連続している。本章では、大人による子どものための産育儀礼を主たる対象に、特にそのなかでも表象作用の側面を中心に取り上げてゆくことにしたい(2)。

成年式から産育儀礼へ

子どもの産育や成長をテーマとする人類学的な儀礼研究は、これまで主として成年式（initiation ceremony）を中心に行われてきた。子どもの産育や成長に関わる通過儀礼のなかでも、特に、男子を中心とする成年式は民族ごとのパフォーマンスの華やかさや研究者側の解釈パラダイムの多様さなどもてつだって、人類学のなかでは常に人気の高い対象であった。成年式は人間の一生や成長に関わる文化カテゴリーや社会構成にひときわ大きな差異（分節）をもたらす儀礼として注目を集め、ヘネップやラドクリフ・ブラウン以来の社会因的（sociogenic）解釈とフロイトやユングの無意識論を基盤とする心因的（psychogenic）解釈を中心に積極的に研究が進められてきた。ちなみに、スピンドラーの文化伝達論の枠組みでは、成年式の研究は文化伝達（＝教育）が人生の一時期に集中して行われる特殊な文化形式を扱うものとして、「文化圧縮・不連続モデル」の研究に類型化されている（Spindler 1976）。いずれにせよ、子どもの産育や成長の社会的、文化的側面に関心を持つ研究者にとって、通過儀礼としての成年式は人の一生や社会関係の再構築に関わる重要な文化形式として、あるいは産育の最終段階を表し子どもの自立をうながす重要な契機として、とりわけ多くの研究蓄積がなされてきたのである。

しかし、このような特に男子の成年式に集中しがちな研究のあり方に関しては、現在、いくつかの問題点も指摘されている。例えば、女性の成年式（female initiation）に対する視点の欠落や成年式の前後に配された他の人生儀礼との関連性の軽視などもそのひとつである（Roscoe 1995）[3]。フェミニスト人類学の立場からメラネシアの女子成年式を考察するラトコースも、従来の男子中心のその研究動向に対し再考をうながしている研究者のひとりである（Lutkehaus 1995）。彼女はメラネシア社会の女子の成年式に関する民族誌の検討を通して、それらが非西欧的な人間観や成長・発達観を明らかにする重要な手がかりを提供するばかりでなく、従来の男子成年式研究からは見えてこなかったメラネシア社会のジェンダーの相補的関係性やそれが共同体において果たす社会的、文化的再生産の役割などを明らかにできると指摘している[4]。

また、成年式に特化した関心のあり方に対しては、前後に近接する他の人生儀礼との関係において考えてゆくことの重要性も挙げられている（Lutkehaus 1995: 19, Roscoe 1995: 230-233）。絢爛さや凄惨さが衆目を集める成年式ばかりが過度に注目されるなかで、そこに至るまでの産育儀礼やその直後に接続している婚姻儀礼との関連性を軽視する傾向に対して再考がうながされる。子どもという存在やその成長・発達の様式は、広く当該社会の人間関係（社会構造）や人間観（personhood）の文脈に埋め込まれたものとしてある。おのおのの人生儀礼は、そうした社会関係や人間観あるいは人生観（life-cycle）のなかで相互に関連付けられながら人生過程の上に配置されている。個々の事象を全体的文脈においてみていく人類学の基本的視点からすれば、例えば、成年式だけを見て子どもや若者の成長過程を断定するやり方は、多分に性急かつ浅い理解としての印象をぬぐえない。子どもやその成長・発達を全体的な社会・文化的文脈において正しく理解してゆくためには、社会組織や人間関係を視野に収めつつ人生の始まりから終わりまでを見わたす全体的視点や、あるいは、少なくとも前後に近接する儀礼群との関係のなかでみてゆく姿勢が重要と思われる。

さて、人生儀礼のなかの産育儀礼は人の一生の、特にその初期段階に関する民俗的な表象形式と捉えられるが、この儀礼はまた、その行為主体のあり方において他の人生儀礼とは明確に区別される側面を持っている。すなわち、子どもやその成長・発達の表象過程に関しては、つねに親や大人がその主体となっているのである。「人間観や世界観はそれによって構成された現実世界の中にその観念をもつ主体自身が生きているのに対して、児童観や発達観ではそれによって作られた世界に生きる主体と、その観念をもつ主体とが異なっている。観念の主体はおとなであるが、その世界の中におかれているのは子どもである」（矢野　一九九二：七〇）。この矢野の指摘は、単に児童観・発達観の観念主体が大人であることを述べているばかりでなく、人生儀礼全体における産育儀礼の特徴的性格、すなわち、それが大人による子どもについてのひとつの他者表象の形式でもあることも示唆している。大人によって主導され運営される産育儀礼は、結果としてその実践を通して象徴的に提示される子どもについての他者表象の形式をとる。産育儀礼は、外部（大人）による子どもの一方向的な表象過程、すなわち、ひとつの文化的な他者表象としても存在しているのだ。[5]

第二節　文化モデルとしての子ども観

一生にわたる人生儀礼のうち産育儀礼や成年式を中心に構成される前半の儀礼群に関しては、子どもや人間形成の文化認識に深く関連する事象として教育人類学の視角からもその研究意義についてたびたび言及されてきた。その際、これらの儀礼の形式や役割に関するひとつの理論的根拠を提供したのがヘネップの通過儀礼論であり、またそれ以後の多彩な人類学的儀礼論であった。空間や時間など隣接する二つのカテゴリー間の差異を明確にし、その間の移行を社会文化的に実現するという通過儀礼の基本概念は、日常的ルーティーンの観察からは捉えきれない産育や成長に関わる特別な意味や作用を考えたり、あるいは日常の未整理で断片的事象を一連の成長過程に沿って体系的、全体的に理解する上での有効な視点を提供してきたといえる。こうしたヘネップによる多様な儀礼事象の一般化の貢献に対し、個々の儀礼の意味的理解に関してはギアツに代表される解釈学的接近の果たす役割が大きかった。

宗教・儀礼研究において卓越した仕事を行ったギアツは、通過儀礼における人間形成や表象作用に関しても貴重な視点を提示している。彼は『儀礼の解釈学』のなかで文化的モデルとしての儀礼の二面性について述べている（ギアツ 一九八七：一五四－一五七）。ギアツは宗教の基本的な性質に触れながら、それが現実の社会関係や社会の状況および世界と自己の関係に対して二重の「モデル」としてはたらくことを指摘する。そのひとつは「についてのモデル」（model of）であり、もうひとつは「のためのモデル」（model for）である。両者は「意味の網の目」としてわれわれをとりまいている無数の「文化モデル」の両面を構成している。前者は人が現実の世界や人生を理解するための観念枠組みを提供する。これに対し、後者は人がこの現実世界の中でどのように振る舞えばよいかを指示する一種のプログラムを提供する。いわば、前者が人が生きてゆくうえでの認識モデルを、そして後者はその行動モデルを提供しているのである（加藤 二〇〇一：二六－三二）。

このようなギアツの観点は、例えば米国の人類学者サンディによって、本書のなかでも取り上げたミナンカバウの産育儀礼の解釈に適用されている（Sandy 2002: 97-98）。ミナンカバウの「食べ初めの儀礼」（First-Feeding Ceremony）は、子どもの誕生直後に行われる産育儀礼の中核をなすものであり、そこでは子どもに対して母乳以外の最初の食べ物が与えられる。儀礼では父親の生殖力を表すバナナ、母親の生殖力や養育力を表す卵や米を混ぜ合わせたものを子どもの口元にはこんだ後、締めくくりとして金の指輪が子どもの口にすりつけられる。この最後の所作は、ミナンカバウ人にとって日常生活における洗練された言葉遣いや演説での雄弁（特に男性）に高い価値が置かれており、そうしたミナンカバウ人のアダット（土着的規範）の真髄を体内に取り込むことをシンボリックに示している。彼女はギアツを援用しながら「食べ初めの儀礼」における締めくくりの所作（黄金を口元に触れる）が、ミナンカバウ人としての適切な行動（ここではアダットにのっとった言葉使いや話し方）についてのモデル（model of）とそれをうながすためのモデル（model for）を提供していると指摘する。サンディは村での調査期間中、幾度となくこの儀礼を観察し、また子どもたちがそのようにしつけられ育ってゆく過程をつぶさに観察している。そして、子どもたちが周囲の大人によって現地のアダットに沿うよう常にうながされ続ける様子を目撃する。彼女はそこに子ども観やしつけの文化モデルとしてはたらく産育儀礼のあり方を確認しているのである。

以上のようにミナンカバウの産育儀礼は、子どもの産育や成長に関する文化モデルとしてはたらいていることが理解される。それは儀礼の実践を通して、当該社会における子ども観（本性）や成長・発達のあり方についてのローカルな観念体系と人々の産育実践をアダットにもとづき方向付けるしつけ規範の両方を提供している。このように子どもの産育儀礼は「世界のあり方を表し、またそれを形作っている」（ギアツ 前掲書：一五八）文化モデルのひとつといえるのだ。

第三節　子ども観の聖と俗

宗教的な子ども観

前節では、ギアツの文化モデル論に依拠しながら産育儀礼に示される当該社会の子ども観やしつけ観を理解する視点を示した。ローカルな子ども観を捉える手段として通過儀礼に注目するアプローチは、これ以外にも民俗学や人類学のなかで様々に試みられている。例えば、民俗学の宇野は高知地方の「初誕生」習俗を通して子ども観にせまろうとしている（宇野　一九九二）。赤ん坊の生後一年目の誕生日を祝う初誕生の儀礼は、今も日本各地に広く見いだされる行事である。それは象徴的な行為や呪物に満ちた産育の儀礼として、これまでも多くの民俗学者たちの注目を集め、そこに潜んでいる（と研究者が措定した）アルカイックな子ども観についての解釈をかきたててきた。宇野は日本各地の断片的な民俗資料を用いる従来の方法ではなく、高知県の一地域における三〇あまりの集落で行われる初誕生の資料を比較分析することによって、初誕生儀礼に対する実証的かつ意味論的な解釈を試みた。そして、その地域の初誕生の儀礼が、①子どもを箕《みの》のなかに入れること、②わざと泣かせること、③餅を背負わせること、④物取りの占いを行うこと、の四つの要素群から成り立っていることを指摘した。

従来、初誕生儀礼に関しては、そこで用いられる餅のシンボリズムを中心に、赤ん坊の不安定な魂の強化儀礼としてこれを捉える傾向が強かった（同書：一三四－一三五）。これに対し、宇野は充実した穀物だけをふるい残す農具である箕の役割に着目した上で、そのなかに赤ん坊を立たせるという行為が、死亡率の高い生後一年の時期を無事に乗り切り、確固たる生命を持つにいたったことを意味する象徴表現と解釈する。また、赤ん坊をわざと泣かせることについては、生物学的誕生に続くもうひとつの新たな誕生、すなわち赤ん坊の社会的誕生を表現すると見なす。さらに、初誕生の儀礼において赤ん坊に託される旅装束や旅人のイメージが「あの世」からこの世へと旅してきた存在を表しているとも指摘される（同書：一四八、吉成　一九九六：一六一―一七二）。こうして初誕生の儀礼の分析と解釈から、われわれは当該社会における生後一年目の子どもをめぐるひとつのイメージへと導かれる。それは一年間の生命の危機を乗り越えることで新たな生の段階（ステージ）に到達した子どもの姿であり、また霊的世界にその出自をもつ特異な人間性を帯びた子どもの姿である。

この他にも、特に異文化における通過儀礼（産育儀礼）を対象とした人類学的な子ども観の研究としては、一九八〇年代に国立民族学博物館を中心に行われた共同研究（「子ども文化の文化人類学的研究」）を挙げることができる。そのなかのひとつのプロジェクト・チームによって取り組まれたのが「通過儀礼にみられる〝子ども観〟の通文化的比較研究」であった。このプロジェクトは綾部恒雄を代表者に「比研」に関わる研究者を加えて組織されたもので、日本ばかりでなく、韓国、タイ、インドネシア・バリ島などの地域の子どもに対する通過儀礼を対象として取り上げていた。三年間にわたって実施されたプロジェクトでは、現地調査もふまえながら、それぞれの文化的文脈に即した子ども観の幅広い解読が試みられた（岩田　一九八五）。管見するところ、通過儀礼を通して子どもの文化的イメージにせまろうとする人類学的アプローチの例はそれまであまり見当たらず、その意味でこのプロジェクトは人類学的な子ども観研究のなかでも先駆的な試みということができるだろう。

宗教的子ども観研究の課題

儀礼生活における子どもの表象を扱う学問分野としては、およそ人類学、民俗学をのぞいてあまり見ることができない。例えば、通過儀礼のなかに子どものイメージをさぐる研究方法は、いうならば人々の合理的思考から逸脱した知識や実践（呪術宗教的行為）に注目する点において、教育学や教育心理学にはない独自の観点を備えている。しかし、その視点のユニークさとともに積み残された課題も多い。すなわち、これを今日的な文化論や儀礼論のなかで捉え返すとき、その時々の研究パラダイムに帰因する制約や限界が見いだされるのだ。例えば、先の文化のアルカイックな子ども観へと遡及するような研究の姿勢もそのひとつであろう。これは当該文化にあらかじめ用意された基層的要素を求めようとする発想にもとづいており、不変的で原初的な子どもの表象を前提とする点において、いわゆる本質主義的な文化観につらなる見方がうかがわれる。豊かな象徴の下に隠された所与の始原的な子どもイメージを前提にそれらを発掘しようとする姿勢には、研究の基本的構えとしての本質主義が色濃くただよっているといえる。

基層的な原初イメージへの遡及的まなざしのなかでは、ダイナミックな文化過程として生み出されるリアルな子ども観の視点は閉ざされてしまう。子ども観は専門家から市井の人々まで社会のなかに多層的に配分された知識にもとづいて織りなされる複層的で総体的な言説領域としてある（矢野　一九九二）。本書のなかでも、子どものメディア表象をめぐる文化政治やミナンカバウの子ども観における複雑な文化的構成と習合（シンクレティズム）、あるいは子どもの性別役割期待における変化などの話題が取り上げられているが、これらはすべて個々の社会の生活文化に根ざした動態的で構成的な子どもイメージを念頭においた考察である。そして、このような視点は、通過儀礼による子ども観研究においても重要であろう。様々な産育儀礼を、新たなテクノロジーの導入も含め、ローカルかつグローバルに構築され続ける生活文脈の一部としてみてゆくことで、宗教的子ども観研究の新しい展望も開かれるものと思われる。

宗教的子ども観研究のもうひとつの課題として、それが通過儀礼の表象作用にもとづいて子ども観を解釈する方法をとっていながら、儀礼の表象作用それ自体についての理論的検討が最後までつめられていないという点が挙げられる。そのひとつに、儀礼の解釈から得られた意味（釈義）は、あくまでも多様な解釈の可能性のひとつのバージョンにすぎないという指摘がある（福島　一九九三）。儀礼や象徴の解釈過程に関しては、現在、根本的再検討にさらされており、それは通過儀礼のなかに子ども観をみてゆこうとする手法においてもかわりはない。例えば、先に「霊的世界に出自をもつ存在」や「新たな誕生を果たした存在」として明らかにされた子ども観にも示されているように、これらは儀礼の観察や聞き取りにもとづき研究者によって意味論的に構成された表象であり、象徴と意味を相互に直接結びつける作業のなかから生み出されたひとつの解釈である。その意味において「霊的世界に出自をもつ存在」等の子ども観も、福島にいわせれば「増殖する釈義」のひとつにしかすぎない。非日常的な儀礼場面のなかに子ども観を読み取る試みに関しては、これから克服されるべき基本的な課題がいまだ多く積み残されているのだ。

世俗的な子ども観

同じく産育儀礼を扱いながら、これを人々の宗教的世界観のなかに位置付けるのでなく、どちらかといえばそこに子どもに対する社会的な役割期待を見いだし、世俗的次元において子ども観を捉えてゆく視点もある。とりあえず、ここでは前者を文化（宗教）的イメージとしての子ども観の研究、後者を社会的イメージとしての子ども観の研究として区分しておくことにする。実際、本書においても世俗的子ども観研究として子どもに対する社会的な役割期待の解明が試みられており、韓国や日本社会の子どものジェンダー役割を通してひとつの「性別子ども観」を明らかにしようとしている（本書第七章と第八章）。例えば、韓国の事例では、祖先祭祀と父系出自システムを前提に「祭祀継承者（奉祀者）」としての男児の役割期待が、また、日本の頭屋祭祀の事例からは「イエ継承者」としての男児（長男子）の役割期待が、それぞれ世俗的な子ども観あるいはその構成要素として抽出されている。

さらに、これも世俗的子ども観のなかに包摂されると考えられるが、視覚表象として表された子どもイメージ（映像）も、現代社会に特有の新しい子ども観を提供しているように思われる（第十二章）。近年の習俗化された写真実践を通して写し撮られた子どもの視覚的イメージは、すでに現代の世俗的子ども観を構成するひとつの重要な側面を担っているといえよう。さらに、各種のメディア・テクノロジーの普及による子ども自身の表象手段の獲得は、写されるばかりだった自らのイメージを自己表象として奪還する日常の文化政治の一端を垣間見せる。それは大人による一方的表象に対抗する子どものエージェンシーをうかがわせるものでもある。子ども観への人類学的接近は、儀礼の解釈を通して始原的イメージへと遡るばかりでなく、子どもの性別役割や写真の視覚的イメージのような世俗的次元に対しても向けられることで新たな展望をひらくことが期待されるのだ。

おわりに

本章では、親あるいは社会による子ども観としての儀礼表象が関心の焦点であり、儀礼を受ける当人の内面意識やアイデンティティ変容に関わる部分は、どちらかといえば周辺的な問題として扱ってきた。それは本章が通過儀礼のなかでも成長の初期段階の産育儀礼を中心としており、大人による一方的な表象のあり方に注目してきたという理由によっている。しかし、子どもの通過儀礼を乳幼児ばかりでなく青少年を対象とする儀礼も含めて幅広く考えてゆく場合、儀礼による成型作用の側面も、アイデンティティ形成の多様な仕組みや人間形成のオルタナティブを考える上で豊かな可能性を秘めた領域として残されている。そして、子どもの生を方向付けたり、あるいはその成長をうながしたりするこのような作用に関する視点は、儀礼の特別な力をめぐる人類学的議論へとつながってゆく。最後に、その一端を示しておきたい。

例えば、ドゴン族の総合的な儀礼研究を試みた竹沢（一九八七）は、象徴論的な儀礼研究に関して三つの方法論的次元を整理している。これらは、それぞれ①象徴の内容に関わる研究方法、②象徴の関係に関わる研究方法、③象徴の作用に関わる研究方法からなり、いずれも象徴の複雑な構成体としての儀礼の全体理解へ向けた道筋を示している。これらの方法論的枠組みは、そのまま教育的な通過儀礼研究にも援用することができる。すなわち、産育儀礼のなかにある種の子ども観を求めようとする試みは、右の象徴論的な儀礼研究における①および②の象徴の意味や関係あるいはシンボリズムを求める方向性に重なる。そして、本章で周辺化されてきた儀礼の力動的作用やそこからもたらされる内面変化の問題は、③の象徴の作用に関する枠組みのなかで論じられるテーマといえるだろう。

また、儀礼の特別な力については、これまでも儀礼の記号論的な解読作業から抜け落ちた重要な側面として指摘されてきたが、これに対しては、マルクス主義的人類学のアルチュセールやブロックによって、それが人を行為へとかりたてるイデオロギー的な知識にもとづくものであり、認知的なそれとは区別されたメカニズムにより形成される特異な知識のあり方であることが示されている（田辺　一九八九：九―一〇）。同じく、人々の生活実践の側面から儀礼の持つ特別な力のあり方を明らかにしようとした田辺も、儀礼の形式が聖的な象徴システムを通じて組織された無反省的で慣習的な諸行為（歌、身振り、ダンス、特異な言語使用）から成り立っており、これらの諸行為をひとつに束ね、また、そのドラマトゥルギーを通して配置し構成することによって、それは日常の慣習行為以上のイデオロギー効果を発揮するものであるとしている（同書：一一四—一一五）。このことから、行為内容の吟味を拒絶し、形式的行為へと人々をかりたてる儀礼は、ある種のイデオロギー的知識として、子どもに対してもその態度や行為の変容を強くうながす特別な力を持っているといえる。こうした一連の議論からは、儀礼の象徴形式の力についての探求がそうした知識を支えている行為（実践）的、身体的側面の問題として、無反省的で身体化された慣習的行為（身体技法）あるいはその母体としてのハビトゥスへと注目してゆくひとつの方向性が見いだせる。そして通過儀礼を教育や成長をうながす文化的形式としてみてゆく場合も、同様の方向性に沿った視点からの取り組みが有効と思われる。

注

（1）　子どもの存在様式や発達観を論じる専門的営為は、教育学や発達心理学のみならず社会学、民俗学、文化人類学なども含めた領域横断的で学際的な言説領域を形づくっている（矢野　一九九二）。さらには、現地の産育習俗やマスコミを介した産育情報も民間レヴェルにおける子ども観や発達観の言説領域として存在しており、特にこれらは後者（社会学、民俗学、文化人類学）の分野が得意とする対象領域である。子ども観を多層的に配分された知識や複層的な言説によって織りなされる総体と見なすことは、これを人々の知識や行為を通して、またその生活の文脈に即して捉えようとする立場において重要な視点となる。

（2）　儀礼における成型と表象というふたつの作用のうち、今回は前者の側面に関してはあまり深入りしていない。これは、現在、筆者が包括的な人類学的儀礼論の深い森に踏み込む準備がないという理由のほかに、本書で取り上げている子どもの通過儀礼としての産育儀礼それ自体の性格にも由来している。すなわち、例えば、成年式のように儀礼を受ける当人のアイデンティティ変容や自覚が、ある程度、本人たちの反省的語りを通して確かめることができるような場合、儀礼が彼／彼女におよぼした力や作用について取り上げてゆく意味もあろう。しかし、赤ん坊や幼い子どもを対象とするような産育儀礼の場合、当人のアイデンティティ変容の意識や自覚はきわめてうすいことが推測され、どちらかといえば儀礼を実質的に主導する側（大人社会）の子どもに対する表象のあり方の検討にこそ、研究の生産性が期待されるように思われる。

（3）本書でも一応、タイや韓国の子どもの通過儀礼を扱った部分においてジェンダーの問題を主題化してはいるが、それが徹底されているとはいいにくい。とりわけ、女児の通過儀礼に着目した子ども観の検討などは今後の課題として残されている。

（4）ラトコースは成年式を人のライフ・サイクル全体との関連でみるだけでなく、共同体社会のライフ・サイクルとの関連でみていくことの重要性も指摘している（Lutkehaus 1995: 28）。これは本書第六章における多産信仰と共同体の再生産との関連性の問題にもつながる観点である。

（5）人生儀礼の実践それ自体も独自の方法によって人生の経過を表象する。佐藤のいうように「人生や生活の対象化に資する表象は、ことばによる語りの自覚的描写にのみ限られない。さらに主体たる個人の意味づけを重視した人生や生活の対象化は、自覚的、明示的レヴェルにのみ限定すべきではなく、無意識や身体の日常実践のレヴェルまで拡げておくことが必要である」（佐藤　一九九五：二三）。記述され語られる以前の状態としての人生儀礼の実践は、人生過程においてその対象者が社会・文化的に重要視される移行の時期に達したことを「一義的」に指し示している。すなわち、人生儀礼はその儀礼的なコミュニケーション特性によって、参加者たちの間に多様な解釈や反論をゆるさず、個人における古い地位から新しい地位への移行を「一義的」に構成している（福島　一九九五、一九九三：一三〇）。

第Ⅱ部　子どもの儀礼生活

ホッタム・クルアーンの子どもたち
（インドネシア・西スマトラ）

第四章　学校理解のオルタナティブ

――教育空間の儀礼的構成――

はじめに

今日、教育現象への儀礼論的アプローチによる研究はそれほど盛んとはいいがたい。かつての教育人類学では、いわゆる「未開社会」における制度的教育の一形態としてイニシエーション儀礼を積極的に取り上げていたが、米国を中心に教育人類学が整備されその主たる研究対象が産業社会の学校教育へと焦点化してゆく過程のなかで、以前までのような儀礼論的な教育研究は次第にかげをひそめつつあるように思われる。しかし、教育研究における儀礼論の視点が、まったく閉ざされたわけでも、また意義を持たないわけでもない。教育や学校研究に対する人類学および社会学からの儀礼論的な接近は、一部の研究者の間では今でも豊かな可能性を秘めた分析視点とみなされている。本章では、学校生活の儀礼的次元に着目した人類学あるいは社会学的研究を中心に、その具体的内容や方法についてみてゆく。教育研究における儀礼論の様々な適用の事例について、特に子どもの学校生活との関連を中心に追ってゆくことにしたい。

第一節　学校儀礼の類型と分析理論

米国の教育人類学のクアンツらによると、学校教育の場において現出する儀礼現象に関しては、その分析視点と捉え方から二つのゆるやかなカテゴリーに分類される。ひとつは顕在的な集団的行為としての「大きな儀礼」(large, formal ceremony)であり、もうひとつは潜在的で相互対面的な行為としての「小さな儀礼」(small rituals, interaction rituals)である。(1) 前者は学校独自の時間と空間を生み出す集団的、形式的な行為としての儀式や行事に相当する。この大きな儀礼のなかには、全校的あるいは学級ごとの定期的集会、すなわち入学式や始業式、授業の始まりと終わりの儀式、体育祭や文化祭、各種の校内コンテストなどの全校行事、さらには生徒たちに課される試験(2)などが含まれる。大きな儀礼は、学校生活において年々歳々繰り返され、集団参加と行動の形式性を通して顕在化する事象である。以上のような儀礼カテゴリーは、人類学的枠組みにおける「通過儀礼」（ヘネップ）あるいは「強化儀礼」（チャップル／クーン）に相当するものと考えられている。

これに対し、日常的な校内生活を中心に、潜在的で相互対面的な状況において現出すると考えられるものが小さな儀礼であり、いわゆるゴッフマンの「相互行為儀礼」をその典型としている(Magolda 2000: 34)。ゴッフマンによれば、人々による対面状況や秩序はそこに共在する人々が状況にふさわしいふるまいをすることによって維持される。さらに、状況にふさわしい相互行為は、人々が場や状況にふさわしくあるための「配慮」（敬意とふるまい）によって支えられており、そうしたひとつの道徳的な要請を保証しているのが相互行為儀礼なのである（ゴッフマン 一九八六）。このように相互行為儀礼は、先の顕在的、集団的儀礼とは異なり、日常的な生活場面をつぶさに凝視することによってはじめて対象化されうるような潜在的でミクロな儀礼といえる。

これまで学校教育研究における儀礼論的アプローチは、著名な人類学者や社会学者の仕事にもとづいて進められてきた。例えば、人類学（民族学）領域では、時・空間や社会的地位の移行に際して行われる諸儀礼を通過儀礼として一般化したファン・ヘネップ（ヘネップ　一九七七）の業績、あるいはヘネップの通過儀礼論のなかから、特に過度の状態（リミナリティ）に注目することでコミュニタスという概念を発展させ、さらに分離・過渡・統合という三段階図式から社会をマクロな過程として見る「社会劇」（social drama）の概念を提唱したターナーの研究（ターナー　一九七六、一九八一）などが挙げられる。一方、社会学領域においては、儀礼の果たす役割を社会の維持や統合との関係で機能主義的に捉えたデュルケーム（デュルケーム　一九七五）とその継承者たち、なかでもデュルケームの儀礼論を日常生活世界において新しく解釈し直そうとしたゴッフマンの仕事はその代表的なものとして挙げられる(3)。

以下で紹介する学校教育への儀礼論による接近の事例は、主として、ヘネップの通過儀礼論およびその応用的、発展的な継承者であるターナーによる動態的儀礼論と、デュルケームを新しい観点から継承し、対面的場面での人々の相互的な秩序形成に注目したゴッフマンの儀礼的行為論を分析視点とする二つの流れから構成されている。

第二節　学校教育とイニシエーション儀礼

人類学による教育研究が古くから注目してきた儀礼場面としては、いわゆる「未開社会」におけるイニシエーション儀礼がまず想起される。米国で教育人類学が応用人類学の一部門として形をととのえる以前から、イニシエーション儀礼の教育機能に対しては人類学者による強い関心が向けられていた。例えば、アフリカ研究のワトキンスは、早い時期からイニシエーション儀礼とその組織基盤としての秘密結社（secret society）を近代的学校教育とのアナロジーにおいて捉え（Watkins 1963（1943））、「未開社会」には教育が存在しない、とする当時の欧米の学校中心主義的な教育観を相対化することに貢献している（江淵 一九八二：一七〇）。そして、イニシエーション組織と近代学校をアナロジカルに並置、比較する検討作業は、主として文化伝達の制度や慣習の多様性への認識を前提とするいわゆる文化化論の枠組みに沿って進められていった。(4)

ワトキンスは西アフリカのマンディンゴ語圏に広く分布する秘密結社を、若者の訓練を目的に制度化されたひとつの教育機関として「ブッシュ・スクール」（bush school）の名で呼んだ。この地域にはメンデ、バイ、クペレ、クリマ、ゴラ等の諸部族が居住し、一般に男子の場合には「ポロ」、女子の場合は「ボンド」と呼ばれる秘密結社が存在している。ワトキンスは、主としてバイ（Vai）族の事例によって、この地域の青少年に対し大人の資格を与えるために行われる儀礼的で集団的な訓練の様子を記述している。

バイ族の間では、そうした訓練を行う男性の組織は「ベリ」（beli）、女子のためのそれは「ボンド」（bondo）と呼ばれていた。ワトキンスはこれらの秘密結社組織に見いだされる①日常的生活圏（家族）からの隔離、②組織化された集団生活、③具体的な教育目標、④体系化された訓練方法や内容、等の特徴に着目することにより、西欧近代の学校教育と部族社会におけるイニシエーション組織との間に若者のための教育機関としての制度的共通性を見いだしたのである。

「ベリ」と「ボンド」での若者たちの訓練は、日常の生活圏である近隣や家族から離れた林の中に専用の建物を建てることから始まる。男子の施設は数マイル四方の土地を使って大規模に設営される。女子のための施設はそれより狭く、木と泥で造られた塀によって囲まれ、水浴のできる川の近くを選んで設営される。いずれも異性やイニシエートされていない者、家族あるいは他所の人間が近寄ったり入ったりすることが厳しく禁じられている。ブッシュ・スクールでの訓練は、男子も女子も年長のリーダーとその助手たちによって主導され、身体的訓練とバイ族文化や生活の基本知識や技術の習得が目指される。訓練のための期間は地域あるいは部族により多様であるが、バイ族の場合、男子は一八ヵ月、女子は一二ヵ月ほどの期間が報告されている。しかし、ヨーロッパ文化の浸透による近代学校の普及もあって、当時すでにその期間は短期化する傾向にあった。

ブッシュ・スクールでの訓練内容は多岐にわたっていて、男女によって内容も異なっている。男子の「ベリ」では、年齢や個々の素質・関心によって小さなグループに分けられ訓練を受ける。絵画、工芸、部族伝承、戦闘、カヌー、狩猟、あるいはダンス、歌、楽器の演奏など多彩である。女子の「ボンド」では、特にバイ族の女性（妻や母）として身に付けるべき身体装飾、無毒なキノコの採取、料理、子育て、刺繡、糸紡ぎ、歌やダンスなどの知識や技術が訓練される。これらの訓練期間を終えたときには盛大な儀礼と宴が催され、参加者たちは祝福を受け新しい成人名を与えられる。そして、訓練の終了とともにブッシュ・スクールの建物はすべて燃やされる。こうしてワトキンスは、バイ族のイニシエーション儀礼での青少年に対する訓練を西欧近代の学校教育に重ね合わせることにより、部族社会における制度化された文化伝達あるいは教育形式の存在を浮き彫りにしたのだった。

イニシエーション儀礼に見いだされる教育構造や教育的性格については、早くからウェーバーの指摘するところでもあった。教育社会学の潮木はウェーバーの『支配の社会学』（ウェーバー 一九六二）によりながら、その「合理化論」を基軸として、前近代から近代にいたる教育構造および人間形成の基本類型の変動について検討を加えている（潮木 一九七四）。潮木はエリアーデのイニシエーション論やウェーバーの支配の類型論を援用しつつ、前近代から近代への教育の構造的変動過程を「カリスマ的教育」と「官僚制的教育」を両極とする二つの教育類型によって捉えようとした。そこでの官僚制的教育は、連続的な段階性を持った知識・技術の蓄積過程の様相を示す教育類型であり、これに先立つ前近代的教育すなわちカリスマ的教育は、非日常的な局面を媒介とし、それを契機に人格の全面的転換、あるいはトータルな再生・覚醒という人間の存在様式の根本的転換を実現する教育類型として理念化される。そして、後者の教育構造を備える典型的形態として「未開社会」のイニシエーション儀礼が充当されるのである。

最近では教育社会学の山本が、学校教育を従来機能（社会化、社会的配分）からではなく意味的に理解するために、その全体をひとつの通過儀礼と捉え教育システムの全体像や不登校などの教育問題に対する新しい視点の提示を試みている（山本　一九九一）。山本によれば、学校教育は社会成員が必ず通過しなければならないシステムであり、また、学校は姿やふるまいの様式と大小様々な儀式や象徴によって生み出される「儀礼空間」であると見なされる。このように捉えられた現代の学校教育は、その外部に登校拒否現象などいわゆる異端や亜流の「生」を生産し続けるシステムであり、先述のウェーバーや潮木のいうカリスマ的教育（イニシエーション儀礼）と官僚制的教育から構成される「聖性／非・聖性」あるいは「生の転換／生の非・転換」という根源的対立の構図を含む。登校拒否現象は、この根源的対立（矛盾）を首尾よく生きる（通過する）ことができなかった結果であり、そこではイリイチの脱学校化論や学校教育の道具化論では捉えきれない、学校化社会における子どもたちの根本的な生の様式が明らかにされている（同書：一〇三－一〇六）。

ところで、潮木はイニシエーション儀礼を典型とするカリスマ的教育類型に関して、「それは、すでに消滅してしまった過去のものでは到底なく「官僚制的教育」が支配力をおさめたこの近代社会のなかで、現に存在し、たえず再生の機会をうかがっているものだ」（潮木　前掲書：一九八）としてその存続の可能性を指摘している。これは現代社会の人間形成におけるイニシエーション儀礼の潜在力や可能性を示唆する視点といえる。この点で、フォスターとリッターによりノンフォーマルな教育プログラムとして開発された「ビジョン・クエスト」(Vision Quest Methodology and Dynamics) は、イニシエーション儀礼の持つ特別な力を前提に、これを現代産業社会におけるひとつの教育的技法として実践的に利用しようとする興味深い例である。

非営利的教育組織「SLB」(the School of Lost Border) を主催するフォスターとリッターは、北アメリカの先住民の伝統的儀礼慣行としての「ビジョン・クエスト」を、米国の青少年のための現代的イニシエーション儀礼としてリメイクし、教育現場に応用しようとしている (Foster & Litter 1997 (1987))。ビジョン・クエストは、もともと北アメリカの先住民の間に広く分布し、子どもから大人への成長をうながすための儀礼習俗であった。広範な文献資料にもとづき文化相対的観点から北米インディアンの教育観や教育的習俗についての研究を行ったペティットによれば、ビジョン・クエストは、特にカナダ西部高原地域に居住するトンプソン・インディアンの間で発達した習俗であるという (Petitt 1946: 87)。トンプソン・インディアンは、男の子が一二〜一六歳になると、成熟と力をもたらす自分だけの守護霊を探すために集中的な訓練を開始する。その守護霊は一人で行う冬季の山登りや長期間の巡礼、孤独な瞑想などの厳しい試練の過程において夢の中に暗示される。男の子が自らの守護霊の存在を確信し、またその獲得を周囲の大人たちに認められることで、彼は一人前に達したと見なされるのである (ibid.: 90)。

現代産業社会における青少年の成長過程のアイデンティティ葛藤に関しては、マーガレット・ミードの時代から人類学研究におけるひとつの重要な問題関心としてあった (ミード　一九七六)。臨床心理学者でもあるフォスターとリッターは、同様の問題関心に沿って現代産業社会における子どもや青少年の大人への移行を支援する方法の開発と実践に取り組んだのだ。(5) 教育的にリメイクされたビジョン・クエストは、参加者によるプログラムの主体的作成と個別的実践が期待されており、高校生の中でも卒業をひかえた三年生が最もふさわしい対象者として想定されている。指導者から提供される儀礼モデルは、汎文化的な基本形式として与えられ、儀礼に付随する具体的シンボルや場所などは、志願者の経験、価値観、信仰などにもとづいて自分たちで肉付けしていくよう期待されている。そして、このビジョン・クエスト・プログラムは、ヘネップの「通過儀礼」と同じく分離（severance）、境界（threshold）、帰還（return）という三つの局面にもとづき次のように構成されている。

① 分離（severance）：プログラムのための準備段階である。ビジョン・クエストに参加することを身近な人々へアナウンスしその理解を得た後、儀礼や宗教についての社会科学的な学習を行う。また厳しい自然環境での訓練にそなえて安全やサバイバルの技術に関する予備知識を身につける。ビジョン・クエストの一ヵ月前には、絶食状態で日の出から日没まで歩く「メディア・ウォーク」を大自然の中で行う。メディア・ウォークもやはり北米インディアンの習俗をモデルにしたものである。その過程のなかで得られた自然からの力、霊力、直感あるいはシンボルは、ビジョン・クエストにおいて自分の儀礼を組み立てたり、自分の人生の指針について考える際の材料や参考にする。

② 境界（threshold）：いわゆるリミナルな状況であり、ビジョン・クエストのプログラムにおける最も中心的局面である。険しい山中など儀礼の中心となる場所を決め、断食を行いながら感覚をとぎすまし、プログラムに決められた様々な儀礼的活動を行う。この間、母なる自然との交感のなかで呼びかけや示唆をうけ、それにもとづいて自分に対し大人としての第二の名前をつける。

③ 帰還（return）：ひとり儀礼の場を去り、指導者たちの待つベースキャンプにもどる。そこでまず、儀礼の場から持ち帰った各人のシンボル（木片や小石など）、言葉、詩、歌などを他者に手渡し共有するパフォーマンスを

行う。参加者と共食し身体を洗い衣服を着替える。ベースキャンプを下山するとき、車に乗ったり、買い物や食事など世俗的生活を改めて注意深く体感する。自宅へ帰り両親たちとビジョン・クエストの体験やそこで大人ということに関して考えたり感じたりしたことを話し合う。

フォスターとリッターにより開発された新しいビジョン・クエストは、現代の青少年たちに、「成長あるいは成熟のための適切な文脈」(growth context) を提供するために再構成されたイニシエーション儀礼であり、また「ひとつの学びの形態」としても期待されているのである (Foster & Litter ibid.: 80-81)。

第三節　学校行事または大きな儀礼

学校行事に焦点をあてたエスノグラフィックな研究は、学校教育研究の儀礼論的アプローチとして、先に示した儀礼類型のうち「大きな儀礼」の分析に主眼をおく取り組みである。人類学のバーネットは、一九六〇年代後期、いわゆる「未開社会」での儀礼研究の成果をいち早く文明社会の学校教育の現場に導入し、その可能性を明確に示した研究者のひとりである (Burnett 1969)。バーネットは米国の郊外地域の普通高校を対象にして、そこで繰り広げられる種々の学校行事とそれを支える学生組織の間の経済的な相互連関を明らかにしている。当時、人類学のフィッシャーやグラックマンらは、いわゆる「未開社会」、「部族社会」など前産業社会の研究から発展させられた儀礼論を産業社会に適用することに否定的であった。これに対し、バーネットはグッディの柔軟な見解を取り入れることによって、儀礼論の対象を前産業社会の宗教的なものに限定せず、これを産業社会の儀礼的行為にまで適応し、学校行事に関するエスノグラフィックな研究の端緒を開いた (Burnett 1969: 1-3)。こうしてバーネットは、年間行事の進行や生徒の学年（年齢集団）構造を背景に、高校の全体的な儀礼（行事）のシステムと資金調達のための経済活動のシステムとの間の相互連関の事実を参与観察にもとづいて明らかにしていったのである。

また、比較教育学の野津による近年のタイの学校行事分析も、学校教育におけるエスノグラフィックな儀礼研究に連なる事例として挙げられよう（野津　一九九六）。野津はタイ農村の小学校を舞台に展開する種々の学校行事を、ナショナル・アイデンティティを形成する教育的な儀礼装置と捉えている。タイの小学校における学校行事は、国家統合の要《かなめ》としての仏教および王室に関する象徴により満たされており、児童にとって行事への参加はこれらの国家象徴を内面化する重要な機会となっている。学校ではタイ人の精神的基盤である仏教信仰にもとづく伝統行事と仏教帰依者の代表としての国王およびその一族を顕彰する公的行事が、互いに精妙に織り合わされながら子どもや父母そして農村社会全体を巻き込んで繰り広げられており、それはナショナル・アイデンティティを醸成する主要な機会を提供している。野津によるタイの学校行事の考察は、専門分野の違いから人類学的儀礼論による理論的裏打ちを欠いているとはいえ、イデオロギー的知識が伝達される儀礼独自の仕組みの具体相を、エスノグラフィックな観点から明らかにしようとした点で興味深い試みとなっている。

第四節　学校または教室の小さな儀礼

マクラーレンによるトロントの労働者階級のカトリック系セント・ライアン中学校（仮称）に関するエスノグラフィーは、その学際性とパラダイムの先進性（批判的文化研究）において異彩を放っており、後につづく学校文化の儀礼論的研究に対しても強い影響を与えた（Mclaren 1999（1986））。マクラーレンによれば、学校の文化的領域は様々な象徴、世界観、エートス、ルート・パラダイムそして反抗の諸形式から構成されるひとつの複雑な儀礼的システムとして捉えられる。マクラーレンはこのような儀礼システムとしての学校教育をいくつかの儀礼カテゴリーに分け、全体を一群の「教育儀礼」(rituals of instruction) と見なした。これらは学校文化を構成する独特な時間表象と空間表象に沿って毎日のように繰り返される文化的形式であり、その多くはいわゆる通過儀礼の系列につらなっている。この他に、教師同士や管理職との教育モラールをめぐるミーティング、あるいは教師―生徒間での課題達成や問題解決に向けての話し合いなどの集まりは「再活性化儀礼」(rituals of revitalization) あるいは「強化儀礼」(rituals of intensification) として規定される。さらに、「抵抗の儀礼」(rituals of resistance) は、支配的権威に対する不従順やその象徴的な転覆を特徴とする微細かつ劇的な一連の文化形式である (ibid.: 81-83)。これらの儀礼は、生徒たちによる学校権威への意図的な妨害行為としての積極的抵抗儀礼と無意識的な妨害行為による消極的抵抗儀礼の二つの形態に分けられる。マクラーレンは、そこにターナーの「社会劇」の過程における第三の局面、すなわち修復と修正へと向かう矯正的儀礼としての側面を見いだしている。

さて、教育的な儀礼システムを通して描かれるセント・ライアン校では、「労働者になる」、「カトリックになる」という二つの理念が「ルート・パラダイム」として共在している。二つのルート・パラダイムは、セント・ライアンの学校生活における一連の教育儀礼の実践を通して、学校、家庭、地域における階級や民族をめぐる既存の支配パターンの再生産過程を生み出している。いずれにせよ、マクラーレンによるセント・ライアン校のエスノグラフィーは、人類学的、社会学的儀礼論を駆使し、学校における文化的、経済的な再生産とそれに対する反抗の象徴的文脈を描き出す学校文化の新しい説明様式を提示することに成功している (Lankshear 1999)。

同様の儀礼論的観点として、米国の小学校の朝集会と都市部の大学（カレッジ）の授業風景との対比を通して、学校教育をめぐる社会・文化的行為をより緻密に理解しようとする試みがある。クアンツとマゴルダは、ゴッフマンが「相互行為儀礼」(interaction rituals) として概念化した小さな儀礼の研究意義を重視する (Quantz & Magolda 1997: 222)。また、儀礼の定義として「形式化された象徴的パフォーマンス」(formalized symbolic performance) という作業的規定を採用することで、対象となる行為が儀礼であるのか否かという形態的あるいは形式的な捉え方の非生産性を批判し、行為一般に見いだされる儀礼的「側面」に注目する分析視角を提示する。これによりクアンツらは儀礼をめぐる定義の乱立状況やイデオロギー的論争を回避し、学校で展開される教師や子どもの社会・文化的行為をより深く理解してゆくことを目指したのである。

クアンツらは行為の儀礼的側面とは、学校や教室が共同体としての場や支配の場として、あるいは抵抗や闘争の場として構築される際に、ある種の非合理性 (nonrational) すなわち儀礼形式が用いられるメカニズムであり、その作用を無視することは、すなわち学校や教室で日常的に展開する子どもや学生の生活世界の真の理解を放棄することに他ならないと指摘する (Quantz & Magolda ibid.: 226)。したがって、論文で示された報告でも、大学生たちの場合、その教育的キャリアや成熟の程度から、こうした教室の儀礼的諸側面をやすやすと自身のアイデンティティや道徳性へと統合し得ているが、これが小中学校の生徒たちの場合、同じような儀礼形式によって逆にそのアイデンティティや道徳意識が脅かされる可能性のあることを指摘している。クアンツとマゴルダは都市部の小中学校における学業不振やドロップアウトの改善のためには、こうした子どもの学校生活における行為の儀礼的側面への注目と考察が重要であることを強調するのである。

マゴルダは同じく「相互行為儀礼」の概念を援用しながら、マイアミ大学の新入生のためのキャンパスツアーの分析も行っている (Magolda 2000)。彼は儀礼を「形式化された象徴的パフォーマンス」と規定し、それがわれわれの感じ方や生き方の形成をうながすという意味で、これをイデオロギーの重要な構成要素と考える。キャンパスツアーは、小さな相互行為儀礼の集合体として捉えられ、ツアーでは単に大学生活に必要な道具的知識が伝達されるだけではなく、その場での案内役の身振り、口調の使い分け、大学の歴史や伝説についての語りなどを通じて大学の権威や伝統を尊重するようにうながされる。そして、ツアーにおいて案内役の上級生や参加した新入生は、ともにそれぞれの役どころを心得た儀礼的パフォーマンスの共演（共犯）者としてこれを支えている。

大学が主催するツアーは、本来、新入生たちに対してキャンパス内の建物や施設、その歴史などについての説明や大学生活に必要な情報の提供を目的としている。しかし、マゴルダは案内役の学生の服装や身振り、また語りの形式やその内容についての詳細な検討から、このツアー（儀礼）を通して大学側が作り上げ維持しようとしている「共同体意識」が象徴的に伝えられ、さらに無意識的なジェンダー秩序や人種・民族観への言及の仕方を通して、ひそかに大学にとっての「普通であること」の概念やキャンパス内の民族やジェンダーをめぐる「文化的地勢」も伝達されている事実が明らかにされる。

マゴルダは「儀礼実践に備わった政治性やイデオロギー的性格」（Mclaren 1999: 83-84）により、ツアーの相互行為儀礼において構成される「共同体意識」とそれにもとづく「マイアミ大生らしさ」のなかに、大学の中核的価値に沿って編成された政治的傾向の存在を指摘する。マゴルダは、大学空間を文化的なヘゲモニー抗争や深刻な社会問題を含み込んだ複雑な交渉の場と考え、キャンパスツアーの儀礼分析を通して、そこで暗黙的に伝えられる大学的「共同体意識」や当局により標準化された「マイアミ大生」イデオロギー、ジェンダー秩序、あるいは文化的多様性を隠蔽し周辺性を排除する政治的力学を明らかにしようとしたのだ。

第五節　学校理解と教育支援の儀礼論

これまで紹介してきたいくつかの著書や論文は、それぞれ学校教育やその問題に対する理解や改善に向けた展望を含んでいる。そこには、学校教育を人類学、社会学的な儀礼研究の視角から取り上げることによって得られるであろうその文脈的理解の方法と問題解決に向けた教育的実践の可能性が示されているといえる。そこで、今度は学校や教育研究に対する儀礼論の生産性、有効性という観点から、もう一度これまで紹介してきた研究をふりかえってみたい。

西アフリカのバイ族のイニシエーション儀礼を、西欧近代の「学校概念」に置き換えて紹介したワトキンスは、これを当時のヨーロッパ（フランス）における教育制度の再考のための材料として用いた。ワトキンスは論文の最後の部分において、古典的な知識の暗記に偏ったヨーロッパの学校教育を批判し、実践的で生きた知識の学習を実現する「ベリ」や「ボンド」制度の教育効果を高く評価している。今日的にみればナイーブな文化相対主義に立脚した文明批判に脱しているとはいえ、実証的な民族誌資料を根拠に当時の学校中心的教育観の再考をうながし、人類学と教育学の新しいインターフェイスに光を投じたことは評価されるべき点であろう。

山本は日本の登校拒否現象を切り口に、近代学校教育を包括的に把握するために通過儀礼論の視点を援用することで、学校化社会における子どもたちの生の様式を提示した。学校教育というシステムが登校拒否現象をはじめ子どもの生のあり方に関する様々な「異端」や「亜流」をその外部に生産し続けるという現実を、人間の生の全体様式において捉えるべく、これを従来のように機能的に語るのでなく、儀礼論を通して意味的に理解してゆく新しい戦略を提示してみせた。このように、通過儀礼あるいはイニシエーションなどの儀礼論の視点は、自分たちのあるいは自文化における学校制度や教育の問題を効果的に照らし出し、制度や教育の本質を再考するための分析視角として利用されている。

右に述べた儀礼論の視点が、学校教育や教育現象の認識や評価の手段として用いられているのに対し、新しいイニシエーション儀礼（ビジョン・クエスト・プログラム）の場合、より直接的に現状の変更を目指す実践的、道具的な手段として用いられている。現代の青少年の大人への移行に関わる問題の原因がイニシエーション儀礼の欠落として単純に説明されすぎるきらいはあるものの、彼らの主たる関心と力点は、新しく再構築された儀礼形式の実践的な適用にある。フォスターらによるビジョン・クエスト・プログラムは、現代社会における「成長のための適切な文脈」（growth context）の欠落を埋めるために計画的、組織的に導入されたひとつの実践的、臨床的な試みとしての意義を持っている。

このような移行支援の技法としての通過儀礼の視点は、幼児教育の研究の中にも見いだされる。マカダンは米国の幼稚園のフィールドワークから、園児としての規範、モラルが教師と子どもによって構築されるプロセスを、ヘネップやターナーの通過儀礼論によりながら分析している（McCadden 1997）。ベテラン女性教師の教室運営の手法として用いられている定型化された所作（身振り、身体的サイン、歌、等）は、それぞれひとつの移行（通過）儀礼と見なされ、これによって教室での園児たちの諸活動における場面の移行や転換、行動の適否の理解がスムーズにうながされる。さらに、幼稚園やそこでの様々な活動は、家庭の生活モラルと幼稚園の生活モラルとがネゴシエートされ園児としてのアイデンティティが構築される「場」（リミナル・スペース）としても見なされる。[6] 子どもたちを幼稚園生活へと適応させるための「定型的な所作や行為」（routines）は、これを通過儀礼の概念によって読み替えることで、単なる地位や状況の移行をうながす教育技術としてだけではなく、子ども自身が「良い園児になる」学び（社会的アイデンティティ形成）の表出としても理解されてゆくのだ（McCadden ibid.: 240）。

おわりに

現代の学校教育における儀礼研究に関しては、まず、バーネットによって人類学研究の正当な対象としての先鞭がつけられ、さらに通過儀礼論を中心に教育支援の道具的性格や学校制度の相対化のための視座が導き出されていった。一方で、マクラーレンやクアンツ、マゴルダら米国の教育人類学者たちは、対象となる儀礼のなかに日常的な相互行為儀礼を含めることで、学校空間における「小さな儀礼」の持つ重要性、あるいは政治性を強く認識させた。「儀礼が現代的な社会生活のなかで影響力を持ち続けるのは、それが境界付けられ日常生活から切り離されているからではなく、まさに日常の中に組み込まれているから」（Quantz & Magolda 1997: 228）であり、同じことは学校生活という文脈においても当てはまる。(7) とりわけマクラーレンは、日常的で顕在化されにくい「小さな儀礼」の象徴的パフォーマンスを掘り起こすことにより、学校生活や教育の文脈におけるその権力（政治的）作用の諸相を明らかにしていった。

同様の観点から、クアンツとマゴルダも、大学のなにげない授業のなかに満ちている多彩な相互儀礼行為を詳述し、儀礼的行為の諸側面が学生のアイデンティティや道徳性を統合するよう作用したり、時には、逆にそれらを脅かすようにはたらく可能性を指摘することで、学校教育における儀礼的側面の重要性を強調している。さらに、マゴルダは大学のキャンパスツアーの儀礼分析を通して、マイノリティやジェンダーをめぐる権力関係、あるいはアカデミックな専門分野間の力関係など、米国社会や大学のなかに存在する社会政治的地勢（sociopolitical terrain）を明らかにするとともに、将来、多文化的で民主的な大学の共同体意識を再構築する必要性を示唆する。

「小さな儀礼」への着目による学校研究は、儀礼の持つ秩序化と現実構成の作用を前提に、学校空間において展開するイデオロギーの再生産、組織統制のメカニズム、あるいはそれらへの抵抗の実践など、いわゆる複層的な文化政治を象徴の次元から明らかにしようとするものである。そこに共通に見いだされるのは、学校空間を構成する儀礼的文脈やその影響力を等閑視しがちな従来の研究姿勢に対する批判的まなざしであり、また、儀礼研究の成果を教育現場に還流させ、現実の問題解決の手がかりとして積極的に活用していこうとする実践的態度にあるといえるだろう。

注

（1）「大きな儀礼」に対しては、large, formal ceremony（Quantz & Magolda 1997: 222), grand ritual（Magolda 2000: 34), the macro ritual（Mclaren 1999(1986): 81）等の語が当てられる。一方、「小さな儀礼」は、small rituals（Quantz & Magolda 1997: 222), interaction rituals, minor ceremonies（Goffman 1967: 91), micro rituals（Mclaren 1999: 81）として言及される。

（2）例えば、尾中文哉、一九八九「試験の比較社会学――儀礼としての試験――」『思想』七七八号など参照のこと。

（3）ゴッフマンの「相互行為儀礼」は、基本的にデュルケームの『宗教生活の原初形態』に示された儀礼論のテーマを現代的な文脈のなかに適用したものである（ゴッフマン 一九八六）。

（4）小野沢は文化化論（enculturation）の観点から、未開社会のイニシエーション、若者組・若者宿等の慣行を現代の学校教育制度と比較している。そこで、現代的学校制度における入園や入学が、子どもたちに対し家族や親族などの第一次集団（家庭）からの分離および学校文化との出合いの機会をもたらし、また学校という第二次集団による文化化の機会を提供していることを示した（小野沢 一九八三）。

（5） このプログラムはすでに数十年の長い実績を有しており、高校生を主たる対象に今日の社会が喪失した生きる目標や意義の発見を目的として真の成熟をともなう大人への移行が目指されている。プログラムには人類学、民族学、宗教学などのコースに在学する大学生も参加しており、その経験をプログラムへとフィードバックさせつつ不断の改良がはかられている（Foster & Litter 1997(1987): 80)。

（6） ターナーは、その著書においてリミナルな移行期がそなえる教育的作用について触れている（ターナー 一九七六：一三九－一四二）。

（7） 武井秀夫は、病院という文脈の中で日常的に展開される医療行為を一連の儀礼的行為として検討している。

第五章　西スマトラの儀礼的養育

――アダットに生きるムスリムの形成――

はじめに

本章では、世界最大の母系社会であり、またインドネシアのなかでもとりわけ熱心なイスラーム信仰で知られる西スマトラ、ミナンカバウ社会の子どもの産育と成長の儀礼的文脈を、その象徴（シンボリズム）と実践（プラクティス）の両面においてみてゆく。[1] ミナンカバウの子どもたちは、父権的イスラームと母系的アダット（慣習法）という一見矛盾する二つの規範を身に付けながら育つ。[2] そうした複雑なアイデンティティ形成のあり方が、ひとつの文化的モデル（ギアツ）として一連の産育儀礼のなかにたくみに組み込まれていることを見いだすとともに、またそうした儀礼実践が実際の子育てのネットワーク形成にも深く関わっていることを明らかにしてみたい。[3]

ミナンカバウに関しては、母系的諸慣習を保持するユニークな民族集団としてこれまでも多くの研究がなされてきたが、その産育文化の側面に関してはそれほど盛んとはいいがたい。一方で、ミナンカバウ文化の基層部分を構成する母系的アダットは、産育をはじめとする一連の人生儀礼やそれを支える人間関係のなかに最も鮮明に表されるという指摘もある（Sanday 2002: 21-22）。この意味において、ミナンカバウの産育儀礼は、現地のローカルな文脈との関連で産育の観念体系や人間関係をみてゆく格好の対象となり、また、取り上げられる機会の少ない母系社会の産育文化を理解する上でも貴重な資料を提供すると思われる。さらに、この地の熱心なイスラーム信仰はミナンカバウの産育儀礼にいっそう複雑な構成を与えており、それは二つの系統の儀礼習俗の並存あるいは習合（シンクレティズム）として表れている。本章では、このような複雑な産育の儀礼習俗のあり方に対して、いわばエティックな視点からこれをイスラームとアダットという二つの系列に分けてみてゆく。しかし、本文中でもたびたび指摘するように、これら二系列の産育儀礼は人々の経験のなかでは連続し統合された一連の習俗として生きられている。したがって、以下において別々に提示された二系列の産育儀礼は、最終的に現地の人々の生活経験へとふたたび埋め戻された上で、あらためて統合された全体として理解されるべきものであることを確認しておきたい。

第一節　西スマトラにおける儀礼文化の構造

西スマトラのミナンカバウの人生を彩る儀礼生活にはイスラームとアダットという二つの文化要素の並存（習合）状況が見いだされる。例えば、一連の人生儀礼のなかでもとりわけ重要な結婚式も、イスラームとアダットの二つの系列の儀礼から成り立っている（坂元　一九九九）。結婚に先立ってモスクで行われるイスラーム儀礼（プルニカン）は、花嫁と花婿に婚姻関係の合法性を与える「必要条件」であり、これに続いて行われるアダット式儀礼はその正当性を承認する「十分条件」となっている。人々の間では、イスラームの契約儀礼のみで結婚が完成するとは考えられておらず、アダットにもとづく儀礼的手続きを経てはじめて完全なものになると見なされているのだ（Whalley 1993: 110-118）。今回のミナンカバウ村落の産育儀礼にも二つの文化伝統による同様の相補関係が見られる。二つの儀礼系列を通じて「アダットに生きる敬虔なムスリム」というミナンカバウにおける人間形成の基本目標が提示され、またローカルな子ども観や性別秩序、あるいはしつけの規範が表現される。さらに、その実践を通して村での子育てが家族の内部に閉ざされるのではなく、母子の所属する母系親族（スク）はもちろんのこと、父方母系親族（バコ）にも開かれてゆく産育の協同性も確認されるのである。

イスラームとアダットはもともと異なる歴史的起源にもとづくだけでなく、各々対立する性格を備えた文化伝統としてある。前者は父系的色彩の濃い宗教文化として、これに対し、後者は母系制原理を強調する慣習法としてそれぞれミナンカバウ人の生を秩序化してきた。(4) しかし、ミナンカバウの人々にとってイスラームを熱心に信仰し同時に母系的なアダットに忠実であることは、ダブルスタンダードでも矛盾でもなく、自然で一貫した生活経験として生きられている（加藤　一九八〇）。このことはアダット儀礼に見られる参加者たちの普段の所作にもはっきりと現れている。現地で行われるアダット儀礼の始まりや終わり、あるいは節目には、かならずイスラームの礼拝の所作（ドア）やアッラーをたたえる唱句が含まれており、アダット儀礼を正しく実践することは、そのままミナンカバウであると同時にムスリムであることを示している。ここで別々に取り上げる産育の二つの儀礼系列も、実際には、イスラームとアダットという二つの原理を中心に巧妙かつ繊細に織り上げられた一連の文化的過程（cultural process）として実現されているのだ。(5)

以上、本章での人々の儀礼生活に対する操作的（エティック）な理解の仕方を確認した上で、あるミナンカバウ村落の事例を通して二つの儀礼系列の具体的内容とそれによって構成される産育の文化文脈をみてゆくことにしよう。

第二節　西スマトラ・ミナンカバウ村落

西スマトラ州はインドネシア、スマトラ島の中部西海岸地域を占め、世界でも最大の人口規模（推定三五〇〜四〇〇万人、加藤 一九九九）を擁する母系制社会の中心地域として知られてきた。この西スマトラ州の州都パダンから車で一〇〇キロほど山間道路を北へ走ると、西スマトラの古都にして随一の観光地ブキッティンギにいたる。標高八〇〇メートルほどにあるブキッティンギは、ほとんど赤道直下に位置するとはいえ清涼な気候と旧王都などの歴史遺産で知られ、オランダ植民地時代からの保養地、観光地として親しまれてきた。本章のもとになっているインドリン村は、このブキッティンギの北東部に隣接し、乗り合いバスなどを利用すれば二〇分ほどの距離にある近郊農村であり、他の三つの近隣村とともにひとつのナガリ（伝統慣習村）を構成している。村の中央には未舗装の道路が一直線に延びており、この道路をはさむように村は展開する。村の周辺は広い水田と蔬菜畑に囲まれ、自給的農業のかたわら町の市場への余剰農産物の出荷販売や伝統織物などの家内工業も盛んである。さらに、都市に近接する地理的条件やムランタウ（出稼ぎ）の伝統から、公務員や教師、そして外地でのレストラン（パダン料理店）経営者も多い。村の中心の道路沿いにはモスク、スラウ(6)、役場、小・中学校など村の宗教・教育・行政施設が集中し、ルマガダン(7)と呼ばれる屋根に水牛の角をかたどった大型の伝統家屋が独特の村落景観をかもしだしている。村役場の統計（一九九八）によれば、人口が一、二〇一人、戸数二六二戸ほどで、ジャワからの移民もごく少数居住するが、人口のほとんどはミナンカバウ人から構成される。このインドリン村は六つの母系親族集団（スク）から構成されており、それぞれのスクはダトゥ（datuk）と呼ばれる男性長を代表にたてながら、対外的（政治的）あるいは内部

的（互助的）なまとまりを維持している。(8)

第三節　村のイスラーム式産育儀礼

西スマトラのイスラーム化についての正確な歴史は、いまだ定説をみるにいたっていない。マルコ・ポーロの「東方見聞録」によれば、東南アジアの歴史のなかでイスラームが明確な社会的、政治的意義をもって登場したのは、一三世紀末、スルタンを戴くムスリム王国（ペルラク）が北スマトラに誕生したときと考えられている（中村一九九一：一八九）。この最初のムスリム王国に次いで、一六世紀末以降には、北スマトラのアチェ王国が東南アジア島嶼部における交通の要所を占めるようになり、インドネシアのイスラーム発展に大きな役割を果たした。同じ頃、そのアチェ王国の支配下にあった西スマトラ地域のイスラーム化も始まったと考えられている（加藤一九八〇：二三五）。

歴史的にはアダットより後発のイスラームであるが、ミナンカバウ人の生活全般への強い影響は、モスクなどの宗教景観や日常の謹厳な礼拝行動、衣食上の禁忌行動だけではなく、個人のライフサイクルとローカルな世界観が交差する人生儀礼の場においても明確に示される。イスラーム式として識別される産育儀礼はミナンカバウの儀礼生活を構成するひとつの系列である（服部一九九六）。インドリン村において実施されるイスラーム式産育儀礼には、誕生時のアザーン（azan）／カマット（kamat）、誕生一週間後のアキカ（akikah）、一〇歳前後の男子割礼（sunat）などがあり、本章では、これらに加えて、小学校卒業前のホッタム・クルアーン（khotam al-Qur'an）も、子どもの産育儀礼のひとつとして取り上げている。これらの儀礼は、後半でみるアダット系列の儀礼群とは異なり、その明確な教義体系と安定した宗教実践によって、他のイスラーム文化圏でも共通に見ることができる。したがって、村の儀礼生活の習合現象のなかからイスラーム式の儀礼だけを識別して紹介することは比較的容易である。インドリン村の人々にもそれとして識別されているこれらの産育儀礼は、ミナンカバウの子どもたちの間に成長過程の分節と性的差異を導入するひとつの文化的仕組みとなっている。以下、その具体的内容を現地での観察や聞き取りにもとづき紹介してゆこう。

誕生のアザーンから割礼まで

(一)　アザーンとカマット

誕生時のアザーンとカマットは、子どもが生まれてすぐに耳元でコーランの章句を小声でささやく儀礼である。現在、村では産院において父親がこれを行い、生まれてきた子が男児ならばアザーンを、女児の場合にはカマットを唱える。この儀礼は生まれてきた子どもに対し、いち早く神の存在を知らしめるとともに、子どもから悪魔を遠ざけることを目的としている。

アザーンはイスラームの信者に礼拝の時刻を知らせるためのアラビア語による呼びかけである。今日のインドネシアでは拡声器を用いてアザーンを流すが、本来は美しい抑揚と声量のある肉声によって地域全体に呼びかけるものである。アザーンは毎日繰り返される性格上、呼びかけるための章句や唱える回数が決まっている。カマットはそれぞれの礼拝の直前に小声で唱えられる呼びかけであり、章句の内容はアザーンと同じであるが唱えられる回数はその半分である。

アザーンとカマットは誕生儀礼に導入される過程でジェンダー性を帯びるようになる。すなわち、子どもが男児の場合には回数の多いアザーンが、女児の場合には小声で回数の少ないカマットが唱えられる。この呼びかけの使い分けは、誕生儀礼という文脈において生まれてきた子どもに対し性別による優劣の価値構造を導入し、とりわけ男児への相対的な尊重を現出させている。

（二）　アキカ

アキカは義務ではないがイスラーム法によって推奨されている儀礼である。原則的には、子どもの誕生後、およそ一週間目に近隣や親族を集めて宴を張る。村では各家庭の事情によって様々な形態で行われる（あるいは行わない）。例えば、時期をみて兄弟まとめて一回で済ませるとか、長子だけに行うとか、あるいは近隣や友人などでまとめて行う場合、山羊七頭分を牛一頭で代用することもある。アキカを行う時期についてもそれほど明確な規定を聞くことはなかった。都市部のパダンでは、アキカの時に宴を開かず金のピアスやアンクレットあるいは金製品などを買い与えるという。

アキカにおいても子どもの性別による差異構造あるいは優劣の価値構造が見いだせる。すなわち、生まれたのが男児であれば宴で供犠にされる山羊は二頭であり、女児の場合は一頭と規定され、これは村においても明確に差別化され言及されていた。

（三）　割礼

割礼はいうまでもなくイスラーム文化圏およびユダヤ教社会を中心に広く行われる性器加工の習俗である。割礼は男子のイニシエーション儀礼の典型として積極的な研究蓄積が進められ、またその整理や検討作業も継続されている（Paige & Paige 1981; 石川　一九八七、Roscoe 1995）。ムスリムの義務として女児を排除して男児に対してのみ行われる割礼は、結果的に、この時期のミナンカバウの子どもたちの間に明確な性的差異を導入する習俗となっている。[9]

インドリン村でも男児に対する割礼は必ず実施されており、一〇歳前後の年齢の頃、学校の休暇を利用して行われる。休暇中の施術は傷の回復のために安静期間（約一週間）が必要なことや、子どもの就学に支障を来さないための配慮にもとづいている。割礼の時期や日時は、ママッをはじめとする親族が集まってこれを決定し、医師が家庭にやってきて簡単な手術が行われる。かつては手術の終了後に客を招いてニワトリやナシクニンの料理による宴が開かれていたが、現在、村ではそのような宴を張ることはあまり見られなくなったという。そのかわりに、男の子が腰にサロンを巻いて療養する間、学校の同級生たちが見舞いに来てくれる。[10]

コーラン学習の節目：ホッタム・クルアーン

子どものコーラン学習の修了式であるホッタム・クルアーンはいわゆる産育儀礼ではないが、ムスリムとして生きる子どもにとって成長の節目を画す重要な行事である。コーランについての基礎的な知識とそれを正しく朗誦する技能が身に付いたことを地域社会に示すために、公の場でこれを披露し祝うのである。将来、ムスリムとして生きる子どもにとって、コーランの朗誦は日々の宗教実践のための不可欠な技能であり、ホッタム・クルアーンはイスラーム信者として共有すべき最低限の知識を修得したことを示す祝いの行事となっている。コーランの学習は村のスラウにおいて毎日、放課後に行われている。地域のイスラーム指導者やイスラーム神学校の学生などが指導にあたり、彼らには若干の授業料も支払われる。子どもたちは普通小学校一、二年ごろから村のスラウのコーラン塾に通い始め、五、六年生のころには修了してホッタム・クルアーンに参加する。

インドリン村のホッタム・クルアーンは、かつてラジャブが書き残した二〇世紀初頭の同地方の行事の様子を彷

ホッタム・クルアーンのパレード

彿させるものである（ラジャブ　一九八三：一一八―一二八）。一九九八年七月、村のスラウで開催されたホッタム・クルアーンは、少年、少女あわせて二一人が参加した。儀礼自体は、パレード、朗誦のコンクール、祝宴の三部から構成されており、ほぼ一日かけて行われる。コンクールのための会場は、二、三日前から村の青年団によってスラウの前庭に設営され、色とりどりの紙細工やシュロ、バナナの葉を用いた飾り付けがなされる。コンクールとはいえ勝敗はあまり重視されておらず、コーラン学習の成果発表とその祝いとしての意味合いが強い。したがって、会場周辺は全体に祝祭的な雰囲気につつまれる。当日は会場のスラウの周辺に屋台や観客が続々と集まり、その庭には朗誦のための舞台と出場者が待機するためのテントが設営される。

ホッタム・クルアーンは参加者を先頭に村中を練り歩くパレードから始まる。小さい子どもたちや父兄、あるいは中学のブラスバンドなども加わり大変にぎやかな行列となる。競技に参加する少年、少女は、アラビア風の民族衣装に身をつつんで参加する。パレードの幼児たちは結婚式の時の華やかな民族衣装を着せられている。ホッタム・クルアーンの開催を知らせる横断幕を先頭に晴れやかな長い行列が村のなかを一時間ほど練り歩く。この間、スラウの裏庭では祝宴のための料理の準備が進む。近所の主婦や男たちが大勢集まり、いくつもの大きな鍋を前にして野菜や肉を調理する。また、スラウの建物の中は父兄や子どもたちの待合いになっており、食事をしたり語らったりにぎやかな雰囲気につつまれる。

行列がスラウに帰ってくると、いよいよ朗誦のコンクールが始まる。その間、テントで待機している子どもたちには親族や各種団体からの祝い金が手渡される。コンクールが始まると、子どもたちはひとりひとり順番に舞台に上がりコーランの決められた部分を朗唱する。ほんの五分足らずのパフォーマンスであり、地元のイスラーム教師や宗教役人が舞台のそでで採点にあたる。

インドリン村の子どものホッタム・クルアーンには、宗教教育の初期段階の修了祝いとしての側面を見ることができる。会場の装飾、物売り、共同飲食、ブラスバンド、美しく着飾った行列などによる祝祭的な雰囲気の中で、ムスリムとして生きる子どもの成長が確認され祝福される。それは、単に、イスラーム学習の一段階を画するというだけでなく、それを生活の一部として生きる子どもたちの成長の節目も表している。スラウにおけるコーラン朗誦修了の祝いは、ミナンカバウの子どもにとっての成長過程におけるひとつの重要な通過儀礼なのである。ちなみに、この儀礼ではそれまでのイスラーム式の産育儀礼にあったような男女の差異化の構造は見あたらない。身につける衣装は男女によって異なるが、その他の参加形態にことさら格差を見いだすことはできない。その意味で、当地のホッタム・クルアーンはイスラームに関わる儀礼のなかではめずらしい男女の平等性を示している。

ムスリムの完成と男性優位

一連のイスラーム式の産育儀礼においては、まず子どもの成長過程の標準モデルが提示される。さらに、そこに儀礼対象者への性差の導入とその不平等な構造化が付け加えられる。アザーン／カマットの呼びかけの大小、アキカにおいて犠牲にされる羊の数の大小、男児の割礼儀礼の重視など、性別にもとづく明確な差異だけでなくそこには男性優位の構造も顕在化する。加藤（一九八〇）がアダットとの対比により示したイスラーム法の父系的、父権的傾向は、村のイスラーム式通過儀礼のなかでも確認されるのだ。また、われわれはこれらの儀礼に備わっているもうひとつの重要な側面、すなわちムスリムのアイデンティティを完成させる宗教課題（試練）としての役割も忘れるべきではない。すなわち、これらの産育儀礼はその実践を通して、子どもの成長の段階を画する役割を（結果的に）果たしていると同時に、その親や子どもが篤実なムスリムであることを自ら確認し、かつ対外的に示す役割も果たしているのである。

第四節　村のアダット式産育儀礼

これまで見てきたイスラームの産育儀礼は、インドリン村の人生儀礼を構成するいわば大伝統の系列に属している。一方、村にはこれに加えてイスラーム以前の土着的な産育儀礼も存在している。それは普遍的なイスラーム儀礼に対し、土着的アダットにもとづく儀礼系列として分類できるものである。ミナンカバウのアダットは、基本的に母系的族制およびその生活規範から構成され、前出のイスラームとともに社会の秩序化の重要な一翼を担っている。ミナンカバウの民族文化も、熱心なムスリムとしてよりむしろ母系アダットの特徴にもとづいて表象されることが多く、とりわけ人々の伝統的な儀礼生活はそうした民族文化の精華として紹介されてきた。そして、このような民族文化を支える社会的基盤として、スク（suku）と呼ばれる母系的に編成された親族集団があり、その女性成員はアダット儀礼の実質的な責任者として重要な役割を果たしている。

前もってアダット式の産育儀礼に見いだされる特徴を先取りして述べるならば、ひとつは儀礼に表れた食のシンボリズムであり、もうひとつは儀礼実践に組みこまれたスクと父方母系親族のバコ（bako）との親密な関係性の強調である。そして、それらは産育儀礼における文化的表象の側面と産育の社会的ネットワーク形成の側面にそれぞれ深く関わっていると考えられる。

誕生以前

（一）　妊娠期間の女性尊重

村での出産前の産育習俗として興味深いものに妊婦のつわりにまつわる習俗がある。妊娠一〜四ヵ月頃は、いわゆるつわりの期間として妊婦には特定の味覚への強い志向や嗜好の変化が現れるとされる。人々はそのような感覚変化を「ムラサ・ニダム」と呼び、またその期間をさして「マサ・ニダム」と呼んでいる。妊婦が欲する食べ物は果物やその他様々だが、重要なのは妊婦の要求に対して夫は万難を排して応えなければならないとされる点である。もし妊婦の要求が満たされない場合には、いつも口から涎をたらしているような子どもが生まれてくるとも信じられている。たとえ妊婦に特別な嗜好の変化がない場合でも、この期間中、妻は夫に対して日頃できない要求をすることが許される。この期間の女性優位は、夫にたのんで高価な宝石や車を買ってもらったという冗談じみたうわさにも表れている。

また村では、こうした妊婦のつわりと同様の身体変化が、夫や夫の母などにも現れることがあるという。これは妻の妊娠を知ってからのこともあれば、予見的に妻や嫁の妊娠を言い当てるように起こることもあり、いわゆる擬娩（クヴァード）にあたる現象あるいは観念である。[11]

（二）　カケ・ラブ（カボチャ粥の儀礼）

カケ・ラブは妊娠七ヵ月目に女性を中心に行われる。妊婦の無事な出産を祈念しバコに子どもの誕生が近いことを知らせる。カケ・ラブとは字義的には「カボチャの粥をかき混ぜる」という意味を持っており、儀礼食としてカボチャ粥（皿の上の炊いた餅米の上にカボチャでつくった粥あるいは煮物をかけた料理）をつくることに由来する。また、カボチャはその形状から妊婦一般の愛称として日常的に使われる表現でもある。妊娠七ヵ月を迎えた妊婦は、まず夫の実家に出かけていって姑とともに翌日の宴の準備を手伝う。その翌日（カケ・ラブ当日）、婚礼の時と同様に民族衣装に身を包み夫の実家へと行列をする。夫の実家ではバコの女性親族が集まりこのカボチャの粥を作り皆で共食する。そのとき姑が油をつけた指で嫁の額を三回なであげる。これは生まれてくる子どもの豊かで美しい髪を期待するまじないである。[12] 儀礼終了後、嫁の帰宅に際して夫の実家から儀礼菓子と現金のほか残りのカボチャ粥が妻の実家のために持たされる。

誕生以後

（一）　トルン・プセ（へその緒落ちの諸儀礼）

子どもの誕生直後にその母親の実家側でバコを中心に行われる一連の産育儀礼であり、儀礼の名称は赤ん坊の「へその緒が落ちる」時期に行われるところからきている。実施時期は厳密に確定されておらず、おおよそ生後一週間あるいは一〇日から一ヵ月までの間に行われる。一般的にはポットン・ラブ（髪切り儀礼）、トル・マンディ（水浴の儀礼）、ムニュアピ・バル（食べ初めの儀礼）などの一連の儀礼からなる。これらの儀礼は、かつてイスラーム指導者が生まれてきた子どもの新しい名前をその耳元でささやく「命名式」もかねていた。マースによれば、このときの名前「ナマ・ケテク」は、結婚を機に捨て去られたという（マース　一九四三：三一五）。[13]

トル・マンディは、ミナンカバウの重要な生活空間である水浴場を舞台に、生まれてきた子どもがこの世と最初に出会う機会を用意する。ポットン・ラブでは、子どもの髪を少し切り記念に保存する。現在インドリン村では、祝宴のみが開かれる。

さて、村のムニュアピ・バルにおいては、よばれて来た宗教指導者が蜂蜜などの五つの食べ物を赤ん坊の口に含ませながら、この世の基本的な五つの味を教える。五つの味は「甘い」(manis)、「塩からい」(asin)、「(香辛料)辛い」(pedas)、「苦い」(pahit)、「すっぱい」(asam)であり、それらはこの世の味の種類であるとともに人生における経験の内容を表している。子どもは儀礼を通して将来経験するであろう食べ物の味とともに人生の味わい(機微)を教えられるのである。この種の食べ初めの儀礼に関しては、米国の人類学者サンディが、やはりブキッティンギ近郊の村落での詳細な報告をしており、そこからこの儀礼の多様なあり方を知ることができる(後述)。

(二)　マンバダ・アナ(子どもを抱きまわす儀礼)

先のトルン・プセが必ず行うべきアダットであるのと違い、マンバダ・アナは家庭の事情によって催しても催さなくてもよい。子どもが生まれて一〜二ヵ月してから、婚姻儀礼の場合のようにシリ(嗜好品の噛む葉)を用いて客を招待し宴を張る。客たちは米や現金をお祝いに持参し、お返しに特別な菓子が持たされる。男性の招待客が祈りを行い、お客の親族や近隣の女性たちが子どもを抱きまわすという内容である。この儀礼に対しては、さみだれ式に訪れる出産祝いの客たちを一度に片付けるためという現実的な役割もあるという。

(三)　ジュンプイ・アナ(子どもを迎えにいく儀礼)

生後六〜七ヵ月目にはジュンプイ・アナとして夫の姑が妻の実家に孫を迎えに訪れ、嫁とその母親をともに自分の家に連れ帰って祝いの宴を張る。そこにはバコが孫を見るために集まっている。母親方からは生きた雄鶏が一羽と儀礼用の料理が一八種類準備され姑方に持参される。嫁と姑はバコの女性たちの手伝いを得て宴の料理を準備し、終了後、赤ん坊と嫁および祖母は、米や現金、赤ん坊への贈り物と持参した雄鶏を料理したものの半分を持ち帰る。

以上、アダットにもとづく一連の産育儀礼をみてゆくことで実際の産育に関わる二つの側面が浮かび上がってくる。ひとつは儀礼食によって示される子ども観やしつけ観であり、もうひとつは儀礼実践に示されるスクとバコの親密な関係やバコの重要な役割である。後者は儀礼場面にとどまらず日常的な産育実践にもつながっており、ミナンカバウにおける家族を超えた子育てのネットワークを理解する貴重な手がかりを提供している。

第五節　成長の文化モデルと産育ネットワーク

儀礼食とアイデンティティの身体化

前節で、インドリン村の食べ初めの儀礼における五つの味の話を紹介した。この食べ初めの儀礼に関しては、同じブキッティンギ近郊の村の儀礼生活を研究するサンディによるさらに別の報告があり、それが人々の子育てにおけるひとつの「文化的モデル」（ギアッ　一九八七）を提供していると指摘されている（Sanday 2002: 93-96）。メラネシア研究のラトコースは、人生儀礼と人間観の深い関連性について言及するなかで、儀礼のなかで子どもに与えられる食物が、子どもの社会的なアイデンティティ形成を方向付けるという観念のあり方を紹介しているが（Lutkehaus 1995: 14）、ミナンカバウの場合にも儀礼食のシンボリズムを通して子どもの成長やアイデンティティが方向付けられる様子を見ることができる。

サンディの調査村の人々は、食べ初めの儀礼の食物によって子どものなかにその成長や人生に不可欠な祖先のしきたり（アダット）や価値が形成されるのだという。例えば、その村の儀礼のなかで井戸端に供えられる「はじけ米（ポップ・ライス）」は子どもの思考が開発され将来の学業や仕事の成功が実現することを、また「焼き飯」はその芳ばしい良い香りにちなんで子どもの幸せな人生を、そして「さとうきび」は甘美な存在としての子どもの理想を意味している。また、等しく三つに切り分けられたバナナはミナンカバウの重要な主食を表すとともに、イスラーム、アダット、国家という、将来、子どもの人生を規定する三つの原理を表している。さらに、食べ初めの儀礼の最後には金の指輪が赤ん坊の唇にすりつけられる。これはミナンカバウのアダットが日常生活における言葉使いの洗練や演説における雄弁さに特に高い価値をおいていることを示すという。このように食べ初めの儀礼は、ミナンカバウの人間になるために必要な世界観や行動規範を身体化するための重要な機会なのである。実際、サンディはホストファミリーの生活を見守り続けるなかで、子どもたちが儀礼に示されたミナンカバウ人としてのあるべき姿（例えば、アダットにのっとった洗練された言葉使いや話し方など）に沿うよう家族や大人たちとの相互作用のなかで絶えずうながされ続けていることを確認している（Sanday ibid.: 98）。

一連の食べ初めの儀礼では、特定の食品によってミナンカバウの伝統的な人間観や世界観が示され、同時に儀礼的な食行為を通してミナンカバウ人としての正しい振る舞いの体得やアイデンティティ形成がうながされている。五つの味覚や三分割されたバナナは、ミナンカバウ人の複雑な世界観や人生観「についての」（of）モデルを提示しており、さらにポップ・ライス、焼き飯、さとうきびを食べ、また金の指輪を唇に押し当てられる行為は正しいミナンカバウ人であること「のための」（for）行動モデルを示している。食べ初めの儀礼にはミナンカバウの産育目標や子どもにとって重要な精神的価値が示されており、それはまたミナンカバウ人としての適切な振る舞い方の前提となる人間観や世界観の文化的モデルを提供しているのである。

儀礼実践と産育ネットワークの構築

ミナンカバウの儀礼的産育は、子どもや成長に関する意味の表示のみならず、その実践を通して家族を超えた子育ての社会関係を顕在化し、またそれらの相互作用をうながす機会も提供している。アダット儀礼の正しい執行は、ミナンカバウとしての正しい生き方に直結し、その意味で親や子どもたちのアイデンティティ形成にも深く関わっている。産育儀礼の実践は、子どもの家族のみならず子どもの所属する母系スクの成員が主体的にこれを支えている。しかし、忘れてならないのは儀礼の正しい（アダットに忠実な）実践が、家族や母系スクの成員だけで実現するわけではないという点である。ミナンカバウの産育儀礼は、バコの協力なしには成立し得ないような仕組みをもっているのだ。

ミナンカバウの母系制において、子どもが所属するスクに対し、その父方母系親族であるバコは、いうならば構造的「部外者」である。にもかかわらず、一連のアダット儀礼では、バコに対する配慮と尊重を表す神経質なほどに様式化された相互行為が見いだされる。それは出産や結婚など社会関係の重要な再編場面においてとりわけ顕著に現れるように思われる。具体的には、まず母親のスクの主催で行われる赤ん坊の食べ初めの儀礼は、バコによって執行されそのすべての材料もバコにより準備される。子どもの誕生前のカケ・ラブ儀礼では、両家の行き来を含めスクとバコの女性親族による様々な儀礼的交換が見られる。生まれてきた子どもを夫方のバコに披露するジュンプイ・アナにおいても同様の儀礼的交換が見られる。スクとバコのこのような密接な相互関係は、産育儀礼だけでなく（親にとっての）子どもの結婚儀礼のなかでも頻繁に観察される。産育儀礼にはリネージの部外者としてのバコの参加を必要とする要素が組みこまれており、儀礼を正しく完成させるためには、必ずバコの協力を必要とするような仕組みが用意されている。ミナンカバウにおける産育の儀礼生活はバコの協力なしには成立せず、その意味において構造の外部にも開かれた仕組みをもっているといえる。

こうした親族相互の儀礼的交換や交流のあり方は、ミナンカバウ社会における子どもの誕生や産育、成長が、単に家族内の閉ざされた事柄としてあるのではなく、なにより子どもの所属する母系リネージ全体の問題としてあること、さらに、それは父方親族をも組み込んだより広い産育支援のネットワークにおいて実現されることを示している（Sanday 2002: 99）。実際、バコはアダット儀礼のパートナーとしてあるばかりでなく、様々な生活場面における協力者、支援者としても登場する。それは、例えば、インドリン村でバコの家がスクの子どもに対し日頃から寝食を含む親密な空間と関係を提供しているように、たまの儀礼場面だけでなく日々の生活の中でもそうした密な関係性が実現されているのだ。

おわりに

西スマトラのミナンカバウ村落では、子どもの産育と成長をめぐる多彩な儀礼習俗が見られた。子どもの成長を段階付けるように配された一連の通過儀礼を通して、まず見いだされたのは歴史的、文化的由来を異にするイスラーム式とアダット式という二つの儀礼系列の共存状況であった。イスラーム式の儀礼系列には、ムスリムである（になる）ために果たすべき義務や男性優位のジェンダー・イデオロギーが提示されていた。一方、アダット式の儀礼系列においては、ミナンカバウ人である（になる）ための土着の人間像や生活指標、世界観が食のシンボリズムを通して示され、また身体化されようとしていた。二つの儀礼系列は、全体として真のミナンカバウ人のための人間形成、すなわち「アダットに生きる敬虔なムスリム」を実現するための認識と行動の二重の文化モデルを提供するとともに、その正しい実践を通して協同的な養育支援のネットワークを紡ぎ出していた。

最初にも断ったように、これら二つの儀礼系列は、記述の便宜として操作的に識別されたものにすぎず、両者は人々の生活において矛盾や葛藤をともなうことなく調和的に実践され経験されている。このことは実際の儀礼の習合的な特徴の中にも見いだすことができる。したがって、ミナンカバウ人はイスラーム儀礼を通してムスリムになり、アダット儀礼を通してミナンカバウになるのではない。両者は一本の太いロープのように互いに撚り合わされ、全体としてミナンカバウ人のアイデンティティ形成に関わっているのだ。こうして、ミナンカバウの産育儀礼は、そのシンボリズムとプラクティスを通して、子どもがミナンカバウ人として成長してゆくためのひとつの重要な社会的、文化的文脈を形づくっていると考えられるのである。

本章では、どちらかといえば静態的枠組みを前提にミナンカバウの伝統的な産育慣行について、特にそのシンボリズムや社会編成の構造的側面に注目した考察を行ってきた。しかし、インドネシアの他の地域と同じく、ミナンカバウが集住する西スマトラでも政府主導の開発や都市化、移民や進学率の高まりによる人口の流動化が進みつつあり、また欧米的な生活様式も急速に浸透しつつある。また、めざましい公教育（国民化教育）の普及は、ミナンカバウの人々の間の国民アイデンティティの醸成や女性のジェンダーの再構築を強くうながしている（Whalley 1993：服部 二〇〇一）。近年は女子の進学、就職による出郷傾向に加え、妻子を伴ったムランタウが農村人口の流出に拍車をかけ、村の儀礼生活や各種の相互扶助を支えてきた村落社会それ自体の高齢化、虫食い化も進んでいる。このことは、子どもの産育のみならず老人の扶養や介護なども支えてきた村落組織に対してあらたな対応をせまっている（西広 二〇〇四）。このように、変化のただなかにあるミナンカバウの子どもたちの儀礼生活や成長文脈の理解に関しては、村落の日常的な生活実践についてのさらなる精査はもちろんのこと、グローバリゼーションや国民国家の形成などマクロな相互作用を視野に入れた動態論的な検討が残されている。

注

（1）本章のもとになっているのは一九九六年七月、一九九七年三月、一九九八年六〜七月、二〇〇二年七〜八月にかけて西スマトラ州のブキッティンギ近郊および同州アガム県ティラタン・カマン郡シダン・インドリンで断続的に実施してきた現地調査の資料にもとづいている。ホッタム・クルアーンと婚姻儀礼の参与観察は、一九九八年の六〜七月にかけ花嫁側のG家に滞在しながら行われた。産育儀礼の聞き取りに関しては一九九八年、婚姻儀礼の期間中に花嫁側（G家）の準備の手伝いに集まった村の女性たちに対しその概略をたずね、二〇〇二年の再訪時に花嫁の両親および同じスクの女性親族からその具体的な内容についての説明を受けた。

（2）ミナンカバウを表象し続けてきた人類学者は、すでに、ミナンカバウ社会のアダットとイスラームが不変的かつ固定的な文化的コアとして維持されるのでなく、それらを含む全体文化の不断の過程としてあることを十分に認識している（例えばWhalley 1993）。また、母系的アダットとイスラームを基軸に組み立てられる「ユニークなミナンカバウ文化」に関しては、ミナンカバウ人自身により様々な場面において自覚的に表象されてもいる。それはあたかも押し寄せるグローバリズムや国民国家的統合の波に抗するかのような、また時には、自らが探索したいものを求める人類学者の思惑に迎合するかのような行為にも見える。本章では、このようなミナンカバウ文化をめぐる複雑な文化的構成や動態を念頭においた上で、それを含めた産育文化の全体的理解に至るための予備的考察として、いまだに人々の生活に深く根をおろし日々の経験のあり方に強い影響を与え続けているこれら二つの枠組みを中心に子どもの産育や成長の文脈構造をみてゆく。

（3）研究者にとって異文化における子どもの成長や産育の文脈的理解は、当該社会の日常のなかで日々展開する養育関連の断片的現象やルーティーンに忍耐強く対峙する長期的作業を前提としている。これに対し、集中的かつ断続的に行われる産育儀礼は、様々な理由により長期的観察が困難な場合や産育や成長に関わる膨大な日常的実践について、その全体性、体系性を理解する上で極めて有効な方法や視点を提供する。

（4）地域の慣習法的規定とイスラーム法との間の原理的な矛盾に関しては、明確な母系システムを維持するミナンカバウやマレーシア・ヌグリスンビランばかりでなく、他の東南アジアのイスラーム社会一般においても指摘されている（Jones

1994)。ミナンカバウの場合、母系的アダットと父系的志向の強いイスラームのひときわ明瞭なコントラストがこれらの議論をさらに複雑にしているといえる。

（5）ミナンカバウの産育儀礼は、イスラームとアダットによって精妙に撚り合わされた一本の紐を思わせる。ただ、その紐は決して完成された不変なものとしてあるのではなく、国家や世界の政治、経済、文化システムとイスラームやアダットとの相互過程のなかでたえず撚り直されているのだ。

（6）スラウはモスクに隣接する礼拝所兼宗教教育施設で、ジャワを中心に発達したプサントレンに相当するイスラームの伝統的施設である。ギアツはプサントレンにおける生徒（サントリ）たちの共同生活の中に、成員間の強い兄弟意識や協力関係、先生（キヤイ）とサントリの間の明確な上下関係、男らしさや勇気の重視、自給自足的共同生活などの特徴を見いだした。そしてプサントレンを「サントリにとって、ただイスラームへの橋であるだけでなく、家族以外の世界へ、大人の生活一般への橋渡しの役割をつとめる」と捉え、ジャワのプサントレンの「青年同胞団」的特徴を指摘している（ギアツ　一九六九：二二九）。われわれはラジャブによって描かれたかつてのミナンカバウのスラウ生活の中にこれと同じ風景を見いだすことができる（ラジャブ　一九八三）。家庭から離れたスラウで仲間たちと寝食を共にしながら、イスラームの勉強や様々な遊びを通して少しずつ大人への道をたどる様子は、人類学や民俗学でいうところの「若者宿」（young men's house）や「男子結社」（men's society）を彷彿とさせるものがある。

（7）「ルマガダン」（rumah gadang）は長方形の大家屋で、鞍型屋根には水牛の角を模した独特の飾り（ゴンジョン）がそそり立ちミナンカバウ文化を象徴する建物となっている。しかし、現在では家族形態の変化、生活様式の近代化、村内人口の流出などの影響から、現実に「生きられる空間」としてのルマガダンは減少の一途をたどりつつある。かつては、二・五メートルほどの高床式の家屋の床下では鶏や羊などの小動物が飼われ、入り口近くの大広間は様々な宴会や会議の会場として、また日常の居間や食堂、大きな子どもの寝室として用いられた。大広間の後ろにあたる部分には、結婚適齢期の女性や結婚後の母子の寝室として小さく分割された小部屋が横に並び、かつては夜になるとその夫（スマンド）がそれぞれの妻の部屋に通って来た（加藤　一九九九）。

（8）一般に、村（ナガリ）はいくつかのレヴェルの母系親族から構成されている。母系親族単位のなかで最も大きなものが「スク」（suku）である。スクはそれぞれ異なる独自名称を持っており、いわゆるクランに相当する。ちなみにこの村は、①Suku Jambak Besar, ②Suku Jambak Kecil, ③Suku Melayu, ④Suku Pisang, ⑤Suku Guci, ⑥Suku Koto という六つのスクからなっている。スクの下位分節（リネージ）は「パユン」（payung）と呼ばれ、これは「傘」を意味し、親族組織の祖先を中心に末広がりに展開する分節構造を象徴的に表している。原則として同じスクに属する成員同士は結婚できないが、地域（アダット）によっては例外もある。しかし、少なくとも同じパユンの成員同士の結婚は普遍的に禁じられる（Kato 1982: 47）。このパユンの下位分節が「パルイッ」（paruik）である。パルイッはかつての伝統家屋「ルマガダン」に共住する母系成員を指しており、共住と共有財産にもとづいた最も基本的で重要な生活単位を形成していた。パルイッは「ママッ」（mamak）と呼ばれる年長の男性成員により統制される。アダットがナガリごとの多様性を持つのと同じく、母系親族のカテゴリー名称も地域によって異なる場合が多い。加藤はこの呼称の多様性と研究者の用語の混乱を指摘した上で、豊富な文献研究とフィールドワークにもとづき、これら母系親族の名称と分節構造の伝統モデルを提示している。本文の社会構成の記述に関しては、特に断らない限り、加藤（一九八〇）、Kato（1978, 1982）および倉田（一九六九）などを参考にしている。

（9）　女子の場合、男子のような割礼は行われないが、昔は女性のドゥクンによって生後一〇日目ほどの頃に行われ、陰挺を少しばかり切り取る女子割礼が報告されている（マース　一九四三：三八九）。

（10）　人々の間には割礼をもって子ども自身の成長に大きな転換が実現されるという認識はうすく、むしろ親や本人にとってムスリムとしての重要な義務をひとつ果たし得たという見解の方がよく聞かれた。

（11）　妊娠を契機に夫に対する強い要求が許されたり、夫やその母にも擬娩現象が現れるという話は、ミナンカバウの夫における伝統的に周辺的な位置付けも含めて、母系的社会構造との関係のなかで検討する余地を残しているように思われる。

（12）　ここで美しく豊かな黒髪といえば女性のそれが連想される。ただ、現段階でこの呪術的行為の中に生まれてくる子どもの性別（女児）への期待が含まれているのか確認し得ていない。もし、女児の誕生を祈念する呪術行為とするならば、母系出自の連続性への期待を具体的に示す事例として興味深い。

（13）　ここの村でも名変えの習俗は見られるが、正確には、結婚の時に、グラル（gelar）と呼ばれるスクの称号を与えられ、以後それが村での通称名として用いられるというものである（坂元　一九九九：二一四）。グラルは、花婿の所属するスクの名誉と自身のアイデンティティを象徴し、結婚後、地域社会の人々は、彼に対して子どもの時からの名前でなくこの称号で呼ばなければならないことになっている。ただ、それはナガリのような地域社会におけるいくぶん公的な場面、形式的な関係における呼びかけや紹介のときに用いられるもので、家族や親しい友人間での使用や、職場や役所などへ届け出られることはない。いうならば、この称号は既婚男性に対する地域社会での慣習的な呼び名ともいえる。また、称号は代々スクに伝えられてきた固有の名称やあるいは当人の性格、人物にちなんだものであり、スクにおける年長男性成員の協議のなかで決められる。この協議はスンバ・カトー(sembah kato)と呼ばれており、スクに関係する重要事項を協議、決定するための伝統的な話し合いのことである。特に、相手方に向けられた代表者(例えばダトゥ)の演説は、雄弁、レトリック、優美で詩的な表現などの技能が試される場となっている。ラジャブは著書の中でこれを「演説合戦」と呼びその競技的な性格を描いている(ラジャブ 一九八三:三八五—三八六)。スンバ・カトーにおける協議と演説はきわめて形式化、儀礼化されている。そこでは、スクの間での挨拶の交換、婚礼の意義や評価、称号を決めるための相談、自分たちのスクの威信などが提示される。スンバ・カトーにおいて用いられる言語表現は日常会話で用いられるそれとは異なる。ミナンカバウに伝わる諺や独特の比喩表現、詩的表現が豊かに盛り込まれた特別の言い回しが多用されており、現在はこれを理解しない若い世代のためにそのテキスト化も行われている。

第六章　山の神と子ども

――日本の祭礼における再生産の表象――

はじめに

本章は三重県伊賀地方の一村落で行われている子どもを中心とした二つの民俗儀礼に関する報告である。(1) これらをジェンダーとセクシュアリティという二つの文化的枠組みのなかで読み解くことによって、子どもに託された多産、豊穣そしてイエ継承というヒト、モノ、コトの再生産をめぐる多層的象徴過程のあり方を示してみようと思う。

当該社会におけるこれら「性」の文化は、ひとつの根源的制度として社会関係（構造）や世界観のあり方に深く関わり、またその構成や再生産の枢要な契機にもなっている。しかし、一般に、それらが子どもとの関連において言及されることはさほど多くない。実際、セクシュアリティとしての性は、大人の生活領域に限られるべき事柄として子どもから遠ざけられ、またジェンダーとしての性にしても大人のそれに比べそれほど真剣に取り上げられない傾向にある。しかし、民俗的な文脈においては、その子どもが性行為やその帰結に関わる象徴の担い手として、あるいは行事の性別構造の重要な支え手として登場することがある。

日本の村落社会における子どもの民俗に関しては、これまでも産育儀礼や子ども組の研究などを通して熱心な取り組みが続けられてきた。[2] ここで取り上げる山の神祭りとしての「カギヒキ」および頭屋祭祀としての「ネントゴ」も、子どもに深く関連する民俗行事である。「カギヒキ」は正月七日に近畿中央部地域を中心に子どもが参加して行われる山の神の行事であり、木の枝を鉤状に切り残した股木「カギ」と筒状のワラの入れ物「ホデ」を用いた一種の招福儀礼である。その祭神である山の神は、一般に生殖と生産をつかさどる神と理解されているが、管見するに、そのような観念が立ち上がってくるプロセスを実態にそくして示した作業はあまり見あたらない。本章では、こうした概念過程を行事参加者である子ども（男児）に着目しながら明らかにしてゆく。また、一般に、頭屋祭祀は子どもの行事として扱われることの少ない民俗儀礼であるが、伊賀地方のそれ（ネントゴ）は「長男祭り」、「相続人祭り」とも呼ばれているように、氏子の家の長男子であればいつか必ず役をつとめなければならず、またイエの再生産にも深く関わる重要な子どもの儀礼となっている。

第一節　山の神祭りとしてのカギヒキ

山の神は、単に山林業の守護神としてばかりでなく、多くの場合、農耕神や祖霊神あるいは水神などとも結びついた生産一般を掌握する複合的な神観念として捉えられてきた。この複雑な性格を見せる山の神については、堀田吉雄（一九八〇）による詳しい報告があり、われわれは氏の仕事を通して全国の山の神信仰に関する概要を知ることができる。堀田の研究は、特に三重県周辺を中心に充実しており、以下でみてゆく伊賀地方の山の神信仰に関しても貴重なデータを提供している。三重県を中心とする山の神信仰の民俗資料としては、この他に堀哲（一九七八）らによる県下全域をほぼ網羅した習俗調査の報告もある。さらに、伊賀に近い松阪市（伊勢地方）の山の神についてのは、『松阪の民俗』(松阪市史編纂委員会　一九八一)のなかに市内の各地区ごとのきわめて詳しい調査報告がある。これらの資料を総合することによって、伊賀地方とその周辺地域(大和、近江、伊勢)における山の神信仰の一般的特徴をとりあえず以下のようにまとめることができる。

〈伊賀地方の山の神信仰の特徴〉

① 神体や依り代として生殖器を刻んだ男女の人形、あるいは生殖器そのものを模したものが登場する。
② 山の神は女性神として認識されている。
③ 祭りのなかでは女性(女児)が排除される(例外もある)。
④ 子どもが中心となって参加、運営することが多い。
⑤ 出産や収穫など「生産」(reproduction)全般における豊饒や招福が祈願される。

今回の調査集落(箕曲中村《みのわなかむら》)における山の神祭りは、通称カギヒキと呼ばれ、伊賀地方全域のそれと同様の特徴を備えている。以下、周辺地域にも目配りしながら、実際の山の神祭りの様子をみてゆくことにしよう。

箕曲中村集落をかかえる名張市は、三重県の西部、旧伊賀国の西南隅に位置する人口六万人程の小都市である。北を上野市に、西と南を奈良県に接し、民俗的には近江地方との親近性が強いといわれている。市域は大阪湾にそそぐ淀川の支流をなす名張川と、さらにその支流の宇陀川の合流地域に広がる標高一九〇～二〇〇メートル程の名張盆地の中央に位置している。集落はこの名張市のほぼ中央の丘陵部に立地する。調査時点(一九九〇年)における地区の人口は六七九人、戸数一七六戸、うち一〇七戸が八幡講の株を持ち、稲作を主体とする兼業農家が中心である。

この地域の山の神祭りはカギヒキ行事を中心とするもので、山の神の祭場前に張り渡したしめ縄にカギ形（L字形）に切り出した長さ一メートル程の枝木をかけこれを引く（張り渡したしめ縄が引き倒されない程度に手前に向けて幾度か引っ張る所作を行う）行事である（名張市総務部市史編さん室 二〇〇二、三重県教育委員会 一九七二：七六―七七）。このカギヒキは、伊賀地方を中心として近接する近江、伊勢地方において特に濃密に分布しており、正月七日に行われる一種の予祝儀礼である。これらの地域におけるカギヒキの一般的な特徴を拾いだしてみると、まず、参加者が男性および男児に限られている点が挙げられる（堀 一九七八、松阪市史編纂委員会 一九八一）。これは先に見た山の神祭り全般に共通して見られる特徴でもある（堀田 一九八〇：一三一）。行事においてはカギを作る枝木としてウツギや樫の木などを用い、そのカギには「ホデ」と呼ばれる藁《ワラ》づとをくくり付ける。藁づとの中には小石がはさみ込まれており、カギも藁づとも各家の男子の数だけ用意される。ただし、藁づとに関しては小石を入れない空のものが一つ余計に用意され、これは山の神を拝した後で、その中に他の人が残していった藁づとの石を入れて持ち帰るためのものである。

箕曲中村の山の神の御神体は、今でこそ八幡神社の境内の一角にあるが、もとは村内三ヵ所に分散してあった御神体を明治四十年に合祀したものである。神社の社殿の横に建てられた祠には御神体として三つの石が安置されている。これらの石は何の変哲もない形をした直径四〇～五〇センチほどの自然石である。祭りの当日には、この祠の前にしめ縄が張り渡されその近くには葉の茂った樫の枝と火をつけた数束のワラの山が準備される。こうした山の神の準備は「ネンニョ」と呼ばれる地区の村年番が、年内最後の仕事としてひとりで行っている。

カギヒキは伊賀地方を中心として広くは東大和、南近江にも分布する行事であるけれども（井村 一九七七）、地域によって微妙な変異を示す。ところによっては消失したところもあり、当地のカギヒキの場合も集団で唱え唄を歌いながらカギを曳くという昔ながらの伝統的形態は崩れている。かつてはここでもカギヒキの際には次のような唄が唱えられていた。

〈箕曲中村のカギヒキ唄〉

山の神さん祝いましょう　近江の銭かね
大和の麦米《むぎこめ》　伊勢の国の味噌醤油
河内の糸綿《いとわた》　伊川名張郡《ごおり》中村の
奈良の都の鍋釜《なべかま》　山の神さんに引き寄せましょう

（一九八九年九月三十日採集）

近年、行事は衰退傾向にあるという話ではあったが、冷え込みの厳しい夜半の行事にもかかわらず、現在でも幼児や小学校低学年くらいの男の子どもの手を引いた老人や年配男性たちの姿が見られる。参加者の性別からも分かるように、カギヒキ行事においては女性や女児の参加が禁じられている。参加者たちによれば、カギヒキの祭神である山の神は女性神であり、女性の参拝者に対しては嫉妬をするといわれている。当日の夜（当地のカギヒキは宵カギと呼ばれ、正月七日の夜半に行われる）、やってくるのは年配の男性や老人、そして彼らに連れられた子どもたちであり、少なくとも女性や若者たちが参加する様子は見られない。日も暮れかかる頃から参拝者はやってくる。手に手にホデを結んだカギを持ち、山の神の御神体の後方に張り渡したしめ縄にカギを引っかけてから側の祠を拝

山の神のカギとホデ

する。ほとんどは無言で手を合わせるだけだが、なかには孫を連れた老人がカギをかけた後で、その子と一緒に「山の神さん引き寄せよう」と唱えながらカギを引く様子もみられる。昔はこれらの所作を先の唄を唄いながら集団で行っていたと推測される。

境内にやってきた参加者たちは、まず持参した空のホデの中に他人のホデから抜き取った石を入れる。さらに、祠の近くにおいてある樫の木から葉のついた小技を折り取りホデに付ける。この葉は「小判」と呼ばれている。この後、近くで燃やし続けられているワラの焚き火に当たってから帰路につくのである。この焚き火も、単に寒さを避けるためのものではなく、それに当たると無病息災が保証されると考えられている聖なる火としての性格をもつ。持ち帰ったホデは一年間、家のえびす様にお供えしておき、次の年のドンドの火で燃やすことになっている。

山の神祭りを行う多くの地域において、子どもはその主催者あるいは主要な参加主体として重要な役割を果たす。それは伊賀地方およびその周辺地域においても同様である。例えば、地理的にも伊賀に近く、また市域全体（旧市外、沿海部、山村部、農村部合わせて一二〇地区あまり）における山の神の詳細な資料を参照しうる松阪市の場合も、地域によって祭日（一般には十二月七日の朝）や形態は多少異なるが、それが子ども中心の行事となっている様子が明確にうかがえる（松阪市史編纂委員会　一九八一）。この他の特徴としては、①山の神の唄において山の神の子ども好きな性格が示される、②当番が一年交替で講行事のヤドを提供するいわゆる頭屋のシステムをとっている

（いた）所が多い、③ヤドでは会食が行われる、④当日ドンド火を焚く（特に農山村地区）、⑤男児（あるいは長男）が誕生した家では餅や蜜柑をまく、⑥山の神を子どものための神と見なしている、などの諸点を見いだすことができる。そして、同様の行事内容は松阪市以外の三重県全域においても見られるものである（堀田 一九七二）。

第二節 喚起されるセクシュアリティ

箕曲中村のカギヒキでは、その参加資格に明瞭な性別秩序が存在している。すなわち、カギヒキに参加できるのは基本的に男性であり、この原則は小さな子どもに対しても適用される。参加者たちの間には男性性という排他的な参加資格が共有されている。先にも見たように、カギヒキの祭神である山の神は、一般に、性的に奔放で嫉妬深い女性神として捉えられており、当地でも祭りから女性を排除する根拠としてその嫉妬深い性格が語られる。そして、山の神に託された旺盛なセクシュアリティは、境内にやってきた男性の参加者による性的呪物の奉納により、あたかも「性交」や「生殖」を連想させるようなシンボリックな行為として現れるのだ。

箕曲中村のカギヒキにおける奉納物には性器的意味合いが強く込められている。まず、カギヒキに用いられるウツギや樫などの木でつくったカギであるが、これは明らかに股木の一種であり、近江を中心に近畿圏から伊勢にわたって盛んに見られる男女一対の股木人形に連続する形象である（井村 一九七七：一〇一一二）。それらはいくぶん抽象化されてはいるものの、カギのくびれた部分は女性性器に見立てることができる。柳田国男がそこに「実用的な力」（『子ども風土記』「木の枝の力」）を見たのに対し、堀田は呪術的な「生命力」の存在を見いだしており、特に後者は本章の解釈にも重なる視点である（堀田 一九八〇：一七一）。

また、当地のカギヒキでは、もうひとつの呪物としてホデと呼ばれる藁《ワラ》づとが奉納される。カギに結ばれるこのホデは、各家の男子の数に対応して準備され、またその形状からも男性性器の睾丸を模したものという考えが広く浸透している。二つの袋状の筒を持つ藁づとは陰嚢を表し、その中に入れる小石は睾丸に相当するという認識である。このような見立ては、特にこの集落に限ったことではなくカギヒキ行事を行っている近隣の地域においても見られる。そして、多くの地域においてこれらの藁づとや小石を「キンタマ」あるいは「キンタマ石」という名でより直截に呼んでいる（堀 一九七八：一八五－一八六、名張市総務部市史編さん室 二〇〇二）。実際、行事の当夜、このホデが幾つも股木のカギからぶら下がっている様子は、まさしく男性性器と女性性器が交合する様子を連想させるに十分なものがある。

カギヒキ行事における男女の性器を模した奉納物は、性交の前提となる男女における生物学的差異を表象している。さらに、それらが男性の手によって女性の祭神に奉納される行為からは、行事全体として性行為の過程の儀礼的再現を見いだすことができる。箕曲中村のカギヒキは祭神の過剰な女性性の語りと男性に限定された参拝形式により、まず生物学的な性差を顕在化し、次いで性器的呪物の奉納による性行為の儀礼的再現を通して人々の民俗的世界観のなかに旺盛なセクシュアリティを喚起する。そして、それは人間や作物一般の盛んな再生産あるいは豊穣の実現へとつながっているのだ。

第三節　セクシュアリティの初発と帰結

伊賀および伊勢地域に見られる山の神祭りの全般的特徴として、子どもたちが中心的な行事参加者あるいは主催者であるという点があった。これはいわば現象面における山の神と子どもとの結び付きである。一方で、行事を支えている伝承面や信仰面においても山の神と子どもの密接な関係が見いだされる。例えば、山の神が「子どものための神」であるという人々の認識や山の神祭りの多くの唄に見られる「山の神は子ども好き」という文句などがその例である（堀　一九七八：六四、一九七九：五〇、松阪市史編纂委員会　一九八一）。しかし、先に指摘した山の神の女性神的な性格だけからは、たとえ参加者を男性に限定したり猥談や陽物などを好むその性的奔放さについて説明はできても、子どもとの関連の深さについてはいまひとつ説得性に欠ける。山の神と子どもとの深い関連性は、そこに産育神あるいは母性神としての側面を加味することによって補われる必要があるのだ（堀田　一九八〇：五五－六四）。すなわち、山の神の属性の中に単なる女性的性格だけでなく母性的性格を付け加えることで、山の神の周囲に集う子どもたちの存在がはじめて十分に説明されると思われるのである(3)。

山の神祭りに見いだされるのは、単にセクシュアリティの喚起だけではない。そこを起点とするもうひとつの重要な帰結として、ヒトやモノの再生産や豊穣も表象されている。そして、ここでも参加者の男児が重要な役割を果たす。すなわち、男児はここで一旦、前節で見せた性的差異のエージェントの役割を離れ、母子関係を構成する「対の項」すなわち「子ども一般」として再登場してくるのである。カギヒキ行事の男児は、女児を含む子ども一般というさらに上位のカテゴリーを担うことによって、山の神のもうひとつの側面、すなわち新しい命を産み育てる母性神あるいは産育神としての姿を浮き上がらせているのである。

山の神における母性神的性格は、性器型の呪物やその奉納を単なる性行為の再現にとどめるのでなく、さらにその延長上に生起するであろう新しい生命の誕生あるいは産育の成果にまでわれわれの連想を導く。祭場での性器型の呪物の奉納と子どもの存在は、「性交―出産―養育」という一連の産育プロセスのなかで捉えなおされることにより、子どもと山の神の間に、産み育てる者と産み育てられる者という母子関係を顕在化する。別言すれば、カギヒキ行事のなかの男児は、「男性性」と「子ども性」という二つのあり方を通して、山の神における「女性性」と「母性」という二つの対応する側面を顕在化させているといえるのである。

子どもが再生産や豊穣の象徴として現れる関連の民俗に関しては、この他にも、全国的な広がりを見せる「祝い棒」をめぐる行事などを挙げることができよう。例えば、鹿児島では「小正月の十四日に子ども組の者が各自にハラメ棒という棒をもって旧年中に花嫁の来た家を訪れて「ハーラメ、ハラメ」と唱えて花嫁を叩いたり、庭の土を突いたりする。こうして祝うといい子を生む」という（小野　一九九〇：一七一―一八）。これに類した行事は関東、東北を始め全国にわたっており、その内容にはほぼ似通ったものが見られる。子どもたちが女性を叩くのに使う棒を男性性器に模して作る地域も多く、ここにも豊穣や多産を予祝するにあたって子どもと性的象徴との強い結びつきが示されている。これらの行事の基盤をなすのは人間の性交為から派生する生殖力や豊穣の信仰とそれを支える類感呪術的な観念であり、これらの行事に登場する性器を模した道具は、新しい生命や多産を招来するための媒体として用いられている。そして参加者の子どもは、それによって喚起されたセクシュアリティが招来する「望ましい帰結」を示す役割を果たしている。祝い棒の行事や山の神祭りにおける子どもの参加者は、人の再生産プロセス全体（性交から出産、養育まで）を視野におさめることで、その望ましい帰結を体現する存在として理解される。こうして、子どもは再生産の成就を示す証として、多産や豊穣とも結びつきながら伝統的村落社会の多産招福の儀礼に深く関わってきたと考えられるのである。

箕曲中村のカギヒキに登場する男児は、行事への参加を通して性と世代（親子／母子関係）という二通りの差異を導入し、人の再生産における契機と帰結を顕在化する役割を果たしていた。行事に参加する男児は、まずその

「男性性」を通して性交の前提を準備し、さらに、その「子ども性」において性交の望ましい帰結（成果）を体現する二重の役割を演じている。箕曲中村のカギヒキにおける男児は、産育という人の再生産のプロセスにおける「初発」と「帰結」の両方の事態を表象するとともに、広く作物の豊穣にまでつらなる民俗的セクシュアリティを喚起する重要な役割を担っていると考えられるのである。

第四節　イエの再生産と男児

当地におけるもうひとつの子どもの儀礼は、名張地方で顕著に見られる「ネントゴ」（年頭子）と呼ばれる一種の頭屋祭祀である。名張地方の各神社で行われる秋祭りでは、「ネントゴ」と呼ばれる男児が重要な役割を演ずる。ネントゴを受けるのは祭りを主宰する頭屋の跡取り息子に課せられた義務であり、「相続人祭り」や「長男祭り」などの別称にも示されるように婿養子の場合もその例外ではない。このように、ネントゴの子には頭屋の家の後継者が当てられる。すなわち、ネントゴにはイエの継承という子どもや作物以外のもうひとつの再生産の位相が見いだされるのである。そして、この祭りの運営は、やはりネントゴを含む男性中心の性別原理と世代原理によって統制されている。

当地のネントゴ祭りは、俗に秋の「オマツリ」と呼ばれ、村の八幡神社を中心とする年中行事のひとつである。祭りは地区の氏子組織である「八幡講」が責任をもって担当する。祭りの運営にあたっては、その主宰者が一年ごとに交替するいわゆる「頭屋制」を採用している。頭屋の順番は氏子の家の長男児の出生順位に従うのが原則であるが、氏子の家に男児がなく、婿養子を迎えた場合には一、二年内にその婿の家が頭屋を受けなければならない。

こうした規定からもネントゴに課せられたイエ継承者としての役割が理解できる。八幡講の講員として祭りに参加する家々は、すべて「株《カブ》」と呼ばれる資格を持っている。株が家を単位として所有される資格であるのに対し、個人単位で所有される資格として「膳《ゼン》」と呼ばれるものがある。膳の所有者は、祭りに際して講員の共有田（「神田《ジンデン》」）から収穫された米でついた神聖な餅の分配を受ける。祭りでは、二軒の頭屋が選出され、それぞれが神事や直会の場所を提供し、それに伴う経費、労力などの負担を負う。さらに、頭屋は祭りの代表者として精進潔斎を含む様々なタブーのもとにおかれる。こうして頭屋は氏子の代表として祭りを主宰する名誉とともに様々な負担も引き受けることになるのである。

第八章で詳述するように、祭りは神事を中心とした様々な行事から成り立っており、その内容を大まかに分類するならば、①神事およびお渡り、餅つき、②氏子の人数調べ（膳狩り）とそれにもとづく餅の分配、③直会、の三つに分けることができる。なかでも神社の拝殿と頭屋宅において行われる神田の新米の共食儀礼、同じくその新米による餅つきと氏子への餅の分配は、当地のネントゴ祭りの重要な要素である。

大きな経済的、人的負担を引き受けながら毎年くり返されるネントゴ祭りから、われわれは、まず作物（稲）の豊かな実りを神に感謝する収穫祭としての側面を見いだすことができる。神社の秋の大祭として位置付けられ、神田の稲の収穫にあわせて催される点からその収穫祭としての性格は明白であろう。次に、この祭りに込められたイエ継承者の披露としての側面が考えられる（坂元　一九九〇）。頭屋の跡取り息子（ネントゴ）を先頭に立てて行うこの祭りの背景にあるのは、「ネントゴこそ一族一家の繁栄を約束するもので、これほど大事な宝はないという考えである」（堀田　一九八七：四〇〇）。祭りの神事の座順ではネントゴがその父親（戸主）よりも上座を占めるし、頭屋の順番もネントゴの出生順を基準にしている。そこには現在の戸主（年頭親）よりも次世代の継承者すなわち子どもを主人公に立てる祭りの性格がうかがわれる。そして、神事やお渡りの行列の最前列に、紋付、袴でいずまいを正して居並ぶネントゴの少年とその父親（年頭親）の姿は、イエの継承あるいは永続（再生産）という制度的実践をきわめて具体的に視覚化して見せている。

ネントゴ祭りはジェンダーと子どもの結びつきを示す儀礼である。また、それはイエの継承という子どもをめぐるもうひとつの再生産のイメージにも結びついている。ネントゴ祭りが氏神を中心とする秋の収穫祭として位置付けられることは先に指摘した。それは、なによりもまず作物の豊かな実りを氏神に感謝し、これを氏子とともに分かち合うという意味あいを持っている。しかし、この祭りの持つもうひとつの大きな特徴は、イエという特殊日本的な制度の再生産を地域の人々に示す機会でもあるという点にある。各戸の跡取りの男児を頭屋に立てることによってイエの継承が村中に披露される。イエの再生産を保証する男児の出生とその成長を披露し祝うのが当地のネントゴ祭りのもうひとつの眼目である。そして、そこには社会的な性役割秩序すなわちジェンダーとしての性原理が強くはたらいている。

名張地方のネントゴ祭りを支える原理としては、頭屋制という氏子間の平等主義のほかに、祭りの運営や神事において女性を排除する（もちろん台所やその他の手伝いとして女性は動員されるのだが）男性中心の性別秩序や、「長男祭り」あるいは「相続人祭り」などの名称に表れた伝統的なイエや長子相続の制度などが考えられる。そして、こうした不均衡なジェンダー秩序は子どもの領域にまでおよんでいる。大人の領域の中に構築された不均衡なジェンダー秩序は、子どもの領域においても複製され入れ子構造をつくっているのだ。祭りのネントゴに指名されるのは必ず男の子であり、それはイエ制度や長子相続制によって制度的に裏打ちされている。子どもの祭りとして捉えられた当地のネントゴに表れた性的表出は、社会文化的に規定された性別役割すなわちジェンダーとしてのそれであり、また家父長的イエ制度のパフォーマティブな表現でもあるといえるのだ。

カギヒキにおける子どもが、最終的にヒトや作物の再生産を表象していたのに対し、ネントゴの子どもはイエという特殊日本的な社会制度（コト）の再生産を表していた。ネントゴ祭りはイエを単位に構成される頭屋祭祀であると同時に秋の収穫祭としてもあり、年々歳々、祭りがとどこおりなく行われることは、イエと稲の再生産の実現を表すものであった。

おわりに

箕曲中村における二つの子どもの民俗行事を二通りの「性」の枠組みを介して概観することにより、われわれはそこに共同体の再生産に関する多層的な文化モデル（ギアツ）を見いだすことができるように思われる。すなわち、二つの儀礼には村落共同体を維持するうえで不可欠な「人」、「稲」、「イエ」という三つの次元の再生産サイクルについての文化モデルが含まれており、これらは、それぞれ村落共同体を維持するための人的、経済（生業）的、そして社会的基盤としての側面を構成しているのである。別言するなら、セクシュアリティとしての性の儀礼（カギヒキ）は、共同体社会の人的基盤および経済的基盤に関する再生産モデルを提供しており、一方、ジェンダーとしての性の儀礼（ネントゴ）は、収穫への感謝やイエの跡取りの披露を通して、生業的および社会的基盤に関する再生産モデルを提供していると考えられるのだ。(4)

注

（1）本章には儀礼表象や村落社会の捉え方においてなお本質主義的あるいは機能主義的部分もみられるけれども、民俗行事の記録としての資料的価値や通過儀礼と子ども観研究の変遷を見るうえでも意味があると判断し本書に収録することにした。

（2）例えば、福田（一九八九：一八三―一三八）や竹内（一九七九）など参照。

（3）三重県下の山の神行事のなかには、ほんの一部ではあるが女児の参加を許している地域がある。山の神の母性的側面に注目することは、原則的に女性を排除する山の神行事のこうした例外的事例に関する説明も可能にする。

（4）儀礼的文化モデルとしての「人」と「稲」と「イエ」の三つの再生産サイクルは、それらを統合するさらに大きな円環のなかに組み込まれ、全体が大過なく作動することによって、村落共同体全体の永続性（再生産）を保証している。

付記：旧稿を改訂するにあたっては、新たに『山の神信仰の分布調査報告書』（名張市総務部市史編さん室 二〇〇二）を参考にした。

第Ⅲ部　子どもとジェンダー

祭礼の舞姫（三重県名張市）

第七章　韓国社会の男児選好
――構造的背景とその変容――

はじめに

一般に、「性別選好」は生まれてくる子どもの性別に対する親や社会の期待のあり方を示し、①男児の出生を期待する「男児選好」、②女児の出生を期待する「女児選好」、③男女同数の出生を期待する「バランス選好」、④生まれてくる子どもの性別に特別な関心を持たない、などいくつかの基本的なタイプに分けることができる。[1]それは、途上国の人口抑制政策における阻害要因[2]や社会の性比不均衡の原因として、主に、人口学関連の領域で用いられてきた概念であるが、一方で、この性別選好は親や社会による子どもの性別に対する差異的価値付けや処遇を伴う現象として隣接の社会科学諸分野におけるジェンダー研究との関わりも深い。この性別選好を具体的に把握するための方法としては、いくつかのアプローチが考えられる。例えば、従来の人口問題研究のなかで用いられてきた人口動態調査や質問紙調査にもとづく統計的手法、また、産育技法や儀礼に現れた具体的、象徴的メッセージを文脈に即して読み解いてゆく手法、あるいは、生活世界や多様なメディアにおける性別選好の表象や語りに着目した言説分析の手法などである。ここでは、主に前二者の手法を中心に韓国社会における「男児選好」についての把握を試みてゆく。

韓国は伝統的に男児の誕生が強く期待されてきた社会である。すなわち「性別選好」のひとつの類型である「男児選好」(son-preference)が持続する社会として知られている。周知のように、韓国社会では父系出自にもとづく族制をはじめ祖先祭祀や家(チプ)の継承、親の扶養など家族生活の重要な場面において「父―息子」のラインが重視されており、また、それらは「孝」を中核とする伝統的イデオロギーすなわち儒教的家族規範によって支えられてきた。韓国社会の長期にわたる「男児選好」現象を理解するためには、なによりまず、父系的出自システムと儒教的規範との間のマクロな構造的連関を把握することが必要である。さらに、これを現代社会というコンテクストにおいて捉えてゆこうとする場合には、それらをめぐる人々の態度や行動の変化にも目を向けてゆかねばならない。なぜなら、人々の間に今でも持続する男児誕生への強い期待は、右記の構造的背景のみならずこれに対して変更(挑戦)を迫るような新しい変化をも内包する社会的、文化的な全体過程のなかから生み出されていると考えられるからである。

第一節　男児選好の民俗テクスト

生まれてくる子どもの性別への特別な関心のあり方としては、二つの典型的な形態が考えられる。男児の出生を期待するあり方(男児選好)と女児の出生を期待するあり方(女児選好)である。韓国社会では伝統的に男児の出生への期待が強く、いわゆる男児選好の傾向が強い。男児選好は人口の性別不均衡や動態(増加)に強い影響を及ぼす社会要因とも考えられており、韓国の人口政策に関わる重要なテーマのひとつとなっている。また、直接男児選好の語は用いられないが、韓国社会の男児の出生に対する強い期待に関しては、これまでも人類学や民俗学あるいは社会学の領域において父系的族制との関連で触れられてきた。かつて、人類学の秋葉隆は『韓国民俗誌』において伝統的な家族制度を背景とする祈子信仰を紹介しながら「祈子の子は男児の意味」(秋葉 一九五四：一一四)と明確にその存在を指摘している。民俗学の竹田旦も『木の雁』(竹田 一九八三)において、韓国の男児選好の民俗的な実態とその背景について紹介をしている。また、それは家族社会学の観点からも、伝統的な家系継承観を把握するための重要な項目として登場する(例えば、崔 一九八二：三一二)。さらに、韓国の男児選好は子どもの性役割の習得問題として幼児教育論のなかで取り上げられることもある(柳 一九八六：四四)。ただし、それぞれの方法や関心の焦点は研究分野ごとに異なっており、例えば、人口学では男児選好の測定とそれが人口動態に及ぼす影響の予測に関心が向けられ、民俗学や人類学、社会学的研究の主たる関心は、それが生み出される社会・文化的背景やメカニズムに向けられる。ここでは、後者の問題関心にもとづきながら、まず、韓国の産育習俗を中心に、ことわざ、通過儀礼、呪術などその伝統的あるいは象徴的な文脈のなかに表れた男児選好を確認することからはじめよう。

ことわざ

韓国の昔からのことわざのなかには男児の出生を重視する表現を数多く見いだすことができる。

・寿富貴は多男子

(寿は寿命、貴は地位などが高いことで、いずれも伝統的な福の観念)

・三男一女は玉皇上帝もうらやむ

(玉皇上帝は道教でいう天上界の神で万物の主宰者)

・息子の幸福が私の幸福
・多男は天福
・息子を生めない女は、涙の洗濯物が尽きる日がない
・私が息子を生む日が彼が私の夫になる日
（息子を生むことによってはじめて女は夫の妻としての地位を得ることができる）

（以上、柳　一九八六：四五）

産育儀礼

韓国では伝統的に出産のあった家の門にクムチュル（インチュル）という一種の注連縄を張る風習があった。これは外部からの不浄や悪鬼の侵入を防ぎ、生まれた子どもをそれらから守るためのもので、家族以外の人間はクムチュルが掛けられている間、その家へ立ち入ることが禁じられていた。そのため、クムチュルに赤トウガラシや松葉や炭（男児）、あるいは白紙や松葉や炭（女児）などをつけて、生まれた子どもの性別を部外者に表示した。そして、かつての開城あたりでは、このクムチュルの代わりに男児が生まれた場合には「産慶忌不精」、女児の場合には「有産忌不精」と漢字とハングルそれぞれの文字で書いた紙を門に貼りつけたという（今村　一九一九：三〇六）。こうした産慶や有産という文面からは、生まれてくる子どもの性別に対する人々の期待度の違いや意味付けをうかがい知ることができる。

婚姻儀礼

韓国の伝統的な婚姻儀礼に結婚式のなかに新婦が新郎の家族と正式に初めて対面する幣帛（ペベク）という儀礼がある。その際、舅と姑は新婦に対してナツメの実を投げて多産を祝する。今日でも京畿地方においては、その時「息子はたくさん、娘は薬味（程度）」と唱えるという。（柳　一九八〇：二二三）そこには、男児と女児に対する差異化された期待がはっきりと示されている。

祈子呪術

子どもや男児の出生を祈願して家族や婦人によって行われる様々な宗教的行為は、一般に祈子と呼ばれている。祈子にはその方法によって神仏への誠意（祈願）をもって子どもを授かろうとする致誠祈子と民間呪術的方法による呪術祈子とがある。そのうち、特に呪術祈子のなかには母体内の胎児を女児から男児へと転性させる呪術があった。例えば、斧を秘かに妊婦の床の下に置いておくと女胎を転じて男胎になし得るとか、雄鶏の長尾を妊婦に知らせないでその寝床の下に置くと男胎に転ずるとか、弓の絃を妊婦の腰に縛りつけ満三ヵ月にして解くと胎児の性が意のごとくなるなどと言い伝えられていた（金　一九三四：四二、柳　一九八六：一五〇―一五三、秋葉　一九五四：一一二）。

以上、断片的で限られた資料ではあるが、そこには人々の男児出生に対する従来からの強い願望をうかがうことができる。韓国の男児選好の伝統は、まず、こうした様々の民俗的テクストのなかに見いだすことができる。

第二節　男児選好の意識傾向

韓国の男児選好について、特にその伝統的側面を中心にみてきたわけであるが、急激に変化する現代韓国社会においてそれはどう継承されているのだろうか。残念ながら、今筆者の手元に現代の韓国社会における男児選好の習俗に関する具体的資料はない。しかし、現代韓国社会における男児選好の現状を示すデータが全くないわけではなく、例えば、子どもの社会・文化的価値に関する意識調査、統計調査のなかにその一端をうかがうことができる。それらは社会学や人口学、あるいは社会心理学の調査や分析手法による報告が主たるものであるが、現代においても持続する男児選好の態度や行動を知る上での手がかりを提供している。以下、いくつかの資料の概要から現代の韓国社会における男児選好の意識傾向をみてみよう。

理想子ども数および性比調査の初期の例としては、社会学の崔在錫による一九六〇年代の家族の変容研究の一部として行われたものがある（崔 一九八二：三二二）。また、韓国の性別選好を正面から取り上げた研究としては、一九七〇年代に韓国行動科学研究所（KIRBS）が行った「男児選好と家族計画」に関する調査がある（Lee & Lee 1973）[3]。この調査は、対象者の居住地域、学歴、収入などの変数を用いて男児選好の実態や背景を分析し、将来の国家的家族計画の進め方を探ろうとするものであった。対象者として一九七〇年の韓国国勢調査の基礎となったソウルをはじめとする都市および農村地域から有配偶者可妊女性（一五―四四歳）一、八八三名が抽出された。そのなかで理想子ども数に関しては、対象者の半数以上が三名と答え（五三パーセント）、また、またその理想性比としては、三名を理想と回答したうち九六パーセントが男児：女児で二：一の性比を望んでいることが明らかになっている。一般に、子どもの理想性比に関する調査では、選好の度合を奇数の理想子ども数において判断するが、理想子ども数を五名と答えた場合も、その九六パーセントが男児：女児／三：二がよいと回答し、やはり男児選好の傾向を示す結果になっている。この調査結果から奇数の理想子ども数（三人、五人）を希望した親のほとんどが、女児よりも男児をより多く望んでいることが分かる(4)。

さらに同調査では、理想子ども数三名と答えた婦人に対し、三通りの子ども性比の組み合わせを提示し、それぞれの子どもの組み合わせが実現したとして、それ以後の家族計画の実施に対する態度も尋ねている。男児：女児を二：一の割合で持っていると仮定した場合、九〇パーセントが家族計画（避妊）を実行すると答えたが、子どもの男女比が一：二の場合四九パーセント、男女比が〇：三の場合二六パーセント、とその実行意識が低下している。すなわち、そこには十分な男児数を確保し得ないうちは出産を継続しようとする傾向がうかがわれ、人口政策における男児選好の問題性を浮き彫りにしている。

また、国際的な比較研究の中でも韓国の男児選好意識は突出している。一九七五年から一九七六年にかけてアジアの五ヵ国（台湾、日本、韓国、フィリピン、タイ）と米国（ハワイ）を対象に実施された子どもの価値に関する研究において、韓国における男児選好観の強さが報告されている（Arnold & Kuo 1984）。この調査はハワイ大学の人口問題研究所を中心に、子どもを生み育てる際の経済的、社会的、心理的なコスト（負担）とベネフィット（利得）の意識に関する国際共同研究として行われたもので、子どもの性別が子育てのコスト、ベネフィット意識を左右する重要な因子として取り上げられている。このなかでアーノルドとクオは「ＩＳスケール」と呼ばれる性的選好度を測る方法を開発し各国の性的選好度を調査している。ＩＳスケールは独自の質問紙を用い、これを統計処理して性的選好度を一ポイントから七ポイントまでの数値として表すものである。ポイント七は最も強い男児選好度を示し、ポイント一は最も強い女児選好度を示す。ポイント四はその中央値として子供の性別に対する社会的な選好が存在していないことを表している。調査の結果では、右記の六ヵ国の中で韓国と台湾が最も強い男児選好度を示し、両国の調査対象者の男女の九〇パーセント以上がISスケールの五ポイント以上、すなわち男児選好の意識を示し、かつその半数以上が女児の二倍の数の男児を望んでいることが明らかにされた（ibid.: 302）。

韓国人口学の李興卓も同じISスケールを用いて一九七四年（全国）および一九八一年（慶尚北道）の韓国の男児選好度を調査している。その結果、やはりいずれの地域でも五ポイント以上を示すことが明らかになった（李　一九八八：一四八）。李はこれを人口抑制政策の阻害要因としてばかりではなく、将来的に国全体の男女性比の不均衡現象を引き起こす要因としても警告している。この他、家族社会学の韓南済も一九五〇年代以降の家族社会学における子ども観についての意識調査をフォローしながら、今日まで継承されている男児中心主義を指摘している（韓　一九八九：五六－五九）。

第三節　男児選好の産育行動

韓国社会の男児選好を特徴付けるのは、それが人々の意識のレヴェルにとどまらず行動としても現れており、さらにそれを客観的な数値で押さえることができる点である。子どもの性別選好について考える場合、「意識」と「行動」とを明確に識別し、その両者の間の連関、すなわち親の選好意識と出生行動との関係を実証的（統計的）に捉えることが肝要である（坂井　一九八七）。韓国人の出生行動を知る最も基礎的な手がかりは、子どもの性別人口比である。例えば、人口統計によって一九六〇年から一九八五年までの乳幼児人口の性比を見てみると、年ごとに男

表1　0～4歳児集団の男児性比の推移（女児100に対する）

調査年度	性比
1985	108.1
1980	107.3
1975	107.4
1970	106.8
1960	105.5

出典：金「人口構造の変化推移と展望」『韓国の出生力変動と展望』韓国人口保健研究院，1987: 23の表より筆者作成

児の比率が上昇する様子が分かる（表1）。人類社会の一般的な出生性比がおよそ女：男／一〇〇：一〇五ということを考えれば、そこに何らかの人為的操作が介在していることは容易に想像される。この他、李／李は韓国人口保健研究院が実施した全国家族保健実態調査にもとづき、避妊実践率や授乳様態、中絶頻度などの産育行動に現れた男児選好の実態を指摘している（李／李　一九八七、李　一九八七）。さらに、出生行動としての男児選好は、例えば、「娘産めよ殖やせよ――女児を出産した顧客に貸し出し金利を優遇――」（統一日報　九六／十二／十三）、「女子の比率下がる韓国――性別判定で産み分け――」（朝日夕刊　九六／五／二十）、「二〇一〇年、男が女の一・二三倍に――異常な男児選好の傾向――」（統一日報　九七／一／十二）など、一般のメディア報道のなかにもうかがうことができる。このように現代韓国社会における男児選好は、人々の意識レヴェルだけでなく行動レヴェルにおいても存続していることが確認されるのである。

　民俗テクスト、意識調査、出生行動などの形で確認された韓国社会における男児出生への固執であるが、それではこうした傾向はどのような社会的、文化的構造あるいは要因と結びついているものなのか、また今日的な社会状況の中でそれらはどう変化しているのか、あるいは変化していないのか、続いて韓国の男児選好における構造的背景とその変容の側面をみることにしたい。

第四節　構造的背景と変化要因

韓国社会の男児選好をマクロな背景構造において捉えるとするならば、そこには父系の出自システムおよび親の生前扶養や死後祭祀を子どもに義務付ける儒教倫理のイデオロギーから構成される社会・文化的基盤が浮かび上がってくる（坂元 一九八五）。前者の族制的側面に関しては、まず男児は一族のアイデンティティや相互扶助の供給源としての父系血縁ネットワーク（集団）を編成し再生産する貴重な人材である。一方、後者のイデオロギー的側面において、男児は扶養と祭祀の責任者として儒教的倫理規範の中核である「孝」を実現する義務と資格を与えられてきた存在である。そして、これらの役割が女児を排除し男児にのみ開かれてきたところに韓国社会における男児出生の強い期待を生み出す背景があると考えられるのである。

これら族制とイデオロギーの両側面は、現実のなかでは、例えば、婚姻時の配偶者選択（外婚規制）、一族としての義務や成員権の行使、家・祭祀の継承、親の扶養などの家庭運営など、人々の生活上の基本的問題と直接に結びついてきた。したがって、それらの役割を独占的に担ってきた男性成員の予備軍である男児の出生は、家族や一族の存亡に大きな影響を与える重大な事件として特別な関心を持って注目されてきたのである。しかし、急激な社会変動によって韓国社会の伝統的社会構造や規範は大きく変容しつつある。そして、それは親子関係における子どもの役割や父系親族の社会的機能に対しても影響をおよぼしていると考えられる。

最初にも述べたように、急激に変化する社会・文化状況にもかかわらず依然として持続する韓国の選好傾向を考える場合、マクロな構造のみならず人々の現実の生活実践や意識の変化にも目を向け、その間の相互関係を捉えてゆくことが必要であると思われる。そこで、以下、現代の韓国における男児選好を検討する予備的作業として、親の子どもに対する役割期待の今日的なあり方についてみてゆくことにする。韓国社会における男児選好は、生前から死後にわたる親への孝行を「正しく（儒教的規範に則して）」全うしてくれる子孫を確保するという強い期待の現れと推測された。そのような人々の期待を生み出してきた前提が変化しつつある社会の現状を、生前の孝行＝扶養に関しては、家族社会学や家族政策、老人福祉関係の文献に見えるマクロな意識傾向を援用し、また死後の孝行＝祭祀実践に関しては、人類学的な調査事例などを参考にみてゆくことにしたい。

老後の扶養意識の変化と男児

老親の扶養は儒教社会の伝統的な行動規範である「孝」の具体的表現として、昔から重要視されてきた子の義務のひとつであった（崔　一九八二：一九五）。親の方も、老後に子どもの世話を受けつつ最期をむかえることではじめて自己の一生を完結したものと考えた。特に長男の場合、老親との同居はゆきとどいた孝行のためには当然のこととされ、少なくとも、自分の老後を他出した娘に頼るような境遇はきわめて恥ずべきことと考えられた（李　一九九〇：二七七）。理想的な家族類型として直系家族を志向する伝統的韓国社会（李　一九七八：四二）では、両親は長男夫婦と同居し、朝に夕にきめ細かな身辺の世話（孝行）を受けながら老いを過ごすのを本来のあるべき姿としていたのである。

それでは、今日の扶養の意識や形態はどのような現状にあるのだろうか。まず、前提となる両親との同居形態から見てみよう。伝統的扶養の前提である親子同居の変化を理解するためには、とりあえず三世代家族の比率が参考になるだろう。韓国社会における三世代家族が全家族数に占める割合を人口センサス（世代別家族類型）に見てみると、同居の形態は一九六〇年の二七パーセントから一九八五年の一四パーセントへと確実に減少傾向にある（韓　一九八九：一七、金　一九九〇：一二）。[5] これは、理由はともかく、少なくとも数値的には、両親との同居を前提とした扶養形態が全体として減少しつつあることを示している。[6]

次に、扶養者を長男や男子に限定するという伝統的考え方はどうだろう。例えば、経済企画院の社会統計調査「老父母の扶養責任に対する態度」（一九七九、一九八三、一九八八年度の経年調査）を見ると、扶養責任を長男に限定すべきという意見が全体の二五パーセントほどにまで減少し、[7] また、長男を含め息子たちが扶養責任を持つという意見も二〇パーセント程度のところで微減傾向にあることが示されている。ただ、長男への固執意識は回答者の世代が上がるほど強くなる傾向もある。一方、男女に関係なくすべての子どもたちで扶養すべきという意見は、一九七九年の六・四パーセントから一九八八年の三五・八パーセントへと急激に増加している。ただ、老後の扶養者として最初から娘を挙げた者の比率は、常に一パーセントを切っている点も見逃せない。将来の扶養者に娘を指名してそれに頼るという考えはほとんど見られないが、長男に扶養の義務を限定するという原則が、少なくとも、人々の意識の面では崩れつつあることが見いだされるのである。

こうした意識変化に関しては、家族社会学の韓南済も一九六二年からの継続調査にもとづいて、今日の韓国における扶養意識のあり方が、全体として「若い父母たちは子どもと同居しながら経済的にも彼らに依存するという従来の考えから徐々に自由になり、子どもとは別居し可能ならば経済的にも依存しないのが望ましいという考え方へと変化している」（韓　一九八九：六二）ことを指摘する。もっとも、それは子どもが親に対して扶養の責務を持つという考えが全くないということではなく、「父母の扶養は子どもの責任であるとはいっても、その扶養を必ず長男が引き受けねばならないという考えは修正されねばならないという主張が提起されている」（同書：六二）という意味での意識の変化である。いずれにせよ、今日の韓国社会における老後の扶養意識のあり方としては、性別や出生順位を重視する伝統的な儒教的規範にこだわることなく、変化する社会や家族の実情に合わせた柔軟な考えが少しずつ現れていることが推測されるのだ。

祭祀（家）継承意識の変化と男児

周知のように韓国の族制においては、強固な父系血縁主義と世代主義とが大きな特徴となっている。それは父系の長男子による家（チプ）の継承という形で実現され、継承においては祖先の祭祀権が最も重要視されてきた（李一九七八：二五五）。祭祀の継承は伝統的な儒教規範である「孝」と密接に結び付いている。子の親に対する孝行は、生前の扶養と死後の祭祀を全うしてはじめて完全なものとして見なされる。それゆえ、男児を持つことができなかった親は、生前の自分たちの扶養担当者だけでなく、その祭祀担当者も確保しえない事態に陥ることになる。さらに、祭祀継承者としての男児を残せなかった長男家の場合は、ただ、死後に自分たちが祭祀を受けられないというだけではなく、これまで自分たちの責任として祭ってきた数世代にさかのぼる祖先たちの祭祀までも継続させられないことにもなり、それら祖先に対しても大変な「不孝」をなすことになる。これが宗家筋の場合、その責任は門中全体の問題としての深刻さを帯びてくるのだ。

しかし、現代韓国社会では、男児の価値を高めてきた祖先祭祀そのものの維持が難しくなりつつある。まず、今日の「少数子ども観」の普及と低出生率（二・一人：一九八五）のなかで、すべての夫婦が少なくとも一人の男児を確保することが困難になりつつある。また、都市化や産業化は人口の移動を活発にし、従来のような親族ぐるみの祭祀の実行を困難にしつつある。都市住民においては儀礼空間の確保も深刻な問題となる。こうした状況は昔ながらの祭祀の継承をますます困難にしていると思われる。

儒教的伝統にそった祭祀空間は、関係者の間の世代原理、血縁原理、性別原理を可視化し秩序化する場としての意味を持っている。年間を通して頻繁に行われる祭祀では、まず、主婦たちによって種々の供物が準備される。男たちはこれを祭祀床の上に並べ、香をたき酒を献じて拝礼を行う。この時、主婦たちの役割、男性の父系血縁成員の役割、男性参列者における年長者、年少者の役割の違いがあらためて明確化され、それは、子どもたちにとっても絶好の社会化の機会となる。そこで男児たちは祭祀責任者および参列者としての一族の男性成員集団のなかに組み入れられ、女児たちとは異なる役割を体得させられるのである。

こうして祖先祭祀は、その継承と実施にあたって厳格な性別原理と世代原理につらぬかれてきた。韓国の伝統的祖先祭祀は継承者と祭祀責任者を男子に限定するという点において、将来の男児の出生を強く要請してきたのだ。しかし、男児を偏重する伝統的家族制度が、都市化や産業化あるいは平等主義教育によって変化を迫られつつあるということは家族研究者のほぼ共通した認識である。例えば、族制の中心的問題である家系の継承に関しても、変化の影響を受けやすいと思われる都市住民や学生層では、男児と家系の継承とを結びつけて考えることに対する否定的な意識が強くうかがわれる（韓　一九八九：六二一―六二三、一二〇、Lee 1986: 243）。また、現在では男児を通しての家系の継承を法的に規定してきた民法の改正もすすみつつある。

韓国の祭祀生活の変容に関する最近の研究としては、都市アパート住民を対象に行った祖先祭祀に関する人類学者の調査報告がある（朝倉　一九八八）。朝倉は伝統的祖先祭祀に変容を迫ると思われる要因を、大きく都市化、産業化あるいは家族変化などの社会的要因とキリスト教の普及という文化的要因の二つの側面に分け、これを意識調査により検討している。本章の問題意識に関連して興味深いのは、扶養の場合と同じように、祭祀責任者を長男に限定しようとする原則は崩れつつあり、次三男が担当してもよいという柔軟な考え方が広がっているという点である（同書：七八二－七八三）。さらに、娘しかいない場合の対応について、婿（娘の夫）に任せてもかまわないという回答が七割近くもあることは、実態はともかくとしても、祭祀と息子の強い結びつきを考える上ではきわめて重大な意味を持つと思われる。

一方、韓国におけるキリスト教の普及も、祭祀継承者としての男児の役割期待に影響を与える可能性をはらんでいる（同書：七七三）。キリスト教（基督教）の場合、親や祖先に対する儀礼は、「追悼式（チュドシク）」という形で行われる。追悼式は儒教式に行われてきた親や祖先の祭祀がキリスト教に取り込まれた形態、あるいは祖先祭祀におけるひとつの習合的現象（シンクレティズム）と考えられる。そして、それは儒教式祭祀のように必ずしも男性による独占的な参加と執行という形態を伴っていない。場合によっては、非信者であることを理由に同族男性を排除したり、あるいはその男性自らが参加を拒否するようなことさえも起こる。例えば、かつて筆者が調査を行った韓国全羅南道の巨文島の追悼式でも、親や祖先を祭る者としての男性や男児の独占的役割はきわめて希薄にうつった（坂元　一九八四、一九八五）[8]。

巨文島の追悼式

巨文島において実施される追悼式は、男女を問わずキリスト教信者が主催者となり、その自宅において故人を記念する礼拝である。島の教職者によれば、キリスト教信者は儒教式の祭祀における祖先への拝礼を偶像崇拝と見なし原則としてこれを行わない。そのかわり故人や先祖の忌日にかれらを記念する礼拝（追悼式）を行う[9]。追悼式は教会での礼拝とおおよそ同じ手順で行われ、賛美歌が歌われ牧師によって人間の死や神の国などについての説教が行われる。この追悼式では基本的に儒教式の祭祀のように特別なご馳走や供物を準備することはしないし、儒教式で用いられるヨリシロとしての木製の神主（位牌）や紙の神主（紙榜）のようなものもない。参加者は男女を問わず教会関係者や親族、近隣の信者が中心であり、教会に通っている子どもたちも参席する。

追悼式においては、儒教祭祀に見られるような女性を排除したり男性家長を中心とする原則はそれほど明確ではない。主婦が信者で夫が非信者という家庭状況はよくあることだが、そのような場合、追悼式の当日には、主人は別室にこもったり外出したりすることもあるという。伝統的祖先祭祀に対し、追悼式では、親や祖先に対する男性の特別な役割や必要性がキリスト教的な平等主義の背後へと退いてしまうように思われる。

さらに、巨文島では、男性中心的な祭祀のあり方に変更を迫る他の要因も見られる。それは漁業を中心とする離島という生業的、地理的条件である。すなわち、男たちの多くが外国船で働くことで長期的に島を離れたり、近海漁業のように時間的に不規則な仕事に従事することから、島に残った女性による儒教祭祀の管理や合理化（何代かの祖先を一度にまとめて祭る）などの形式が見られるのである。もちろん、地理的、生業的な特殊性を伴った事例をもって、そのまま韓国社会全体に当てはめることはできない。しかし、これらは男性の役割も含め韓国の祭祀生活における変容や多様性についてのひとつの具体相を示すものにはちがいない。

おわりに

これまでみてきたように、韓国伝統社会における男児選好は、比較的明瞭な構造的背景を持っているように思われる。男児は父系的族制との結びつきにおいて家（チプ）の継承者として必要とされてきた。同時に、男児は父母の扶養や祭祀の担当者として、父母の生前から死後にわたり「孝」をつくす責任を負わされてきた。韓国伝統社会における男児選好は、とりあえず父系的族制を構造的基盤とし、また家族関係の儒教的規範である「孝」をそのイデオロギー的背景として生み出されるひとつの産育意識および行動と捉えることができた。しかし、前節においてみたように急激な社会変化のなかで伝統的構造や規範を基軸とする人々の生活や意識は大きく変貌しつつあり、その意味で、現代という動態的コンテクストにおいて今も持続している男児選好のメカニズムに関する真の解明はこれからの課題として残されている。持続しつづける韓国の男児選好を正しく捉えてゆくためには、父系的族制や祖先祭祀などの伝統的な背景構造とそれをめぐる人々の今日的な意識や実践を理解したうえで、さらに、出生率の低下、家族の変動、社会福祉の充実、女性の地位向上、キリスト教の普及などの多様な観点も交えつつ総合的に検討してゆく必要があると思われる。

性別選好については、すでに人口学的関心からの国際比較研究も実施されているが、どちらかというと焦点は実態の数値的把握におかれている。しかし、性別選好研究の視点をその社会的、文化的文脈やあるいは女性や子どもの福祉、人権の問題へとシフトさせるならば、そこには新しい産育文化研究の領域が現れる。それは、単に、韓国の産育文化の理解につながるばかりでなく、世界の産育文化や子ども観の比較研究における新たな枠組みをも期待させるものといえる。

注

（1）　性別選好には、このような類型の他に子どもたちの男女構成についての志向も含まれる。ウィリアムソンは子どもの男女構成比まで考慮することによって親の子どもの性別に対する期待のあり方をさらに六通りに細分化している(Williamson 1976: 18)。

(2) 途上国を中心に、男児選好は人口抑制政策に対する阻害要因のひとつと考えられてきた。中国においても親たちの男児出生への固執をいかに解消させるかが一人っ子政策を成功させるための最重要課題のひとつと捉えられている(若林 一九八九：一〇三)。

(3) そこでは都市部(アパート)と農村部に分けて集計が行われており、男女同数を希望する者はいずれの地域でも二四パーセント程度で、相対的に男児を多く希望するものは両地域とも七〇パーセント以上の数値を示している。ちなみに理想的な性比として最も多数を占めたのは、都市部で男児二名に対し女児一名、農村部では男児三名に女児二名という結果であった(崔 一九八二：三二二)。

(4) 親たちの理想とする子ども数は、三名(五三パーセント)、四名(二四パーセント)、五名(一五パーセント)の順に多く、また理想の性比としては、理想的な子どもの数を三名とした場合、そのうちの九六パーセントの親が男児：女児で二：一の性比を望んでおり、理想子ども数が四名の場合は、七七パーセントの親が男児：女児／二：二をよしとするバランス選好を示した。

(5) 韓国社会における三世代家族が全家族数に占める割合を人口センサス(世代別家族類型)を通して見てみると、一九六〇年：二七パーセント、一九六六年：二三パーセント、一九七〇年：二二パーセント、一九七五年：一九パーセント、一九八〇年：一六パーセント、一九八五年：一四パーセントと確実に減少傾向にあることが分かる(韓 一九八九：一七。金 一九九〇：一一)。

(6) もちろん、これがそのまま社会全体の意識としての別居志向につながるわけではない。いくつかの家族社会学の報告において、今日、韓国社会における別居志向が指摘される一方で、高い年齢層での同居志向の強さも見いだされている(韓 一九八九：六〇－六一)。同様のことは家族政策研究の一環として調査された「老人扶養観」の研究においても指摘されている(金 一九九〇：五一)。

(7) 都市在住の高学歴女性の家族観の調査を行ったLeeも同様の傾向を見いだしている(Lee 1986: 244)。

(8) 巨文島は韓国全羅南道に属し麗水市と済州島とを結ぶほぼ中間点に浮かぶ離島である。三つの島と六つの村落からなり、ここで資料はそのうちのひとつT里(人口三六六名、九六戸)において収集された。村の半数以上の世帯が漁業に従事しており、主人が外国船の船員として長期に出稼ぎする家も多い。村には教会(イエス教長老会統合派)がひとつあり(全島では五つの教会がある）信者数が二九名、うち男性信者は一一名で子どもや学習教人（見習い信徒）を加えると教会へ通う人数はもっと多くなるという。教会運営はそれぞれ牧師や伝道師に村の年輩の信者が協力して行われている。

（9）実際は、この説明にあるほど厳格ではなくキリスト教（基督教）式の追悼式と儒教式の祖先祭祀の混淆（シンクレティズム）の様子を呈する場合も多い。例えば、非信者の親族のことを配慮してキリスト教式の礼拝の後に儒教式の飲福（なおらい）を組み入れる家もある。また、家によっては追悼式のとき神主（位牌）を持ち出してきたり供物を供えたりするところもある。これに対し、島の教職者は寛容な態度でのぞんでおり、厳しく問いつめたりやり方を正させたりすることは控えているということであった。

付記：本章は、主に文献資料を中心に韓国の男児選好現象をマクロレヴェルにおいて考察することを目的としており、筆者の現地調査の資料はそれを補足するために用いられた。初出論文の脱稿以後、韓国の男児選好に関する新たな文献や資料も少しずつ見うけられるようになってきた。しかし、今回、これらの新しい資料を本文中に生かす余裕がなく、主として坂元（一九九二）を中心に適宜修正を加えるにとどめた。

第八章　日本における男児選好の民俗

――頭屋祭祀と子どものジェンダー――

はじめに

本章は、三重県伊賀地方においてネントゴ祭りの名称で呼ばれる子ども頭屋の祭礼に関する報告である。この祭りは頭屋に長男の子をすえるという点で、子どもの性別のみならず出生順位の要素も含んでいるが、今回はこれを日本村落社会における性別選好の民俗事例としてみてゆく目的から、特にその性別表象の側面に焦点を絞ろうと思う。調査時点から一〇年以上を経過した現在、少子化や都市化の流れのなかで子どものネントゴはすでに姿を消し、祭りの運営も頭屋制から地区ごとの持ちまわりの形態へと変化している。ここでは当時の祭礼の様子を性別選好の産育文化を通文化的に考えるためのひとつの資料として、また貴重な民俗の記録として紹介してゆこうと思う。

頭屋（当屋）制あるいはそれにもとづく村落祭祀については、従来、いわゆる「宮座」研究として歴史学、宗教学、民俗学など多方面からの蓄積がある。とりわけ人類学領域（民族学、社会人類学）においては、日本の村落社会における構造的特質の究明を目指した研究が行われてきた(1)。しかし、今回の報告はこうした問題意識とは多少異なった視点にたっている。すなわち、頭屋祭祀のなかに子どもの民俗としての性格を見いだすとともに、これを子どもの性別役割や成長過程のあり方を構成するひとつの儀礼的形式として位置付けるのである。したがって、頭屋祭祀における子どもの儀礼的位置付けやパフォーマンス、またその特権的資格と「イエ」制度との密接な関連などが関心の焦点となっている。

伊賀地方の頭屋祭祀は、別名「ネントゴ」とも呼ばれ、頭屋の長男子＝相続人の参加によって特徴付けられる。[2]本章で取り上げる三重県名張市箕曲神社の祭礼においても、その年、頭屋に指名された家では男性戸主（年頭親）とともにその長男子にあたる子ども（年頭子）が重要な役割を果たしている。女児や次三男たちを排除しつつ組みたてられる祭祀組織や祭礼の内容から、われわれはそこに父—長男子の関係を基本的継承線とする伝統的イエ制度の面影をうかがうことができる。さらに、思春期の男子を前面に立てて行われる祭祀は、村人によって頻繁に「一種の元服のようなもの」と語られるように、いわゆる子どもから大人への成長を儀礼的に画する成年式の一種としても捉えられる。当地のネントゴの祭祀組織や成員資格のあり方、祭りのパフォーマンスなどの考察から、そこに埋め込まれた伝統的イエ制度や村落構造を背景に儀礼を通して立ち上がってくるジェンダー化された子どもの存在様式、すなわち男児選好の民俗表象を読み取ることができるのである。

以下、最初に祭祀組織の成員資格や構造を確認したうえで、実際の祭礼の模様をその準備段階から宵宮（一日目）、本祭りあるいは座祭り（二日目）の順に行事の流れを追ってみてゆくことにしよう。

第一節　八幡講とネントゴ

今回、調査地に選定されたのは、三重県名張市の箕曲中村地区であり、[3]また直接の対象は、同地区における秋の大祭およびそれを支える祭祀組織（八幡講）である。[4]名張市は三重県の西部、旧伊賀国の西南隅に位置する人口六万人程の小都市であり、北を上野市に、西と南を奈良県に接し、民俗的には近江地方との親近性が強いといわれている。市域は大阪湾にそそぐ淀川の支流をなす名張川とその支流宇陀川の合流地域に広がる標高一九〇〜二〇〇メートルの名張盆地の中央に位置している。調査地はこの名張市のほぼ中央のゆるやかな丘陵部に立地する戸数一八〇戸ほどの集落であり、その周囲は水田と畑によって広く囲まれ落ち着いた農村の雰囲気を漂わせている。この地域一帯は、古代には名張郡（周知、名張、夏身）における郡衙の所在地であったところで、いわゆる「古名張」における地理的・政治的中心地としての来歴をもつ。

祭りの中心となる箕曲神社は、『箕曲神社由緒書』によると当村の中村氏が永禄年間に鎌倉の鶴岡八幡宮より勧請した八幡社に起源をさかのぼる。一五八一（天正九）年織田信長による侵攻を受け（天正伊賀の乱）、同社はしばらく断絶をみたが、寛永年の頃（一六二四－四四年）再興される。その後、一九〇八（明治四十一）年に大字内の七つの無格社と合祀され、同年、箕曲神社と改称され現在に至っている。この神社の氏子組織である八幡講を中心に秋の大祭、すなわち中村の頭屋祭祀が営まれる。現在、神社には専属の神職はおらず、隣接する赤目町の八幡神社の宮司がこれを兼務する形をとっている。当地の主な年中行事は箕曲神社を中心に営まれ、そのうち最も重要で大規模なものが秋の大祭である。この大祭を主催するのは「八幡講」の名称で呼ばれる祭祀組織であり、それは古くからの氏子株《カブ》を所有する村内の成員から構成されている。

さて、秋の大祭（オマツリ）は、神社の八幡講を中心に営まれるわけだが、祭りの実質的な経営に当たるのは「トウヤ（頭屋）」と呼ばれる講員から選ばれた二軒の家である。一般に、頭屋とは「神社の祭りや講などに際し、神事や行事の世話をする人、またはその家」のことを意味し、「輪番制によって主宰者が交代してゆくところにその本質がある」（『日本民俗事典』）。また、頭屋は祭りの実質的な経営主体として、神事や直会の場所、それに伴う経費、労力などの負担を負うだけでなく、祭りの主役として精進潔斎を含む様々なタブーのもとにおかれる。[5] ただ、当地の場合、頭屋の役を男性戸主（運営主体）とその長男子（儀礼主体）が共同で務めるところに大きな特徴がある。

実際の祭りの運営にあたっては、頭屋のほか講員の中から選ばれた四名の氏子総代が主導的役割を果たす。この他、隣町の八幡神社の神職（宮司）と『宮年番順席帳』によって毎年交代で選出される「村神主」および地域の代表として区長も重要な役割を担っている。村神主は年番によって毎年四名ずつ選出される「ネンニョ（年預）」の中から選ばれる。一度に二軒の頭屋が出る箕曲中村において、村神主は両頭屋で神事が同時進行するときなど、一方の頭屋で宮司（専職神主）の代わりを務めたり、また宮司の補佐役として神楽の太鼓をたたいたりして忙しく立ち回る。

さて、頭屋の選定は、毎年秋の「座拝」（講員の集会）において氏子の登録台帳である『祭祀膳狩帳』にもとづき行われる。毎年、候補の三軒が選定され、うち一軒は正式な頭屋（二軒）に不幸事が起こったときのための控えとして準備される。正規の二軒の頭屋は祭りの時、それぞれの家で同じ内容の行事を同時進行で行う。その際、それぞれ一番頭屋、二番頭屋として形式的な順位を割り振られる。この順位は、前年の祭りの終了後に行われる「頭屋渡し」の儀礼の時に抽選によって決定される。

頭屋は八幡講の講員でもあり、すべて「カブ（株）」と呼ばれるイエ単位の成員資格を有している。この株は地つきの家のほとんどが所有しており、地域内のアパートに新しく入居してきた家族などに関してはこの限りでない。祭りの株は「インキョ（分家の意）」しても地域内であれば、そのまま継承されることになっている。また移入者でも永住と参加の意志があれば評議を経て株を受けることは可能である（現実にはきわめて少ない）。

株がイェ単位に所有される資格であるのに対し、「ゼン（膳）」は個人単位で所有される氏子資格である。膳の所有者は、大祭に際して講員の共有田（神田）の米でついた神聖な餅の分配を受ける。いわば、それは大祭への正式な参加資格を表すと同時に、箕曲神社の氏子であることを示している。株がイェ同様、永続的な継承を前提とするのに対し、膳は個人の生死によって「引かれ」たり（引膳）、「降り」たり（降膳）する特徴をもっている。中村では長男の場合、膳はその出生と同時に自動的に降り、この降膳の期日すなわち長男の誕生年が頭屋選出時の基準となる。さらに、長男は将来父親をついでイェを継承する点で潜在的に株を体現してもいる。このように、当地の長男子に対しては昔から特別の処遇が行われてきた。一方、長男以外の子どもたちの場合、膳は出生にあわせ自動的に降りるわけではなく、親たちが米一俵（現在では一俵分に相当する現金）を八幡講に支払うことによってこれを得る。(6) その時期は生まれてすぐの場合もあれば、嫁に行く時であったり就職により他出する時であったりと親の判断によって様々である。こうした移動によって、地域内にとどまる内氏子と地域外に他出した外氏子という氏子成員のカテゴリー分化が生まれる。また、婿養子の場合には、入籍と同時に膳が降りることになっている。

氏子総代たちは『大祭膳狩帳』という個別台帳によって、氏子とその動態（出生、死亡など）を常に記録し、これを頭屋の選出や氏子の現状把握に用いてきた。氏子組織は、株や膳というイェと個人それぞれの資格単位を表す独特の概念を用いて、成員の動静を把握し、その祭祀共同体としての統合を保ってきたのである。そして、これら独自の成員資格や制度としてのイェは、祭礼時の頭屋選出やその引き継ぎ（頭屋渡し）、あるいは膳の餅の分配場面においてパフォーマティブに顕在化されるのである。

伊賀地方の頭屋祭祀は、ネントゴ（年頭子）の存在によって特徴付けられるといわれ、それは頭屋宅の長男子をさす地域的呼称でもある。頭屋としての成員資格の承認は、氏子の家の長男子への降膳の期日にもとづいて行われ、彼は祭りの中で頭屋の家長（父親）より重要な位置付けを与えられる（後述）。また、婿養子の場合も入籍（降膳）から一〜二年後にはネントゴとして、その義父とともに頭屋を営むしきたりになっており、この点からもネントゴのイエ継承者としての性格が明瞭にうかがわれる。この年（一九八九年秋）、お祭りの一番頭屋のネントゴは一六歳になったばかりの高校生の男子、そして二番頭屋のネントゴは婿養子の中年男性であった。

第二節　頭屋宅の準備と役割分担

一九八九年十月、一番頭屋と二番頭屋の家には、その年の頭屋であることを示す飾りが準備された。両頭屋の庭先には笹のついた青竹を鳥居のように組み合わせたものが立てられる（高さ二メートル、幅三メートル程）。両端にはそれぞれ頭屋を示す大提灯がさげられ、その上に番傘がさしかけられる。縁側の軒下から玄関にかけては、注連縄《しめ》とまん幕が張りわたされる。これらの飾りと注連縄は、いずれも頭屋宅の神聖性を表示し、世俗的な生活空間から区別する結界の役割を果たしている。

頭屋宅の縁側には、近隣や親戚、そのほか頭屋と関係の深い知人からの祝酒がうず高く積まれ展示される。縁側の中央に置かれた酒樽は妻方の実家から贈られたもので、祭りの期間中、頭屋宅をおとずれる人々に対しふるまわれる。期間中、頭屋の家は多数の招客や手伝いの人々でごった返す。そのため家の間仕切りや障子、襖などできるだけ取り払い、広い空間を確保する。また、この日のために家の内外の改装を行ったりするところも多く、頭屋を引き受けるにあたって責任や威信のみならず経済的負担の大きいことを物語っている。

八幡講には、現在もその共有田である神田が存在しており、大祭のときに分配される膳の餅の米は、ここからの収穫によってまかなわれる。約七～八畝ほどの田で、祭りの餅を準備するには十分であるという。神田は二軒の頭屋によって共同で耕作され、そこから収穫された米は等分してそれぞれの膳の餅や神饌にあてられる。神田は祭礼の米をまかなうための氏子の共有財産であるばかりでなく、氏子組織の一体感を表す象徴でもある。この神田で収穫された稲は、祭りのために各頭屋の倉庫に大切に保管される。当日は午後三時頃までに、大拝頭《オオハイドウ》の裁配により、手伝いの女性たちの手で保管してあった米がとがれる。「ゴクアライ（御供洗い）」と呼ばれ、この米でついた餅が「ゼンノモチ（膳の餅）」として座祭りの当日に氏子に配られるのだ。

この日の作業は氏子総代を中心とする役員の主導のもとで頭屋関係者（親戚）および近隣の手伝い衆によって進められる。手伝い衆は、頭屋と同じ班（ここでは地域ごとに一〇～一五戸を単位として一〇の班が構成される）に属する氏子の家がこれにあたる。料理に関しては、主に女性が担当し、外まわりの仕事、例えば、頭屋の飾りつけや宵宮祭りのための大灯明づくりなどは男性の手伝い衆が行う。これらの手伝い衆は性別、年齢別にゆるやかに組織化されている。(7)

祭りの準備が一段落した夕方、頭屋宅で最初の宴が開かれる。出席者は頭屋の親戚および氏子総代、宮司、区長、その他手伝いの男性が中心である（一番頭屋の場合）。この時の料理は、宵宮や座祭りで供されるいわゆる儀礼食ではなく、一般的な仕出しの御馳走が供される。この夜の宴席は、明日からの二日間にわたる忙しい祭り行事を配慮して、比較的早い時間（九時頃）には終了する。箕曲中村の大祭はこのような前日の準備の日も含め、宵宮、本祭り（座祭り）の三日間にわたる。

第三節　宵宮祭りの準備と進行

宵宮祭りと翌日の本祭りにおいて、当地の頭屋祭祀の特徴である長男子の中心的位置付けの様子が具体的に浮かび上がってくる。それは儀式の座順とお渡りの行列風景においてとりわけ明確に示される。しかし、祭りの主人公としての子ども（長男子）が登場するまでには、もうすこし準備が必要である。

宵宮祭りは、朝八時頃から氏子に配る膳の餅をつくための「ゴクツキ（御供つき）」から始まる。松の木でつくった七本の杵を用いて、七名の男の手伝い衆がひとつの臼で同時につく。神田から穫れたモチ米をすべてつくことになり、つき手を交代しながら午後までかかってつきあげる。ここのゴクツキは酒や歌をまじえて賑やかに行われる。量が多いのでモチ米を蒸す回数も頻繁である。モチ米を蒸す仕事は女性の手伝い衆が行うが、つき上がったモチを丸める仕事は氏子総代らの手で行われる。

ひと臼のモチ米がつきあがるごとに、氏子総代たちは分担して餅を丸める作業を行う。まず最初は神饌の餅がつくられ、その後で氏子用の膳の餅をつくる。神饌用の餅は、昔からその形状（大きな鏡餅）と量が決まっているので、総米量からこれら神饌の量を差し引いた残りが膳の餅にあてられる。膳の餅は二個をひと組とする二段重ねの鏡餅である。膳の餅づくりにあたっては、それを受け取る者全員に平等に分配される必要から、当年の氏子全体の膳数を考慮しながらひとつひとつ慎重に計量され丸められる。計量による厳密なまでの餅の均一化の作業からは、頭屋の選定と同じく氏子間の徹底した平等主義を見いだすことができる。

玄関（土間）でゴクツキが進行する間、頭屋の別室ではそれまでに受け取った祝儀や品物についての目録（『到来物帳』）や、膳の餅を配る氏子の名前と膳数の記録（『大祭膳狩帳』）が作成される。また、庭先では箕曲中村の祭りの食膳には必ずそえられる鰯《イワシ》が大量に焼かれ、もうもうたる煙を上げる。そのかたわらでは神饌用のイワナが焼かれ、杜氏と呼ばれる男性役員が、神田の米と清酒、砂糖を鉢で混ぜ合わせて御神酒をつくる。

ゴクッキが始まった後しばらくして男性の手伝い衆のために「シモケシ（霜消し）」と呼ばれる食膳が用意される。食事の献立の内容は昔から厳格に定められており変更は許されない。この食膳をかわきりに祭りの期間中、古来からの献立に従った儀礼食となる。そして、そのすべての食膳には当地の頭屋祭りの儀礼食を特徴付ける焼いた鰯が二匹ずつのる。昼には招客も含めた食事が用意される。やはり伝統的な儀礼食である。祭りの期間中、献立の品目は少しずつ変化するが、焼いた鰯と「ノッペ」と呼ばれるおでん風の郷土食は必ずついている。

宵宮祭りの儀礼は、さらに夕方から夜にかけて続く。まず頭屋宅で「カマドの儀（お釜祓いの儀礼）」が行われる。儀礼は宮司、村神主、ネントゴ、年頭親（父）を中心に台所で行われる。儀礼の内容は、お渡り（後述）のとき神社境内で行われる湯立神事に酷似している。ガスレンジにかけられた大釜には湯がたてられ、その前で宮司が祝詞を奏上し、村神主の太鼓にあわせて舞を舞う。この間、ネントゴとその父親は神妙に並んで立ち、最後に宮司のお祓いを受けてお釜祓いの儀礼は終了する。また、カマドの儀が始まる頃、頭屋の庭先では獅子舞も始まっている。お渡りの際に用いられる大灯明に火がつけられ、獅子の舞う庭先をあかあかと照らす。

こうして、ようやくその年のネントゴが村人に対してにぎにぎしく披露される舞台が整うことになるのである。

第四節　儀礼の主人公

二番頭屋のカマドの儀のために出かけていた宮司と村神主が一番頭屋の家に帰ってくると、午後七時頃から「別火の儀」が始まる。庭先で繰り広げられる獅子舞とお囃子を背に、床の間のある部屋に村神主をはじめ正装した関係者が整然と座を占める（図1）。床の間を背に村神主が最上座の中央に座り、向かって右にネントゴ（上座）とその父である年頭親（下座）が、左には上から女小拝頭、女大拝頭、男小拝頭、男大拝頭の順に座る。下手には氏子総代二名が座し、ネントゴとその父への儀礼食や盃の儀の給仕を行う。別火の儀の座敷においてネントゴの占める位置は、神職を除けば明らかに最上位であり、少なくとも父親のそれよりも高い位置付けを与えられていることが分かる。この時、村人が参集し見守る頭屋の座敷には、家の跡取り息子を披露する晴れの舞台が登場するのだ。

ネントゴと年頭親（父）の膳にのる料理は、神社で特別に準備されたものであり、食事も食べる様子をするだけの儀礼的内容である。氏子総代の酌によって列席者たちの間を御神酒がまわり終えると、村神主の手により室内にハゼ（焼き米）が播かれる。万歳三唱の後、いよいよ神社へ向けてお渡りが開始される。準備されていた大松明（直径五〇センチ、高さ二メートル程）と獅子を先頭にして、宮司（村神主）、舞姫、ネントゴと父親、そして役員の順に行列を組み、それぞれが神饌や神事道具をたずさえて神社へと向かう。そして、村の辻で一番頭の行列に二番頭の行列が合流し、ふたつの行列は一番頭を先頭にして整然と神社を目指す。

宵宮のお渡りの行列は、本祭りのお渡りと同様、祭り全体のひとつのクライマックスである。そこに示されるのは先の別火の儀に現れたネントゴの晴れ姿と同じものである。しかしながら、ネントゴ父子が夜の闇に包まれた村の中を大松明の火を先頭に、多くの従者をしたがえながら行列する様は、自宅での披露にもましてネントゴの晴れ姿を浮き立たせる演出となっている。

行列が神社に到着するとすぐに境内にて「湯立神事」が始まる。前もって境内にしつらえられた釜には湯がたぎり、両頭屋のネントゴ・父、区長、氏子総代、役員、親戚など居並ぶ前で、宮司は笹を手に祝詞を奏上し湯神楽を舞う。湯立神事が終了すると境内では獅子舞の奉納がはじまる。湯立神事に続いて神前の儀式が行われる。これは祭りにおける中心儀礼であり、神社の拝殿において厳粛にとり行われる。

「別火の儀」のネントゴと父

そして、ここでもネントゴは高い座順を占めている。神殿に向かって右側に宮司、村神主、舞姫（控えの舞姫も含め合計四名）が座し、左側には上手に氏子総代と区長、下手に両頭屋のネントゴと父がそれぞれ並んで座る。その後には役員や親族たちが控える（図2）。当日ついた鏡餅をはじめ、各種の神饌が神殿の前に供えられ、宮司によるお祓いと祝詞の奏上が始まる。両頭屋のネントゴおよびその父親には宮膳（儀礼食）と盃がすすめられる。給仕の役を受け持つのは二名の男児の小拝頭である。つづいて村神主のたたく太鼓にあわせ、宮司が御神楽を二回舞う。この後、二名の舞姫（女児）により舞（「浦安の舞」）が舞われる。最後に二組のネントゴ・父が玉串を奉奠し、宮司が儀式終了の挨拶をして式は終了する。

別火の儀も神前の儀も、それぞれ祭りにおける中核的な儀礼である。

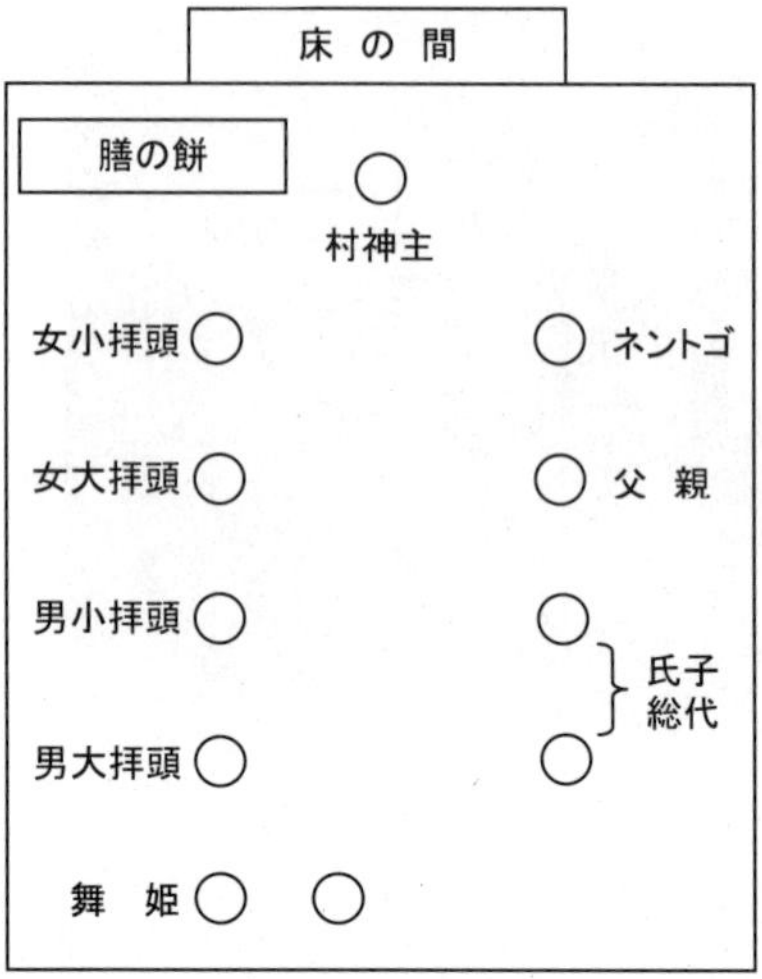

〈一番頭屋宅〉

図1　別火の儀座順

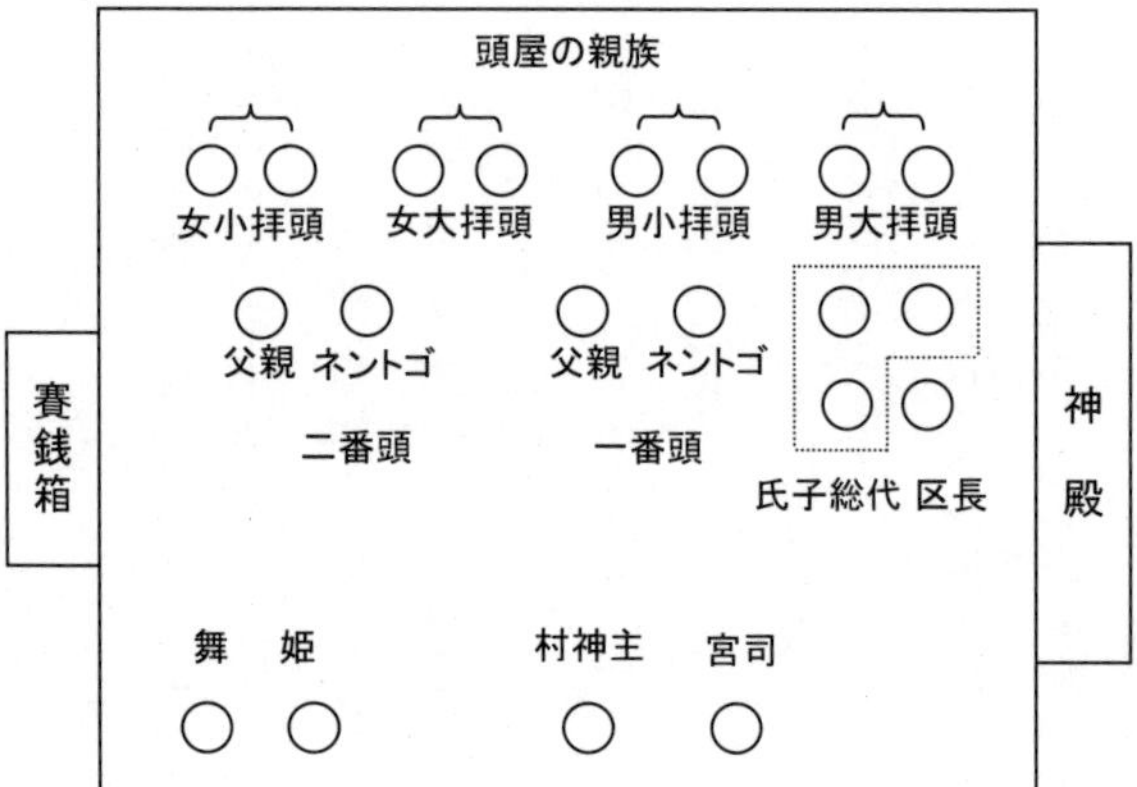

〈箕曲神社拝殿〉

※氏子総代4名中1名は，身内不幸のため今回出席せず

図2　神前の儀座順

いずれの場合でも、ネントゴが主人公となり、また父親よりも高い座を占めている。こうした儀式の内容や座順が、ネントゴの高い儀礼的地位、あるいはネントゴの中心的位置付けを物語っているのは言うまでない。祭り全体におけるネントゴの中心的位置付けは、村の中を練り歩くお渡り行事においてさらに華やかにまた演劇的に示される。

第五節　本祭りと膳渡し・頭屋渡し

宵宮の翌日は本祭り（座祭り）である。祭りの内容は基本的に宵宮と同じであるが、この日は次年の頭屋の選出と氏子たちに膳の餅を配る重要な行事が行われる。特に、膳の餅を配る時には、その年の降膳や引膳の経過が張り出され、餅の授受を通して氏子自らの成員性（アイデンティティ）が確認されるのみならず、氏子全体の動静も確認される。それは、通常、役職者の間で帳面によって管理されている氏子の動静が、全部の氏子に対してあらためて公表される場面でもある。本祭りではお渡りを昼間に行うため、村からの見物人も大勢出てきてにぎわいを増す。次に、本祭りの概略を、特に宵宮との相異点を中心にみておこう。

この日、宮司と村神主とが早朝から「ヨミヤサゲ（宵宮下げ）」として、箕曲中村の氏子の家のカマドをお祓いしてまわる。各家で祝詞をあげながら早朝から昼までかかって全部の氏子の家のカマド（現在ではガスレンジ）をお祓いする。正午頃には、前日に頭屋宅でついた膳の餅を神社へ運ぶ「ゴクヒキ」（あるいは「ゴクオクリ」）が行われる。ゴクヒキの名の通り、現在でも自動車は使用せず荷車（リヤカー）をひいて運ぶのだ。各頭屋からそれぞれ男性一〇名程の手伝い衆が出る。

二日目のお渡りは午後からはじまる。出発前には宵宮のときと同様に、別火の儀およびハゼ播きを行う。本祭りのお渡りでは、宮司が一番頭に、村神主は二番頭につき行列する。大松明はないが、昼間の祭りらしく神社造営のとき（一九八四年）新しく作られた子ども御輿が先頭に立つ。前夜の宵宮とは異なり、行列は途中で何度も休みをとり、酒をくみ交しながらにぎやかにゆっくりと進む。神社に到着するとすぐ湯立神事が始まり、続いて神前の儀に移る。この日は見物人も多く、子ども御輿や獅子舞、あるいは拝殿の舞姫に対する祝儀やおひねりも多い。

拝殿で前夜と同じ神前の儀が進行している間、氏子たちへの膳渡しが行われる。拝殿に隣接する神社の参籠所には、ゴクヒキで運び込まれた膳の餅が白木の棚の上に所狭しと並べられている。縁先には餅を渡すための小さな台が据えられ、氏子総代たちが『大祭膳狩帳』によって渡す膳数を確認しながら、境内に並んで順番を待つ氏子たちに餅を渡してゆく。参籠所の軒下には、今年はじめて膳を受ける資格を得た者（降膳）の氏名が張り出され、同時に死亡してその資格がなくなった者（引膳）の数も半紙に記して張り出される。

神前の儀が終わる頃、膳渡しも終わる。続いて参籠所では、本年の頭屋から次年度の頭屋への引継ぎの儀礼である「頭屋渡し」が行われる。次年度の候補者たちは膳狩帳により同じ出生年の長男子のなかから二名が選ばれる。氏子総代と本年の頭屋と次年度の頭屋が座を囲み、次年度の頭屋の一番、二番をこよりのクジで決める。一番頭と二番頭が決まると、頭屋の提灯が本年の頭屋から次年度の頭屋へ渡される。最後に参会者たちの間で盃がまわされ、儀式は終了する。

第六節　長男子という社会的価値

箕曲中村の大祭（頭屋祭祀）によって印象付けられるのは、ネントゴと呼ばれる子ども（長男子）の儀礼的役割の重要性である。当地の祭りや儀礼の内容をみてゆくとき、それが頭屋の親よりも子どもを中心に展開していることに気づかされる。本章が伊賀地方の頭屋祭祀をもって子どもの民俗として位置付ける理由もそこにある。

祭祀運営の基本システムである頭屋の輪番決めは、なによりもまず、八幡講員（氏子）である家の長男子の出生順位にもとづいている。現在の家長（父親）ではなく、その跡継ぎとしての長男子の生年が基準となっており、そこには、長男子とその誕生に対するなみなみならぬ関心を見いだすことができる。長男子の誕生に対するこのような態度の背景には、単なる子宝の観念にとどまらない、イエ継承者としての男児を確保することへの強い期待が表れている。当地のネントゴ祭りが「長男祭り」や「相続人祭り」の別称を持つ由縁もここにある。

祭りの儀式における座順からもネントゴの子どもが重視されている様子を見て取ることができる。別火の儀は、氏子の代表としてネントゴとその父親が神田から収穫された聖なる米を食する重要な儀礼である。ネントゴはそこで父親より床の間や神主に最も近い上座を占める。さらに、大祭の中心儀礼である拝殿での儀礼においてもネントゴは上座に座る。こうした儀式での優先的座順は、父親に対するネントゴの儀礼的地位の高さ、あるいは儀礼全体における中心的位置付けを示しているといえよう。

一連の儀礼におけるネントゴの中心的位置付けは、祭りのクライマックスであるお渡りにおいてさらにはっきりと顕在化される。氏神の巡行としてのお渡りの主役は、行列の先頭をゆく正装したネントゴである。そして、頭屋の家長とその長男が裃姿もりりしく先頭をきって歩く様子からは、抽象的制度としてのイエがとどこおりなく継承されてゆく過程が、ある種演劇的に披露されているように見える。頭屋祭祀におけるイエ継承者の披露という機能は、ムラに入ってきた養男児や婿養子に対しても明確にこれを義務付けるしきたりによっても補強されている。

この他、箕曲中村の頭屋祭祀においては、子どもから大人への成長段階を画する通過儀礼としての側面も重要と思われる。村の人々の間には、この祭りを「一種の元服のようなもの」と評する捉え方もあり、頭屋祭祀におけるこうした成年式的な性格に関しては、同じく近畿圏内の大和東高原地方の民俗事例でも指摘されている（岸田 二〇〇〇：一七二）。およそ一六、七歳のネントゴが、一人前のイエの跡取りの資格を持って祭りの前面におしだされ祝福される様子からは、かつての元服と同様の意味を読みとることができるのである。

おわりに

最初にも断ったように、本章の基本的関心は、従来の頭屋制にもとづく祭祀や組織それ自体の考察にあるのではなく、特に伊賀地方に見られる子ども頭屋の祭礼とそこに見られる（長）男児を尊重する儀礼的演出や祭礼組織の特質にある。箕曲中村のネントゴにおいて儀礼的に表象される子どもは、まず日本村落社会に深く浸透したイエ制度を支える正統な担い手としての男子の長子であり、また祭礼の舞台においてイエを代表する頭屋の役を無事に全うできる一人前の男子としての姿でもある。ネントゴが男子に限定され、祭りの頭屋としてイエを代表する資格が自動的に付与される氏子登録の仕組みからは、そのなかに埋め込まれたジェンダー秩序や年齢秩序あるいは平等主義的な村落秩序のあり方をうかがい知ることができる。さらに、これらの秩序を大きく束ねるイデオロギーとして、われわれは明治期の法整備や公教育の拡大を通して広く日本社会に浸透していった伝統的イエ制度を想定することができる。長男子を介してイエを永続させるこのようなイデオロギーとその民俗的表出は、子どもの性別選好の社会的、文化的構成に関心をよせる者にとってもひとつの貴重な資料を提供しているといえる(8)。

注

（1）例えば、高橋統一は滋賀県下の宮座の村落構造論的調査をもとに、これを「祭祀長老制」（ritual gerontocracy）と規定している（高橋　一九七八、一九八四）。あるいは坪井　一九七七、中村　一九八九など参照のこと。

（2）堀田　一九七二：一四四、名張民俗研究会　一九六八：六三－七九。

（3）調査地の選定にあたっては次の諸点を考慮した。

①　頭屋祭祀において男児の「ネントゴ」が登場すること。

②　頭屋祭祀がその儀礼、組織、運営などにおいて比較的に伝統的形態を保持していること。

③　調査地の全体的概要を把握しやすい村落規模（一〇〇戸程度）であること。

④　基本的な生業形態として稲作を営んでいる（いた）こと。

以上の諸点を考慮しながら、地元の民俗研究者にも意見を求めた上で当地区を選定した。

（4）箕曲中村の全戸数は一七六世帯。このうち一〇七戸が八幡講の株を有する（一九九〇年一月一日時点）。

（5）箕曲中村の頭屋の場合、現在それほど厳格な潔斎を行うふうはない。今回、祭りを見せてもらった頭屋（一番頭）の主人の場合、その父親（ネントゴにとっては祖父）が、一年間、毎月初め神社に参ったという。もちろん、身内に不幸事が起こった場合にはその年の頭屋を辞退し、控えの頭屋候補者にゆずる。

（6）一九八九年時の積膳料は六、九〇〇円。

（7）この他、祭りの当日にはそれぞれの頭屋の近隣集団（班）の中から役員が数名ずつ選ばれ、祭りの実務を担当する。その構成は以下の通り。

男大拝頭：実務の執行責任者、年配男子
男小拝頭：神事に参加し、儀礼食の給仕などを行う小学生から中学生くらいまでの子ども
女大拝頭：儀礼食の準備
女小拝頭：儀礼食の準備の補助
杜氏：御神酒担当、年配男子
板場：神饌担当、年配男子

板場助：その助手
松明：宵宮の大松明担当、年配男子

（8）もちろん、箕曲中村の頭屋祭祀によって、伊賀全域のそれを代表させることができるわけではない。仄聞した限りでも、すぐ近隣の町村ではネントゴを男児に限定しないところや子どもに関係なく家頭屋の制度を採用しているところもある。あるいは、ネントゴの年齢が四、五歳という例もある。当地の頭屋祭祀も、このような地域的多様性を前提にした上でのひとつの事例であることを確認しておきたい。

第九章　女児を待望する社会
——もうひとつの性別選好——

はじめに

本章では、性別選好の典型である男児選好の反対のあり方として「女児選好」(daughter preference) 現象を取り上げ、その構造的背景と動態の過程を前産業社会から産業社会まで幅広い範囲においてみてゆく。男児選好に関しては、これまでも人口学の分野を中心に多くの研究蓄積がなされてきた。その主な理由として、途上国を中心に広く流布する男児選好の現象が、人口政策上の大きな阻害要因や社会の性比不均衡をもたらす要因と考えられてきたことが挙げられる。これに対し、女児選好に関する研究は、男児選好に比べてそれほど積極的な取り組みは見られない。そこには、一般に、女児選好を示す社会の人口規模が絶対的に小さいために、男児選好ほど切実で大きな社会問題になりにくいという事情が反映されているように思われる。しかし、男児選好にしろ女児選好にしろ、その結果（影響）ではなく、社会・文化的構造や過程を把握しようとする場合、これらを個別に扱うのではなく、その全体的事象のなかに正しく位置付け、相互に参照してゆくことによってはじめて個々の現象が生み出される仕組みや過程も明らかになると思われる。その意味で両者に対する均等な配慮と関係性への着目は、性別選好研究における重要な観点となる。ここでは、これまでの男児選好と対照をなす女児選好の事例を民族誌資料等に探りながら、背景要因や構造あるいはその動態についてみてゆくことにする。

第一節　女児選好の理由と背景

社会における女児選好のあり方に関しては、人口学的な関心の薄さに比べて、民族学や人類学からは若干異なる対応が見られる。すなわち、伝統的にこれらの分野では社会進化論の妥当性を支える根拠として、あるいは出自や親族制度の問題を考えるための材料として、女児選好と関連の深い母系的な小規模社会に対する高い関心があった。子どもの性別選好を通文化的な観点から検討したウィリアムソン（Williamson 1976）も、比較的明確な女児選好の現象は、女性が交換財としての位置付けを与えられていたり、母系的な集団編成の原理を持つような、いわゆる「無文字社会」に多く見いだされることを指摘している（ibid.: 103-115）。従来から、これらの社会は民族学や社会人類学における重要な研究対象でありその蓄積も多い。しかし、社会構造や親族関係に注目した研究は豊富にあっても、子どものジェンダー問題を中心として女児選好という観点から取り組まれたものはあまり見ることができない。たとえ、そこに女児の価値に言及した部分があったとしても、ほとんどは断片的記述に終始しており、この問題を体系的に論じた研究を見いだすことは困難である。また、母系制社会が集中する第三世界の場合、一般に日本の人口動態調査のような数量化された具体的資料を期待することも難しい。これらの事情により人類学、民族学から積極的関心が向けられてきた母系社会であるにもかかわらず、こと女児選好の問題に関しては、その実態把握に有効な資料が準備されているとは言い難いのである。

こうした資料的困難を抱えるなかで、ウィリアムソンは世界の性別選好に関する文献資料を通文化的にレヴューし、男児選好だけでなく女児選好についてもその社会的、文化的背景の理解を明らかにするよう試みている。彼女はそれぞれの民族誌のなかの女児選好を示す記述に着目しながら、女児選好の社会の事例としてニューギニアのムンドゥグモール（Mundugumor）[1]、オーストラリア北部のティウィ（Tiwi）、アッサム地方のガロ（Garo）、ペルーのイスコバケブ（Iscobakebu）、カリフォルニア北西部のトロワ・インディアン（Tolowa）などの社会を取り上げその特徴を論じた（ibid.: 103-115）。

これら五つの社会に関しては、彼女が直接に観察したわけでも、もちろん、意識調査が実施されているわけでもないため、それぞれの民族誌のなかに表れた関連の記述にもとづき当該社会の女児選好の傾向あるいは現象を推測する方法をとっている。具体的には、民族誌の文献上に示された男児より女児が好まれているという直接的記述や男児の嬰児殺しの存在、あるいは男児と女児の間に見られる養育上の差別的な扱いなどが女児選好の現象を識別する基準として用いられた。そして、産業社会における養子の問題も含めて女児選好の背景として考えられる理由を次のように整理し、その一般的仮説を提示している。

〈女児選好の理由〉

A　経済的理由

①　当該社会のなかで女性が財産あるいは交換の媒体と考えられている場合に女児のほうが好まれる。

②　当該社会のなかで女性が男性よりも経済的な生産力を有する場合、親は女児のほうを好む。

③　親がその老後を娘に依存するとき女児のほうが好まれる。

④　娘が家族に婚資をもたらす場合、親は女児のほうを好む。

B　社会的（文化的、宗教的）理由

親族体系が母系的に組織化されているならば、その家族の家系を維持するために女児のほうが好まれる。

C　心理的理由

①　娘のほうが育てやすいと考えられている場合、女児が好まれる。

②　子どもとしてあるいは大人になってからでも、娘のほうがより頼りになると考えられている場合、親は女児が多いことを好む。

③　将来において男親と息子との間で競合関係が予想されるとき、男親は娘（女児）のほうを好む。

D　養子

①　女児の養子は男児の養子より新しい家庭には適応的であると考えられている。

②　父系社会においては女児は家系を継承することができないため、親がよそ者（outsider）に継承させることに不安を抱く場合、女児の養子は親たちにとって有利となる。

③　欧米では一般に東洋人の女性は美しいという観念があるために、養子の子どもが東洋人の場合、女児のほうが好まれる。

（Williamson 1976: 22-23）

これら女児選好の理由の多くは、文中の女児を男児の語に入れ替えれば男児選好の理由としても十分に通用すると思われる。例えば、経済的な生産性や出自あるいは親の老後扶養を性別選好の理由とする傾向は、父系的な親族構造を特徴とする他の男児選好社会においても当てはまる。このことは性別選好が特定の性に固有で本質的な理由から派生しているというよりも、状況や文脈によっては入れ替えも可能な構成的な事象であることを示唆している。ただ、女児選好に特有の理由として、女性における交換の媒体としての側面および生命再生産の手段としての側面が指摘されている点は留意されるべきであろう（ibid.: 110-111）。

第二節　女児選好の民族誌

さて、ウィリアムソンにより一般化された女児選好の理由は、その社会的、文化的な文脈に配慮した数少ない試みではあるけれども、通文化的な枠組みのなかでの検討された民族誌資料としての断片性の限界を免れえない。そこで、女児選好現象をより具体的にまた文脈に即して確認するために、ウィリアムソンの紹介した事例よりもさらに詳しい民族誌資料を用いることでその細かな具体相をみてゆくことにしたい。

ミクロネシアの母系社会

須藤健一は、三千余りの小さな島々からなるミクロネシアのサタワル島を中心に母系社会の民族誌を著している（須藤　一九八九）。ミクロネシアは人類学研究者の間で広く「母系の島」として知られてきた。須藤は社会人類学的な観点から母系制を社会構造の基礎とするサタワル島社会の人々の生活を「男性と女性の力関係、つまり権威のしくみ」を軸に描きだそうとしている。

サタワル島はミクロネシアのカロリン諸島中央部に位置する隆起サンゴ礁の島で、周囲は六キロ、面積は一平方キロ、人口五〇〇人ほどの小さな島である。サタワル社会は八つの母系クランから分節した一五の母系リネージから構成される典型的な母系社会である。同一のリネージ女性成員を中心に、他のリネージから婚入してきた男性や子ども、養子たちがひとつの居住地（プゥコス）に共住する。島では女性により所有される居住地や畑を中心に日常的な生産・消費活動が展開される。

一般に、母系社会では血縁（出自）や財産は母親を介して継承され、父親が自分の子どもにそれらを継承させることはできない。サタワル社会でも原則的に同様の規範に従うものの、父親が実子に財産の一部を相続させる慣習も存在している。この制度により、姻戚関係にあるふたつの母系集団間には食料を中心とした互酬的関係が形成されている。また、島では女性が畑でタロイモを栽培し、男性は漁労活動やココヤシ、パンなどの実を採取し生計を立てている。生業活動における性的分業は伝統的な宗教観念により厳格に規定されている。こうした社会的、文化的特徴を背景に、須藤は子どもの性比や性別についてのインタビューを行いサタワル島における女児選好の実態を指摘している。

性比については、娘を多くもつことを好み、息子四人、娘四人の組みあわせよりも息子一人、娘七人と答えるものが大半であった。ただし、息子が一人もいないと、「兄弟姉妹の関係」ができないので良くないという。多くの娘を欲しがるのは「娘さえいればタロイモと魚の両方が手にはいるからだ」と説明する。これは婿入り婚との関係で、娘が主食のタロイモ、その婿が魚をとってくるから食べものに困らないことをさしている。息子を何人もっても結局はよそへ婚出するからあてにならないのである。娘を重要視するのは、家族の日々の生活のためだけでなく、母系の血筋を連続させ、母系一族（リニージ）を絶やさないためにも当然のことである。

（須藤　一九八九：五五—五六）

ここでの女児選好の背景としては、まず母系的な社会編成原理の存在が挙げられる。これは父系社会における男児選好の裏返しの構造としても理解される。次に食料生産にかかわる女性の重要な役割が指摘できる。すなわち、資源に恵まれないサンゴ礁の小島において主食であるタロイモ、パンの実、ココヤシの実を生産する土地は、基本的に母とその娘たちによって継承される共有財産であり、土地に強く結びついている女性は人々が主食を確保するうえで不可欠な存在なのである。サタワル島の場合、生活を支える土地財産と血縁の継承者としての女性の高い価値が浮かび上がってくる。

このようにみてくると、民族誌の対象になるような前産業社会の場合、女児選好を生み出す社会的、文化的背景は比較的明瞭である。すなわち、女性が財産や血縁（出自）の継承者としての資格を独占したり、また婚姻のなかで重要な生活財をもたらす媒介者としての価値を有することにより、人々の社会、経済生活に強い影響を与えているのである。そこからは子どもの性別によって将来的に人々の生活基盤が強く規定される島での暮らしが想像されるのである。

ジャマイカにおける女児選好

女児選好の研究に関しては、その体系的で実証的な資料がきわめて不足気味であると述べてきた。前述のサタワル社会の例にしても、実は女児選好をとりたてて主題としていない一般的な民族誌からの部分的抜粋にすぎない。しかし、ジャマイカの子どもをめぐる親たちのジェンダーイデオロギーを扱ったサージェントとハリスの報告は、女児選好を問題関心の中心にすえており、集中的なインタヴューや統計資料に裏付けられた貴重なデータを提供している（Sargent & Harris 1998）。サージェントらは「母中心主義」（matrifocality）で知られるカリブ社会のなかのジャマイカを対象に、女児に対して文化的に構築される選好性、すなわち女児選好の実態を都市部低所得層の人々における社会、経済生活に注目しながら明らかにしようとした。

カリブ社会は、従来から構造的、文化的、心理的に母親の役割を中心とする親族体系、家族構造、社会システムにより特徴付けられてきた（Tanner 1974）。サージェントらは、いわゆる「構造調整」（structural adjustment）以降のジャマイカ・キングストンの低所得層における子どもの養育実践、男児と女児に関する価値意識、子どもの身体的発達状況、栄養状態、健康状態などの客観的評価を通して人々の間の女児選好の傾向を確認している。また、子どもを拒絶する制度としての養子縁組や養護施設、あるいはその究極的形態である子どもの遺棄に関する性別統計によって、都市部の低所得家庭における男児に対する厳しい処遇のあり方と女児に対する相対的な優遇傾向が明らかにされる。彼女らは、都市部で頻発する子どもの遺棄（abandonment）事件が男児に集中する傾向を示し、単に、それが偶然の結果ではなく、構造的に生み出される性別選好の帰結として派生することを指摘する。その上で、母親の負担を増大させる政治・経済的な要因が、社会的、文化的に構成された女児選好と結びつくことにより、男児の成長や生存それ自体に対する一層不利な状況を生み出していることを明らかにしている。サージェントらの研究は、女児選好の態度や行動が母中心主義的な家族形態のような社会文化的要因だけでなく、とりわけ貧困層においては、政治的、経済的な圧力とも関連しつつ顕在化することを示している。

第三節　女児選好の多様性と動態

民族誌資料を通して抽出される女児選好は、母系制や母中心主義など、主として、社会の構造的側面と強く関連しながら生み出される（構築される）現象として捉えられる。しかし、母系社会の場合、それ自体、文化的にきわめて多様であり、さらに母系制が大土地所有と大家族の農業形態に依拠する制度である分、社会の変化に対してもろいとも言われてきた。その意味で、母系的な社会編成と強く結びついている女児選好も、決して画一的で固定的な現象としてあるわけではないことが想像できる。そこで、インドネシアのミナンカバウを例に母系的な社会編成がそのまま単純に人々の間に女児選好の態度や行動を生み出すものでないことを、また、マレーシアのヌグリ・スンビランを例として女児選好を構成する女児への特別な役割期待も時代とともに変化する様子をみてみよう。

ミナンカバウ社会における女性の重要性と女児の出生への期待については、これまでもしばしば指摘されてきた。例えば、ミナンカバウでは女児の誕生は母親や家族にとって最も歓迎され重視される出来事である（Schrijvers & Postel-Coster 1977: 94）。なぜなら、生まれてくる女児の数が多ければ多いほど母系出自の網の目は拡大し、それにもとづく集団も強大となってゆくからである。また、世界の多くの社会に見られるように、ミナンカバウにおいても、男児、女児を問わず、子どものないことは女性にとってきわめて悲しく恥ずべきことであり、それは夫の側からの離婚の理由ともなる。なかでも結婚した女性に娘がいないということは、何より彼女の血統が絶えることであり、また実生活では老後を大きなルマガダン（大家族居住の伝統家屋）で孤独に過ごさねばならないことを意味していた。たとえ、そこに姉妹の家族が同居していたとしても、彼女たちやその家族の影響下におかれる従属的な生活を余儀なくされることになったのである（ibid.: 84）。

血縁のような抽象的観念に対し、ミナンカバウの母系制をより現実的な側面から支える要素として「ハルタ・プサカ」（harta pusaka）とよばれる共同世襲財産に関する取り決めも重要である。この共同世襲財産には、農地、家屋（ルマガダン）、養魚池、家宝などが含まれ、その使用権は母からその娘へ、さらにその娘から孫娘へと母系的に継承されてゆく。ミナンカバウの女児は、将来その出自集団の共有財産を継承する重要な役割を担っており、その母系集団の維持存続のための人的基盤を再生産する役割を期待されてきた。少なくとも、アダット（慣習法）の理念レヴェルにおいては、母系的血縁や財産を継承するために、常に、家族内に女児の存在を必要としていたのである。

しかし、ここで留意すべきことは、女児の誕生に対する強い期待がそのまま直接、男児に対する期待の弱さや軽視に結びつくものではないということである。ミナンカバウ社会における子どもの性別役割期待は、あくまで相対的で流動的なものとして捉えるのがより現実的である。例えば、先のシュリヴァースらも、ミナンカバウの男児の重要な役割期待について触れている。すなわち、もし息子がいなければ、リネージ集団や村の会議の中で主導的役割を果たす代弁者を欠くこととなり、彼女の家族はそこでの影響力を失う。公の場で自己の重要な生活基盤たる母系集団の利害を代弁する男性成員を欠くことの不利益は容易に想像されよう。また、その他の重要な問題として、息子が生まれなければスク（母系親族）の男子成員のために準備されている氏族の名誉ある称号（グラル）も使われないまま放置されることになるのだ。

ミナンカバウの母系的規範（アダット）とはうらはらに、その伝統的な生殖観のなかには男性優位（male superiority）の論理も見いだされる。すなわち、子どもの本質的な性格や地位を決定するのは、その父親の精液であるというひとつの民俗生殖観である (Krier 1995: 55)。クリエールによれば、ミナンカバウの親はその娘のために「良質の種」あるいは「白い血」を持った花婿を探し、また、そのような男の両親に対してはたびたび高額の持参財を支払うのである。したがって、ミナンカバウ人の社会的地位は、必ずしもその (母系的) リネージ・ブランドに対応しない。母親とその子どもは必ずしも同じ地位を共有するわけでなく、たとえその母親のリネージが有力な家系であっても、もし父親が低い地位であれば、子どもの地位もやはり低いものとなる。父方に関連するいわば「隠れた地位」は、母方オジのリネージ称号の継承者として子どもの名前が挙がってきたときに重要な要因として探索される (ibid.: 70)。ミナンカバウの民俗生殖観は、当地の女児への価値づけが実は複雑な社会・文化構造のなかに埋め込まれていることを物語っているのである。(2)

ミナンカバウの集団的移住先であり共通の文化的出自を共有するマレーシアのヌグリ・スンビラン社会では、女児選好と母系的族制との相関が、社会変化の様々な影響を受けており、性別選好が想像するほど固定的でないことをうかがわせている (Peletz 1996: 220, Stivens 1996: 123)。例えば、ペレッツの民族誌調査において言及された女児選好の理由の多くは、単純にリネージやクランの継承を意識したものではなく (もちろん、娘による家屋や土地など家産の社会的継承に関して女児選好的な言及がなされることもある)、息子より娘のほうが親の老後や病気の時によく世話をし、また親族や社会関係一般に関する物心両面での義務をよく果たすという経験的確信に由来したものであるという。ある老人はこうした人々の心理を「娘は小魚の一切れしか持たないけれど、それでもそのいくばくかを親に分け与える。ところが息子は、まるまる一頭の水牛を持っていながらその味見さえもさせないものだ」(cited in Peletz 1996: 220) と表現している。

さらに、急激に押し寄せる市場経済や近代的、合理的な価値意識の広がりによっても女児選好の観念は変更を迫られる。スティーブンスの報告によれば、ヌグリ・スンビランにおける女児選好の傾向は今やかげをひそめ、現在では両性平等かあるいはむしろ息子の方を好むようになっているという（Stivens 1996: 123, 201）。その背景として、マレーシア社会全体に浸透する資本主義と貨幣経済の影響により、男児には現金をもたらす存在としての新しい重要な役割が期待されるようになったことが挙げられる。その一方で、女児には老後の面倒をみてもらうという従来からの役割期待も存続しており、親の都合にそった新しい性別役割期待のあり方、あるいは子どもの性別による新たな役割分担の観念が広がりつつあることが指摘されている。このように母系社会における多様性と変化の現実は、女児選好を単純に社会構造との関連だけでなく、子どもに対する役割期待の変化やその文化文脈にも配慮した理解の仕方を要求しているのである。

第四節　産業化と子ども

本章で取り上げた女児選好の社会は、主に母系制や母中心主義のような社会の基本的編成原理にもとづいて選択されたものであった。しかし、女児選好の複雑な構成や社会の変化過程を考慮するならば、そうした単一的要因のみを前提とした選好性の理解の仕方では不十分なのは言うまでもない。例えば、女児選好は日本のように母系的、母中心的な社会編成とは無縁の社会においても見いだされる傾向だからである。そして、その背景には生涯にわたる親子関係を見すえた子どもに対する親たちの実利的あるいは情緒的な価値付けが見え隠れしている。

文化唯物論で知られるハリスは、人類の生産様式と人的再生産の関係を子育てにおける経済的な利益と対価の観点から論じ、生産様式の変化にしたがって子どもがその経済的価値を変容させていく様子をスケッチしている

(Harris 1987: 90–105)。ハリスによれば、親が子どもを持つことや子育てをすることのコスト（対価）とベネフィット（利益）の関係は、社会の生産様式により変化する。狩猟採集社会においては、限定された食糧資源とのかねあいから出産や育児はコスト高な事として慎重に抑制されてきた。しかし、農耕と牧畜の出現により人的再生産におけるコストとベネフィットのバランスは、より沢山の子どもの出生を期待する側に傾く。もはや、子どもは遠い距離を連れて歩かねばならない「足手まとい」や「負担」ではなく、家族の生業に早い時期から参画する貴重な労働力へと変貌する。

しかし、農業から工業への生産様式の変化に伴って、それまでの子どもの経済的価値は、次第に経済的負担へと変化する。社会の産業化が進み、子どもの労働に対する法的な規制や学校教育の導入に伴って、子どもを育てるコストが次第に高まっていく。産業社会においては、子どもは経済的な価値よりも負担としての側面を増大させてゆくのである。

一方、社会学のゼリザーは、一九世紀から二〇世紀の米国の親にとっての子ども観の変容過程をその情緒的価値の高まりを中心に論じている（Zelizer 1985）。彼女は一九世紀後半からの米国社会の急激な産業化を、経済的存在から情緒的存在へという子ども観の大きな変容の契機と捉えた。彼女は子どもの死に対する保険や賠償に関する記録、あるいは金銭的な養子縁組などの歴史資料を駆使しながら、米国の子どもの社会的な意味付けが変化していく歴史過程を明らかにした。米国では一九世紀後半まで、子どもたちは貴重な労働力として明確にその経済的価値を認められていた。しかし、二〇世紀を前後して子どもの労働をめぐる道徳的議論が高まるとともに、それによってもたらされていた経済的利益は次第に嫌悪の対象となり、代わりに子どもの情緒的な価値が強調されるようになっていくという。ゼリザーは、子どもと金銭との関係がきびしく排斥されていく過程を「子どもの生の聖別化」

(sacralization) とよんだ。このように、社会の産業化は子どもの基本的な役割期待に大きく作用するマクロ要因と考えることができるのである。

第五節　産業化と女児の価値

産業化に伴う子どもの情緒的価値の増大は、子どもの性別とどのように関連するのだろうか。以下、早くから産業化が進展し女児選好を具体的に示している日本社会を参考に、これを検討することにしよう。表1は人口問題研究所の出生動向基本調査のデータである。第八回調査からは、理想子ども数をたずねた後、その子ども数についてどのような性別組み合わせが理想か聞いている。表からは、どの子ども数（一人、二人、三人）の枠においても希望する男児の数の減少と希望女児数の増加傾向が見られる。この他、人口学の立場から性別選好に関心をよせる坂井も出生力調査（一九八二〜九二年）にもとづき、日本社会における女児選好の傾向を見いだしている（坂井 一九九八：五七−五八）。これらは意識レヴェルの女児選好の傾向ではあるが、それが出生行動においてもわずかながら有意な傾向を示していることも指摘されている（同書：五九−六〇）。

日本におけるこのような女児選好は、少なくとも、ミナンカバウやジャマイカにおいて見られた社会編成や家族構造から説明することは困難である。なぜなら、日本社会にはこれまで広く浸透してきたイエ制度にもとづく男児選好の強い影響が指摘できるからである。そんななかでなぜ女児選好なのか。日本社会における女児選好は、男児への独占的な役割期待の弱体化と女児に対する新しい役割期待の出現の両面において考える必要があると思われる。日本社会の場合、子どもの性別による経済的価値に関して大きな違いやその客観的根拠を見いだしにくい。例え

表 1　理想子ども数別，理想男女児組み合わせ別，夫婦割合の推移

理想子ども数	理想男女組み合わせ	第 8 回調査（1982 年）	第 9 回調査（1987 年）	第 10 回調査（1992 年）
1 人	男児 1 人・女児 0 人	51.5 %（　17）	37.1（　20）	24.3（　18）
	男児 0 人・女児 1 人	**48.5（　16）**	**62.9（　34）**	**75.7（　56）**
2 人	男児 2 人・女児 0 人	8.8 %（ 121）	4.1（　72）	2.7（　48）
	男児 1 人・女児 1 人	82.4（1,134）	85.5（1,515）	84.2（1,494）
	男児 0 人・女児 2 人	**8.9（ 122）**	**10.4（ 183）**	**13.1（ 232）**
3 人	男児 3 人・女児 0 人	0.7 %（　11）	0.5（　14）	0.3（　7）
	男児 2 人・女児 1 人	62.4（1,025）	52.3（1,372）	45.1（1,121）
	男児 1 人・女児 2 人	**36.2（ 594）**	**46.2（1,211）**	**53.0（1,315）**
	男児 0 人・女児 3 人	0.7（　12）	1.0（　27）	1.6（　40）

出典：厚生省人口問題研究所 1993「日本人の結婚と出産」平成 4 年第 10 回出生動向基本調査第 1 報告書：26

注：理想子ども数をたずねた後で理想の男女組み合わせをたずねる形式をとった。（　）内は標本規模。強調は筆者。

ば、労働力としての女性の果たす役割の重要性に関しては、日本民俗学のなかでもつとに指摘されていることである（和歌森 一九七六、福田 一九九二：一六二―一八二）。しかし、イエや家名の継承者としての子どもの社会的な価値に関しては、伝統的に歴然とした違いを見いだすことができる。これはアジア地域に広く見られる男児に対する共通した役割期待のあり方にもつながることである。とりわけ日本の場合、イエ制度によって構造的に支えられてきた男児出生への期待は、未だに、様々な民俗や行事のなかに残されている。しかし、戦後のイエ制度の廃絶を含む急激な社会や家族変動あるいは産業化、都市化の流れのなかで、かつてのイエ継承者としての男児への役割期待やこれに付随した長男子による老後扶養の役割期待は、その社会的、実用的価値を急速に減じ、また無意味なものとなりつつある。

日本社会で見られる現在の女児選好に関しては、まず、以上のような男児の役割期待に関する消極的な理由を挙げることができるだろう。一方、女児に対してはより積極的な期待が浮上してくる。社会心理学の柏木は、現代日本における子

どもの価値の特徴として「老後保障価値」を指摘し、さらに子どもの経済的価値から精神的価値への重点の移行を論じている。すなわち、老後の頼りとしての子どもは、もはや日本では経済的な支えとして期待されるのではなく、あくまでも精神的な支えとして期待されているという（柏木　一九九八：四二）。こうした子どもの経済的あるいは実用的価値から精神的あるいは情緒的価値への移行に関しては、先のハリスやゼリザーの指摘とも符合するところである。

産業社会における子どもの価値を論じたゼリザーは、米国における子どもの価値の転換期を示すひとつの象徴的な例として、養子縁組における養親たちの女児への志向を紹介している。すなわち、当時、養子として最も人気があったのは「カールした金髪と青い目を持った女児」であったという。また、アジア五ヵ国と米国を対象に通文化的かつ社会心理学的な手法を用いて実施された「子どもの価値調査」のなかでも、産業化と女児の情緒的価値との相関が明らかにされている。アーノルドらは、これらの地域の人々が挙げる女児の価値として「家事の手伝い」と「話し相手などの親密な関係」を挙げ、それぞれに経済的価値と情緒的価値に相当する内容を見いだしている（Arnold & Kuo 1984: 306-308）。そして、前者への期待はとりわけインドネシア、フィリピン、タイにおいて強く、後者への期待は韓国、台湾、米国などにおいて強いという傾向の違いを指摘し、相対的に産業化の遅れた地域では女児に対する実利的理由が優勢であり、逆に産業化が進んだ地域においては情緒的な価値が求められていると結論付けた。

日本人の女児を持ちたい理由も同様の傾向を示しているように思われる。同じく日本を加えた「子どもの価値調査」における日本人の女児を持ちたい理由としては、「母親にとっての親密な関係を期待する」、「女児のもつ行動や性格を好む」、「家庭内での手助けを期待する」といった項目が多数を占めている（Arnold et al. 1975: 67-74）。女児を望むこのような理由は、実際、新聞紙上で時々見られる妊産婦の意見記事などともそのおおよその内容において一致しているように思われる。例えば、新聞記事などには女児を生みたい理由として、「育てやすい」、「優しくてかわいい」（財団法人母子衛生研究会によるアンケート調査記事。毎日　一九八九／五／二十八）、「男は責任が重い。いい成績。いい仕事。女の子なら人なみに育って結婚すればいい。楽だと思う」、「男は女しだい。せっかく育ててもどうなるかわからない」、「女の子のほうがかわいい」、「バレエやお花を習わせたり、おしゃれさせたり、楽しみが多い」（安産教室の妊婦の声、育児用品メーカーが妊婦に行ったアンケート調査記事。朝日　一九八七／一／五）のような女性の意見が紹介されている。

現代の日本社会をとりまく状況は、親の子どもへの期待において女児に有利なように見える。産業化の進展を背景に、子どもに対する情緒的な価値や期待が増大するなかで、女児は次第にその受け皿としての役割を強く帯びるようになり、親にとっての存在意味を増しつつあるようだ。一方で、今や男児に対する特別な性別役割の必要性や有用性はなかなか見いだしにくい。時代とともに男児における独占的な経済的価値や社会的価値は失われ、時には経済的にもあるいは精神的にもかえってコスト高な存在として見なされているようにも思われる。ただ、ここで重要なことは、女児に対する期待の高まりが、子どもそれ自身の価値としてあるのではないということである。あくまでも、それは生涯の親子関係における子どもに対する一方的な意味付けや期待として現れていることを忘れてはならない。したがって、親たちの女児選好が、女児だけに情緒的な価値や老後の扶養を期待するような子育てと結びつくとするならば、それは子どもに対するひとつのジェンダー再生産装置として作動する危険性をはらんでいるともいえるのだ（柏木　前掲書：四四－四五）。

おわりに

女児選好をめぐる第三世界の民族誌事例と産業社会の日本の事例は、一見すると縁遠いような印象を受ける。しかし、地球規模で広がる経済、政治、文化的一様化の波は、地理的あるいは文化的な隔たりをやすやすと乗り越えて、個々の社会的、文化的文脈に埋め込まれてあった諸々の事象を一元的に成型するように作用しつつある。親たちの子どもに対する役割期待や意味付けもその例外ではない。グローバリゼーションや産業化への急速な流れは、一方で、地域ごとの独自な対応を示しながらも、全体としては子どもに対する多様な価値を広く情緒的なそれへと再編しつつあるように思われる。

また本章では、男児選好の場合と同様、女児選好の主たる背景要因として母系的出自システムのような社会編成上の特質が見いだされた。しかし、こうした構造的特質によってのみ子どもの性別選好が構成されるわけではなく、それは選好傾向を生み出す要素のひとつとしてあるにすぎない。女児選好をはじめとする性別選好は、これらの構造的側面と人々の日常実践の相互作用にもとづいており、また子どもに対する様々な役割期待の統合的産物としてあるのだ。子どもの性別選好へのこのようなまなざしは、多様で複雑な子ども観の構築過程を通文化的に検討してゆくためのひとつの有効な視点を提供すると考えられる。さらに、それは人類学研究において周辺化されてきた子どもの存在や生活世界を再び文化のなかに正しく置き戻す視点にもつながっていると考える。

注

（1）　ムンドゥグモール社会では男が複数の妻を持つ一夫多妻の婚姻制度をとっており、その結婚は互いの娘や姉妹を交換するやりかたで行われる。すなわち男たちの結婚のためには家族の中に娘の存在は不可欠なのである。家族の中に父や男の兄弟が多い場合、自分たちの結婚に必要な娘や姉妹をめぐる競争は熾烈をきわめ相互の葛藤もますます高まる。女児を必要とする婚姻システムばかりでなく、女性の労働力としての価値も高く、ここでは部族紛争における人質や嬰児殺しの犠牲も男児が多いとされる（吉田　一九六五：一四八－一六二）。

（2）　これに関連して、二〇世紀初頭におけるミナンカバウの村落生活を民族誌的に活写したラジャブによれば、当時からイスラーム教師（男性）は村人からの尊敬を集める存在であり、とりわけ「シェイク」と呼ばれるような信奉者の多いイスラーム教師の場合は適齢期の娘をもつ人々にとって最高の婿の候補者として熱心に求められていたという。そこにはイスラーム教師になるかもしれない男子一般に対する高い宗教的、社会的価値の可能性をうかがうことができるだろう（ラジャブ　一九八三：二二六－二二八）。

第Ⅳ部　子どもと社会変容

僧の指導を受ける小学生（タイ・チェンマイ）

第十章　タイの寺院学校と教育開発

――ローカルな文化資源の活用――

はじめに

近年の人類学は途上国の開発をめぐる諸問題を積極的に取り上げるようになっている。その背景には、学界内部での静態的な文化研究批判とそれを受けた動態的文化プロセスへの関心の移行や、あるいは素朴な近代化論にもとづく開発政策のなかで行き詰まりをみせる開発現場に対し、現地の文脈に即した人類学的知識と方法を適用しようとする気運の高まりなどが指摘されている（鈴木　一九九九：二九五）。

本章で取り上げるのは開発のなかの特に教育分野に関わる部分である。学校を中心とする教育制度の整備と普及は、途上国のかかえる慢性的な病や貧困の撲滅、あるいは経済発展のための最も基本的な手段として重要な役割を果たしてきた。また、開発研究における教育分野に対しては、これまで軽視されがちだった開発の社会的、文化的側面を構成する枢要な領域としての関心も高まりつつある。[1] 以下では、タイ北部チェンマイのノンフォーマルな教育実践を中心に、これをローカルな文脈に即した教育開発の事例として、宗教的領域（寺院教育）と世俗的領域（公教育）の両面からみてゆく。前者に関しては、特に山地民（chao khao）の子どもを対象に補完的な中等教育を提供する寺院学校を取り上げ、公教育の外部に位置する宗教施設が貧困と民族問題の交錯する地域固有の教育課題に対して果たしている役割や実態を示す。(2) 後者の事例としては、同様の課題に対する政府文部省の主管によるノンフォーマル教育の取り組みが紹介される。これら聖俗両面にわたる事例を通して、地域における教育開発が、国家的統合や開発の流れに連動しながらも、地域固有の文化資源や教育課題にもとづいて編成される様子を確認する。(3)

第一節　仏教寺院学校と教育開発

教育開発とノンフォーマル教育

近年の開発実践や開発研究における重要な動向として、いわゆる近代化論にもとづく経済発展中心の開発が生み出した環境破壊、資源枯渇、経済格差などの様々な問題に対処するオルタナティブを模索する指向がある。このことは開発の教育分野である「教育開発」の領域においても同様であり、一律的な教育普及に対するオルタナティブへの期待や関心が急速に高まりつつある。途上国開発（近代化）における教育の果たす役割の重要性については、第二次世界大戦後、早い段階からユネスコやユニセフあるいは国連開発計画などの国連機関や世界銀行などの国際援助機関によっても強く認識されており、爾来、これらの機関による教育普及のための多様な施策が積極的に進められてきた（豊田 一九九四、江原 二〇〇一）。しかし、個々の具体的現実に照らしたとき、大規模な開発機関による教育援助のすべてが現地の人々の真の要請に応えるものとなっているわけではなく、ローカルな文脈を無視した一元的で一方的な教育整備の手法が様々な不適合や問題を生み出している場合も少なくない（江原 同書）。こうした教育整備や援助の問題点を補うひとつのオルタナティブとして、現在、期待が寄せられているのが制度的なしばりから比較的自由で機動性にも富むノンフォーマルな教育形式である（佐藤 一九九三：一一七－一二三、米岡 二〇〇一：九四－一二〇）。教育開発を活発に進めるタイにおいてもこのノンフォーマルな教育形式に対する期待は大きく、文部省主管の教育政策において全国規模で展開されるものだけでなく、地方ごとの事情や文化状況にもとづいた個別の取り組みも見られる。

タイ社会におけるノンフォーマル教育は、ローカルな資源の活用によりながら、その多様なニーズに柔軟に応える地域あるいは教育開発の有力な受け皿として期待されている（佐藤 一九九三：一二三、北村 一九九五：一一八）。タイのノンフォーマル教育は、政府教育政策の重要な部分を構成する文部省直轄の制度として、学校教育やインフォーマル教育とは区分された公式のカテゴリーが充当されており、それは①就学前児童教育、②識字教育、③一般的継続教育、④職業教育、⑤クオリティ・オブ・ライフ（QOL）推進活動、といった五つの教育機会を提供している（ONEC 1997: 95-108, ONEC 2001: 24-26）[4]。現在、タイ各地におけるノンフォーマル教育は、政府の掲げる国家的文化振興策を背景に地方文化の発掘とそれを通した地域活性の手段としての役割を与えられるとともに（村田 一九九五ａ）、また、タイ南部地域の宗教問題や北部の少数民族問題、あるいは東北地域の貧困問題などを背景とする地域的な教育課題に対処するための重要な役割も担っている。

一方、タイ社会には文部省直轄のノンフォーマル教育の他に、仏教寺院において提供される同様の教育形態が存在している。昔からタイでは仏教寺院が教育機関として重要な役割を果たしてきた。現在では国をあげての近代化政策のなかで、仏教寺院にかかわる近代的な公教育制度がほぼ確立しつつあるといえる。ただ、未だに貧困層や少数民族に関連する教育問題など全体に積み残された課題も多く、タイの教育は依然、対外的な援助も含め、量的かつ質的な開発過程にある。そのなかで、特にタイの一部周辺地域においては、寺院という伝統的でローカルな資源の利用により公教育の不足を補い、同時にその地域特有の教育問題にも対応しようとするノンフォーマルな教育開発の試みが見られる。後述するように、タイの北部や東北地方（イサーン）など山地民族や貧困層の多い地域を中心に広く展開する寺院学校は、公教育へのアクセスが困難な子どもたちに対する補償教育の貴重な機会を提供している。さらに、日常的な宗教実践を介した地域住民との緊密な連携を背景に、寺院が地域開発や少数民族の職業（成人）教育に活用されている現状からは、開発オルタナティブのひとつの理論・実践系である「内発的発展」（鶴見・川田 一九八九）の発想に重なる側面もうかがわれる。(5)

タイ仏教寺院とその教育活動

上座部仏教国タイにおいては、宗教的大伝統としての上座部仏教が人々の日常生活の中に深く根をおろし、その価値観や行動規範、あるいは地域的活動のあり方を強く規定してきた。なかでも仏教寺院は仏教信仰を身近に具現する宗教的センターとしてばかりでなく、長く地域社会における教育機関としての役割も果たしてきた。タイの子どもたちは近代的な教育制度が導入される以前までは寺院において僧侶から直接読み書きや仏教道徳などを教えられていた。ラマ五世によってタイに近代的な教育制度が整備されて以降、かつてのような寺院の教育的機能は失われたかのように見える。しかし、地域レヴェルでの寺院の活動や役割を観察してゆくとき、いまだに寺院が地域の子どもたちの教育や成長に深く関わっている様子を見いだすことができる（坂元 一九九六）。

多様な民族から構成されるタイ社会であるが、そのうち仏教徒は国民全体の約九五パーセントを占めるといわれ、仏教は「ラック・タイ」（タイ原理＝民族、国王、仏教）を構成する国民統合の重要な精神的、政治的支柱となっている。このような事情からタイの教育制度には公教育の中に宗教（仏教）教育が明確な形で組み込まれている。

一般に、南部イスラーム地域をのぞくタイの公立学校では仏教が正式の教科として教えられるばかりでなく、地域の寺院から学校に直接僧侶が招かれ仏教関連の授業を行ったりもする。また、上座部仏教の重要な祭日には、生徒たちは学校から寺院へと出かけローソクや供物をささげ、さらに授業の一環として寺院の清掃や雑用などを行う。

正規の授業科目として仏教教育が行われる以外に、寺院が主導的に行う教育実践もある。例えば、毎週の日曜日に、子どもやその保護者たちに対し仏教教義や、タイ語、英語、タイの文化伝統などを教える「仏教日曜教育センター」（ロンリアン・プッタササナー・ヴァンアティット）は、寺院による自主的なノンフォーマル教育として全国的に普及しつつある（石井　一九九一：一七五―一七八、村田　一九九五b）。

また、夏休み期間を利用して「夏期出家研修」（クロンカーン・バンパチャー・ウバソンボット・パーク・ルドゥローン）なども積極的に実施されている。これは寺院が主催し、中学、高校の夏休みの一ヵ月間程度を利用して子ども（男子）たちを見習僧として寺院に寄宿させ、実際の寺院生活を体験しながら仏教の教義や規範を身につけさせる短期出家のプログラムである。[(6)] この研修への参加費用は基本的に無料であり関係者の喜捨（タンブン）と宗教局の補助によってまかなわれる。特に北部タイでは、寺院での得度式の他、これを祝う伝統的祭りやパレード（ルッ・カオ）も昔ながらに実施され、かつてチェンマイ近郊の村落社会で見られた見習僧の出家行事の様子が再現される。

このようにタイの仏教寺院は近代的な教育制度が整った今日においても、依然として子どもたちに対し様々な形で教育の場を提供し続けている。そして、これから述べる寺院学校も、寺院が提供する新しい形での教育機会のひとつと考えることができる。

ノンフォーマル教育機関としての寺院学校

タイの寺院学校ロンリエン・プラパリヤッティタム（Rongrien Phrapariyattitam）は、タイ上座部仏教寺院に併設された中等教育機関である。寺院学校では、基本的には次世代の僧侶養成を主たる目的としながら、同時に文部省の認可する正規の中等教育の課程も提供している。タイの寺院学校は僧侶の養成と同時に、経済的、家庭的理由により中等教育へのアクセスを妨げられている子どもたちに対し、無償の教育機会を提供する宗教・教育施設となっている。

このような寺院学校は、最初、バンコクのマハチュラロンコン仏教大学のなかにパーリ語学校として開設された（一八八九年）。今日、一般の公立中学校と寺院学校をその学校数および生徒数から比較してみると、公立中学校数の一、八五九校（一九九三年）に対し寺院学校数は三四二校（一九九五年）、また公立中学校生徒数の一、七六八、四五二人（一九九三年）に対し寺院学校生徒数は五五、四三七人（一九九五年）を数えるまで増加しており、補償的な教育制度としてもそれらが決して無視しえない規模であることが分かる（平田　一九九八：四〇一）（表1、2、4）。

通常、この学校施設は寺院の敷地内に設けられ、校舎の他に生徒僧の宿泊施設である寮もある。今回、調査したかぎりにおいても寄宿舎はアパート形式のものから、一～数名で小家屋に寝起きするバンガロー形式のものまで多様な形態が見いだされた(7)。生徒僧の教育に関しては、一般教科を俗人の教師が教え、仏教関連科目は見習僧や僧侶がこれを教授する。さらに、寺院学校では専任の教員ばかりでなく一般の学校からも多くの教師がボランティアや非常勤として教えに来ており、事務職員も一般の俗人と僧侶から構成されている。

カリキュラムに関しては、各寺院学校がその裁量、あるいは必要性によって付加する科目（パーリ語などの仏教関連科目が主）をのぞいては、一般の中学・高校と同一のカリキュラムが用いられている。そのため、寺院学校に

表1　寺院学校数の推移

1972年	51校
1977年	68校
1982年	69校
1987年	101校
1992年	161校
1993年	263校
1995年	342校

表2　寺院学校学生数の推移

1972年	4,800人
1977年	5,585人
1982年	10,189人
1987年	19,788人
1992年	22,179人
1993年	39,275人
1995年	55,437人

表3　地域別寺院学校数（1994年現在）

タイ中央部	37校
南　部	15校
北　部	65校
東北部	155校
計	272校

出典：Ministry of Education, Khuumuu Kaanpatibattingaan Rongrien Phrapariyattitam Phaneksaamansuksaa, Bangkok, 1994 及び Ministry of Education, Tabian Raaichuu Rongrien Phrapariyattitam Phaneksaamansuksaa Chamnuan Nakrien Chamnuan Hongrien Chamnuan Khru, Bangkok, 1995 より作成（平田 1998）

おける修得単位は通常の文部省の管理下にある中学・高校と同等に評価され、修了時には正規の中学・高校と同じ卒業資格が与えられることになる。さらに、最も重要なことは寺院学校という性格上、その運営費用が地域や民間からの喜捨と政府（宗教局）補助金によって支えられるため、生徒の授業料、寄宿料などの負担は基本的に無料であるという点である。したがって、特に経済的な理由から中学・高校への進学を断念せざるをえない貧困層の子弟や親たちにとって、無償の教育機会を得られる寺院学校は大きな魅力となっている。

寺院学校はサンガ成員の再生産としての僧侶養成が前提となっているため、寺院学校への入学希望者（男子）は、まず見習僧（サーマネーン）として出家することが要求される。彼らは入学前に「得度」（ordination）の儀礼を受け、剃髪し、黄衣をまとった僧侶にならなければならない。このように、生徒は得度を受け見習僧になることが大前提としてあるため、教義上、女子はこの機会から排除されている。こうして、生徒たちは入学後には見習僧として仏道修行を積むと同時に、そこで用意された一般の中等教育の教科も学習することになる。

タイ仏教においては僧籍からの離脱あるいは還俗は個人の意志に委ねられており極めて自由である。したがって、生徒の間には一生、僧侶として生き

表4　公立中等学校と寺院学校の比較

	公立中等学校（1993年）	寺院学校（1995年）
学校数	1,859校	342校
生徒数	1,768,452人	55,437人

出典：National Statistical Office, Statistical Handbook of Thailand 1993, Office of the Prime Minister, 1993より作成（平田 1998）

ていくのではなく中等教育の機会を得ることを主たる目的に寺院学校に入学してくる者も多く見られる。こうした入学動機は貧困問題を抱える北部の山地民（チャオカオ）の間においてはとりわけ顕著であるといわれる（Bangkok Post, July 21, 1994）。彼らの多くは、一般的にその隔絶した居住環境や経済的問題のために正規の教育機会を奪われており、寺院学校がそうした教育機会への貴重な受け皿になっていると考えられる。実際、これら寺院学校はタイ東北部および北部を中心として集中的に分布しており（表3）、貧困や山地民族問題との対応関係がうかがえる。タイでは一九九二年に中学校義務化が開始され就学率も八〇パーセント近くに上がった。しかし、いまだに貧困層の多い地域や民族集団にあっては、貴重な労働力としての子どもを中学校へ就学させることが、親たちにとって非常に大きな経済負担としてのしかかっている。こうした理由により無償で中等教育の機会を提供する寺院学校は、貧困家庭における中等教育進学希望者に対する補償的な教育機関としてきわめて重要な役割を果たしていると考えられるのである。

第二節　シーソーダ寺院学校

山地民のための寺院教育

これから取り上げるシーソーダ（Srisoda）寺院学校は、一九七一年、チェンマイのシーソーダ寺に設置された北部タイ地域における最初の寺院学校である。この寺院学校はその生徒のほとんど全員が山地民によって構成されて

寺院学校の見習僧生徒（シーソーダ寺）

おり、山地民社会への仏教の布教とそれを軸にすえた山地地域開発「タンマチャーリック（法の巡歴）計画」（Buddhist Mission Programme, Phra Dhammajarik Programme）の中核寺院としてローカルな教育開発の格好の事例を提供している。(8)

シーソーダ寺院学校はチェンマイ市の北西五キロ程の山間に位置するシーソーダ寺の境内にあり、本堂、仏塔、講堂などの寺院施設の間に教室、事務室などの入った三階建ての校舎が建っている（表5、6）。生徒僧が寝泊まりする寮も、同じく三階建てのビルで、寺院の横を走る一般道路を隔ててすぐ隣にある。通常、このような寺院学校には生徒僧のための寮が備わっているが、寮の施設がない場合や、あってもその収容能力に限界がある場合には、生徒僧たちは近隣の寺院に住み込みそこで午前の修行を終えた後、寺院学校に通学するという形態をとる。シーソーダ寺院学校の場合も、その生徒数に比して教室や寮などの収容能力に限界があるため、近郊のサンサイ郡に新しく校舎や寺院施設（ウィワッワナラム寺院 Wat Wiwakwanaram）を建設し、生徒たちを二ヵ所に分けて教育している。

シーソーダ寺院学校に入学する山地民の子どもたちは、まず、バンコクのベンジャマボピット寺院において得度のための学習と儀礼を受

表5　シーソーダ寺院学校　生徒・学級数（1995年）

課　程	学　年	生徒数	学級数
中学校課程	中学1年	430人	12学級
	中学2年	260	6
	中学3年	200	5
	小　計	890人	23学級
高等学校課程	高校1年	120	3
	高校2年	60	2
	高校3年	45	1
	小　計	225人	6学級
	合　計	1,115人	29学級

出典：シーソーダ寺院学校資料

表6　シーソーダ寺院学校　教職員構成（1995年）

教　員	人　数
僧侶（ビク）教師	20人
見習僧（サーマネーン）教師	0
俗　人　教　師	10
合　計	30人
職　員	26人

出典：シーソーダ寺院学校資料

表7　ベンジャマボビット寺院で得度を受けた山地民子弟（1993年）

民　族	見習僧（サーマネーン）	比丘（プラー）	合　計
1．カレン	76人	9人	85人
2．モン	25	2	27
3．ミエン	28	1	29
4．アカ	9	0	9
5．リス	9	0	9
6．ラフ	8	0	8
7．ティン	5	0	5
8．ルア	1	0	1
9．ビートンルアン	1	0	1
10．他	24	2	26
合　計	186人	14人	200人

出典：Administration Office of Buddhist Mission, 1993: 63

ける。表7はシーソーダ寺院学校へ入学する前に、ベンジャマボビット寺院において、得度式を受けた山地民子弟の民族別の内訳である（一九九三年）。表からはシーソーダ寺院学校に入学してくる生徒の複雑な民族構成と、そのなかでもカレン族、モン族、ミエン族が多数を占めていることが分かる。生徒たちの間の複雑な民族構成は、シーソーダ寺院学校における生活や学習上の様々な問題の要因にもなっている。例えば、言語の違いによる生徒間あるいは生徒と教師間の意思疎通の問題は最も深刻であり、さらに、食事など各民族ごとに異なる慣習上の問題などから年間三〇人程の中退者も出している。(9)

シーソーダ寺院学校の生徒の卒業（還俗）後の進路は多様である。例えば、その主だったものをみてゆくと、一九八三年度の中学、高校課程の卒業生（還俗者）一四八人中、公共福祉局関連プロジェクトの補助教員四五人、農業（自分の家に戻り農業を含む）が二七人、山地地域の教育計画に従事するための教員二六人、警察官一〇人、小学校教員六人、大学進学五人、他の高校への進学五人などとなっている（Tribal Research Institute Chiangmai & Public Welfare Department Ministry of Interior 1985: 11）。

また、シーソーダ寺院学校では山地民の子どもたちに対し初等教育の機会も提供している。彼らの多くは未だ見習僧としての知識や年齢に達していないこともあり、とりあえず俗人子弟としての身分で、生徒僧の食事を準備するなど寺院の雑用を手伝いながらここで学ぶ。彼らは得度を受けていないため、服装も黄衣ではなく通常の私服を着用している。シーソーダ寺院学校における彼らの生活は、かつてのタイ社会の伝統的な寺院教育の中に見られた「デクワット（寺子）」の慣習を彷彿とさせ興味深いものがある。(10)

シーソーダ寺院学校において生徒の全員が山地民であることや初等教育の代替プログラムを持つことなどの特色は、後述するようにタイの出家者を統括する宗教組織であるサンガと内務省公共福祉局が連携して実施した「タンマチャーリック計画」との関係を抜きに語ることはできない。シーソーダ寺院学校は山地社会への仏教布教や開発および山地民のタイ国民化を目的に発案された「タンマチャーリック計画」の中核センターとして開設された経緯をもっているのだ。さらに、「タンマチャーリック計画」ではプロジェクトの対象地域となる北部タイの山間部を中心に広く布教センターを開設している。各センターには派遣された僧および見習僧が数名ずつ常駐し、仏教の布教と地域開発のための教育・援助活動を進めている。センターは一九九四年の時点で北部タイ一七県にわたり一八三ヵ所を数え、そこには三六五人の僧侶が派遣されている。一八三ヵ所のセンターは、地域ごとに四つのエリアに分けられ、シーソーダ寺が北部の中核寺院としてそれらを統括する形態をとっている。プロジェクトのセンターは必ずしも山地民の住む山間部だけとは限らない。平野部にはおのおのに特別の機能を持たせたセンターも存在する。例えば、チェンマイ県サンサイ郡のウィワッワナラム寺の関連施設として、山地民の女子だけを対象に中等教育と職業訓練を行うセンターがある（後述）。同じくメーアイ郡のパケオ寺にはアヘン中毒患者の更正センター、サンパトン郡バンビアン寺には老人介護を中心としたセンターが開設され、それぞれに特色のある活動を行っている（Nipa & Taworn 1993）。

同化政策としてのタンマチャーリック計画

一九六〇年代初め、当時のサリット政権はその強力なリーダーシップを発動しつつタイ社会の近代化と国家開発に乗り出した（末廣 一九九三）。国内的には地方開発を推進し、対外的には当時の東南アジア地域に台頭しつつあった共産主義の脅威を排除することで国家統合を確固たるものにしようとしていた。この近代化（開発）過程のなかでサリット政権は国王と仏法を国民共通の精神的支柱としてすえる方策をとり、特に後者に関しては政府の意向に沿ったサンガ組織の再編が進められた。

一九六二年、サリット政権は「新サンガ法」を制定することによりサンガの命令系統を中央集権的に再編し、タイ全土の寺院と僧侶を内務省の地方行政網に対応させた。また法王（サンカラート）の進退に政府が影響力を持つよう法改正を行うことで宗教権力の世俗権力への従属を実現し（石井 一九九一：一五八）、サンガおよび僧侶を国家統合と開発の手段として活用する体制を整えていった（末廣 前掲書）。一方、サンガ自体も、共産主義勢力の拡大を中心とする東南アジア全体の政治情勢や急激な近代化に伴うタイ社会内部の世俗化の問題など、自らを取り巻く状況に危機意識を持っていた。このような情勢のもと、サリット政権とサンガは、内外の脅威に対する危機意識を共有するばかりでなく、その克服の方策においても共通の方向性を見いだしていったのである。こうして、一九六四年から一九六五年にかけ、サンガは時の政権と連携するかたちで、仏教の布教と地方開発を抱き合わせた二つのプロジェクト、「タンマトゥト（法の使節）派遣計画」[11]と「タンマチャーリック（法の巡歴）計画」を発足させた（Mulder 1973: 23-26, Somboon 1977; 石井一九九一：一六九－一七五）。

そのうち「タンマチャーリック計画」は、特に山地民社会を対象としている点や、山地民のタイ国民化を主目的としている点、またサンガがタイ政府（内務省公共福祉局）の要請に協力する形で実施された点などを特徴としていた（石井 一九九一：一七四－一七五、Keyes 1971: 564）。タイ内務省公共福祉局とサンガの共同プロジェクトとしての性格を備えた「タンマチャーリック計画」の目的は、①北部タイの山地民の間に仏教を広く知らしめる、②山地民の仏教信仰を強化し仏教徒になるよううながす、③山地民のタイ人としての意識を高め、国家や宗教（仏教）、国王への忠誠心を育成する、④山地民がタイ人としての意識を持つよう、また、タイ人と同じように仏教を信仰するようにうながし、さらに、政府の役人が他のタイ人と同じく山地民にも利益をもたらすための仕事をしていることを理解させ、山地民と政府・役人との間に友好的な関係と理解を形成することであった（Somboon 1977: 104-105）。「タンマチャーリック計画」における仏教の布教は、山地村落の開発のみならず国境付近の安全や治安を確保するための手段としての性格を色濃く持っており、それは政府による山地民の同化という基本方針に沿った形で進められていったのである（石井 一九九一、林 一九九一）。

「タンマチャーリック計画」では、布教と社会開発のために広く各地に布教センターを建設し、その本部はバンコクのベンジャマボピット寺院に置かれた。一九六五年、先の目標をかかげながら、またアジア基金と内務省公共福祉局の援助を受けつつ、ベンジャマボピット寺院を中心に結成された最初の僧侶集団が山地社会に派遣された。五〇名の僧は五人ずつ一〇のグループに分かれ、タク、チェンマイ、チェンライ、メーホンソン、ベッチャブーンに住む六つの山地民集団（メオ族、ヤオ族、カレン族、リス族、アカ族、ラフ族）の一〇村落において、約一ヵ月半にわたる布教活動を展開した。この僧派遣計画によって、約五、〇〇〇人の山地民が仏教の教えに触れ、約八〇〇人が信者となり、うち一二人が見習僧となったと報告されている（Keyes 1971: 563, Somboon 1977: 105）[12]。派遣僧たちは山地民子弟を見習僧として平地社会の寺院学校に送り込んでいたが、そのうちに見習僧たちの間での互いの言語や習慣からくる摩擦の問題が浮上してきた。そこで一九七一年、タイ北部地域の中心都市であるチェンマイのシーソーダ寺院に、山地民だけを集めた寺院学校を建設することにし、同時にそこを「タンマチャーリック計画」の北部地域の中核センターにすえることにしたのである[13]。

布教開発の評価と展望

現在までのところ、それを体制順応的で同化主義的とする石井やカイズらの批判的な言及を除いて、これらの山地民布教プロジェクトに関する総括的で実証的な評価が十分になされているようには思われない。彼らの批判的評価に対しては、さらにプロジェクトを受け入れる現地社会の側に立った検証作業が必要だろう。その意味において、カレン族社会におけるプロジェクトの影響を宗教生活の変化の視点から実証的に報告した速見の仕事などは貴重な例といえよう。そこにはプロジェクトを介して提供されるようになった（シーソーダの）寺院教育に対する住民の側の対応や期待などについて断片的ではあるが具体的に示されている（速見　一九九四：二四〇）。

シーソーダ寺院が「タンマチャーリック計画」の基幹寺院として政府の同化主義政策の拠点の役割を果たしていたことは事実であろう。しかし、その寺院教育によって山地民の子どもたちに対する就学機会が公教育の外部で補完的に提供されてきたこともひとつの確かな現実としてある。この現実に注目してゆくとき、シーソーダ寺院学校の取り組みは広くノンフォーマルな形式をとった教育開発の一環として、さらに伝統的な文化資源（仏教信仰、施設）を地域的ニーズに沿って活用する教育実践の一形態として捉えることができるだろう。先に見たシーソーダ寺院学校の卒業生の進路や速見（前掲書）の報告からも推測されるように、この寺院学校が山地民社会にとって持つ意味は決して小さくはない。隔絶した居住環境や言語、あるいは経済的問題のために正規の教育機会を奪われた子どもたちにとって寺院学校は教育機会にアクセスする貴重な回路となっており、また山地社会と平地社会の間の人や情報やモノの交流あるいは接触の重要な窓口としての役割も果たしているのである。

この他、タイにおける仏教を介した社会開発としては、サンガを背景とする組織的、政策的な試みばかりでなく、いわゆる個別的な「開発僧」による取り組みも存在している。仏法を主軸に地域重視の開発を進める革新的で行動的な社会派僧侶の活動は、「タンマチャーリック計画」のような「上からの開発」に対する「下からの開発」あるいは「内発的発展」を体現する事例としてより肯定的に評価されており、その開発実践には様々な教育活動も含まれている（西川／野田 二〇〇一）。

さらに、近年のタイにおける山地民教育政策の動向に関しては、一九九〇年代以降、単一の国民文化やタイ語を強調する同化的政策から地方や民族ごとの文化的多様性を重視するはっきりとした政策転換が見いだされる（天野／村田編 二〇〇一：二八一－二八二）。また、文教政策を含む政府政策の大枠を規定する国家経済社会開発計画においても、一九九〇年代以降、地方文化や民族文化の重視と活用が強調されるようになっている（村田 一九九五ａ、渋谷 一九九八）。国家的文脈におけるこのような多文化主義の動向に対して、チェンマイにおけるノンフォーマルな教育はどのような対応を示しつつあるのか、そのいくつかの例を次にみてみたい。

第三節　その他のノンフォーマル教育

エスニックな寺院の教育開発

シーソーダ寺における寺院学校教育は、タイ国内のあらゆる山地民族を対象としていた。これに対し、同じくチェンマイ市内にあるパパオ寺（Wat Papao）では、同地域に居住するタイ系少数民族のひとつシャン族（Thai Yai）に限定した成人教育を実施している。パパオ寺の場合、シーソーダ寺のように僧養成を前提とする普通教育を実施しているわけではない。寺院はノンフォーマル教育のための場所を提供しているだけであり、したがってシーソーダ寺院学校のように入学条件としての出家はない（ただし、多くのシャン族の見習僧が識字教育を受けるために僧衣のままでクラスに混じって出席している光景は普通に見られる）。

パパオ寺はシャン族によって建てられた四〇〇年近い歴史を持つ仏教寺院であり、現在、チェンマイに住むシャン族を主な対象として文化活動や成人（識字）教育などの教育・文化的サーヴィスを提供するコミュニティ・センターとしての役割を果たしている。パパオ寺ではチェンマイに暮らすシャン族の教育を推進しその文化を保存するために一九九七年「教育、文化、芸術支援基金」を創設し、翌年からは政府ノンフォーマル教育局とも連携しながらタイ語識字を中心とする成人教育のプログラムを提供している。夕方になると、市場やレストランなどの仕事を終えたシャンの青少年たちが境内の校舎（日本からの援助による）にやってくる。プログラムは小学校課程と中学校（lower secondary）課程が月曜から金曜の六時〜八時の時間帯で用意されており、七人のタイ人の教師が交代で四クラス、二〇〇人程の生徒の教育に当たる。パパオ寺の成人教育クラスに登録する生徒は、一科目当たり二二五バーツの授業料が必要となる。

ポイソンロンの祭り（パパオ寺）

また、パパオ寺は「ポイソンロン」（Poy Sanglong）の祭りによりチェンマイの文化観光や地方文化遺産のひとつの拠点にも位置づけられている。ポイソンロンはシャンの男児が見習僧として出家することを地域ぐるみで祝う祭りであり、シャン族の人口の多いメーホンソン、チェンマイ、チェンライなどタイ北部地域を中心に広く行われている（村上 一九九八）。ポイソンロンでの子どもたちの艶やかな化粧や衣装、また親族の男たちが彼らを肩に乗せて練り歩く華やかなパレードの様子は、タイ文化を構成する地方（民族）文化遺産のひとつの典型としてタイ国の紹介書（ガイドブック）や絵はがきなどに好んで表象されている。パパオ寺が主催するポイソンロンの祭りはチェンマイにおけるシャン民族文化の表出の機会としてあるばかりでなく、今日、チェンマイの地方文化の重要な構成要素としても位置付けられている。一九九〇年代以後、国家的な経済社会開発計画では開発の経済的側面のみならず文化的側面を重視する傾向がいっそう高まっている。そこでは単にタイの全体的国民文化のみが称揚されるのでなく、ローカルな地方文化や少数民族文化を再評価するとともに、その活用を通じて地域開発を進める施策が重視されている（渋谷 一九九八）[14]。

パパオ寺では自民族へのタイ語識字教育という方法による教育開発を実施しており、そこにはタイ国民国家への同化教育的側面がうかがわれる。しかし、パパオ寺は各種の文化活動を通してシャン族文化の保存と民族的な自己主張の機会を提供する施設としての側面も備えている。国家的文化政策やグローバルな観光開発の大波を横目に展開されるパパオ寺の教育および文化開発の取り組みには、結果として、マイノリティのシャン族にとってタイ国民文化との関係における同化と異化という相反する方向性が内包されているように見える。このような開発の試みに対する今後の評価は、シャン族がこれら二つのベクトルをどのように統合あるいは選択するのか、その経験世界に分け入った具体的検討を経ることで明らかになるだろう。

小学校でのノンフォーマル教育

シーソーダ寺院学校にせよパパオ寺の成人教育にせよ、いずれも地域の伝統資源である仏教寺院が活用されていた。一方で、教育開発におけるローカルな資源の活用はこのような寺院に限られるものではなく、近代的な学校施設においても見いだされる。チェンマイ中心部にあるプティソポン小学校では、文部省ノンフォーマル教育局の管轄のもとに地域の青少年や大人を対象にした夜間の学校が開かれている。チェンマイ市内にはプティソポンを含め同様の学校が六ヵ所あり（パパオ寺も含む）、全体で一、七〇〇人ほどの生徒が通っている。プティソポン小学校に開設されたノンフォーマル・プログラムは一九七〇年以来、三〇年以上の長い歴史を持っており、そこには小学校、中学校、高校課程の三つのコースが準備されている。この小学校を借りて提供されているノンフォーマル教育の就学者の多くは山地民で構成されており、ここでもまた、チェンマイという多民族的な地域性に応えた教育開発の特徴を見ることができる。学校では制服の着用が求められるとともに、夕方の六時には校庭で国歌の斉唱、国旗の降納、仏像への礼拝、校長訓話などが昼間の学校と同じように行われる。授業は一年二学期制で月曜から金曜まで毎日、タイ語をはじめとする必須科目と選択科目（英語、理科、数学、社会等）から構成されている。科目当たり二二五バーツが授業料で、政府からは小、中学課程に限り一人当たり五〇バーツの補助がある。二〇〇一、二年度の学校資料によると、教師二七人に対し生徒三三七人（男子一一〇／女子二二七）が在籍しており、生徒の多く（約八割）が山地民である。生徒たちの年齢層も一四歳から六〇歳までと幅が広く、一五歳から二五歳までの層がそのほとんどを占めている。小、中、高の各課程にはそれぞれ一二〇〜一四〇人が在籍し学生数は各課程にほぼ平均的に分散している。

おわりに

以上、北部タイのチェンマイを中心に地域の社会・文化的状況に根ざした教育開発の実践を見てきた。そこからは地域固有の教育ニーズである山地民の就学問題に対して、寺院や小学校などを活用した様々な教育的対応のあり方が見られた。なかでもシーソーダをはじめとする寺院学校は、地域の文化的資源としての寺院施設をたくみに用いながら地域の教育分野の開発を行う重要な役割を果たしていた。タイの仏教寺院は日常の様々な仏教行事、積善（タンブン）行為、学校の道徳教育などを介して地域社会との強い連携のなかに位置付いており、寺院学校をめぐる住民の参画意識もこのような寺院をめぐる日常的過程のなかに深く埋め込まれているといえる。公教育の外部にありながらも地域性や伝統文化と緊密に結びつき、地域固有の教育課題にたくみに対応している北部タイの寺院学校の事例は、途上国におけるノンフォーマルな教育形式に期待されるひとつの方向性を示していると考えられるのである[15]。

最後に、残された検討課題のひとつとして教育機会へのアクセスにおけるジェンダー問題について触れておきたい。これまで概観してきたように、寺院学校は経済的、地理的理由で正規の中等教育の機会から遠ざけられてきた子どもたち（特に山地民）にとって、とりわけ貴重な教育の補完的制度となっていた。シーソーダ以外の寺院学校も含めると、推定で年間に一、〇〇〇人近くの山地民の子どもたちが見習僧としての得度を受け入学してきている（Bangkok Post, July 21, 1994）。これは彼らひとりひとりに対する教育機会の保障というだけでなく、もし彼らが卒業後にプロジェクト僧の一員として山地へ帰還し、山地民社会の教育や開発に貢献することになれば、山地民社会全体にとっても大きな意味をもつことになる（速見　一九九四）。

しかしながら、たとえこれらの寺院学校や各地のセンターが有効に機能したとしても、そこには決定的に欠落している側面があることを忘れるべきではない。すなわち、寺院学校は僧侶を養成するという前提から、山地民の男子だけが対象となり、女子に対する補完的教育とはなっていないのだ。上座部仏教は教義的に男性と女性を明確に区分し、特に女性に対しては解脱のための修行の妨げになる存在としてこれを厳しく排除する傾向にある。それ故に、寺院学校が仏教原理を前提に運営される限り、はじめから女子はその対象の枠外におかれることになるのだ。ただ、こうした問題認識が関係者の間に全くないわけではなく、チェンマイ近郊のセンターでは山地民の女子のための教育と職業訓練のプログラムも試みられている。

シーソーダ寺院学校はその収容能力の問題もあり、チェンマイ市の近郊にウィワッワナラム寺院分校をもっている。ここには見習僧の生徒のための寺院・教育施設のほか、山地民の女子のための中学校および職業訓練センターが併設されている。そこには教職員の宿舎と女子生徒のための寮、調理室、食堂兼教室そして菜園など、彼女たちが寄宿生活を送りながら教育と職業訓練を受けるためのひととおりの施設が準備されている。このセンターは、一九九五年に発足した施設であり、今のところノンフォーマルな中学校課程と職業訓練のためのプログラムが準備されている。さらに、仏教寺院のプロジェクトということもあり、通常の教育科目のほかに夕方には僧による瞑想の時間や仏教教義に関する科目が設けられている。ここの女子生徒は一四歳から一六歳までの五二名の山地民で、カレン族、モン族、ミエン族、リス族、ティン族、ルア族から構成される。彼女たちはタイ北部一七県の山地民社会に設置された布教センターにおいて公募され、三〇〇名近い希望者の中から選抜された生徒たちである。職業訓練も始まったばかりで、簡単な作業所のなかでは服飾（最初は僧の黄衣をつくる）の訓練だけが行われており、基礎的な訓練を終えた後には観光土産用の人形づくりのプログラムも用意されている。

このセンターの取り組みは、男子に対するそれに比べ、規模的にも内容的にもきわめて限られたものでしかない。しかし、一般の寺院学校においてその枠外に放置されていた女子に対し一応の配慮を示したという点で、この訓練センターの持つ意味は大きい。ただ、この試みも始まったばかりであり、その具体的評価に関しては今後の経過を見守らねばならない。山地民の子ども全体に対する教育機会の補完をサンガや寺院など排他的な性別原理を維持する組織や施設だけに依存する限りは、せっかくの就学機会も子どもたち全体の半分にしかゆきわたらない可能性もある。山地民の子どもに対する補完的教育に関しては、性別を超えた発想にもとづいたさらなるオルタナティブの方向性が期待されている。

注

（1）このように教育が途上国の社会・文化的基盤の重要な側面を構成しているにもかかわらず、人類学的な観点からの教育開発研究はそれほど活発に行われているようには思われない。これに対し、教育研究の方面からはすでにアジア、アフリカなどの途上国における西欧近代型教育それ自体についての批判的検討や、また公教育の普及にのみ力をそそぐ一元的な教育開発に対し、ローカルな生活環境や文化に配慮したオルタナティブな教育実践の研究などが積極的に進められている（江原 二〇〇一）。

（2）今回の寺院学校の調査ではメーリム寺院学校（メタン郡）、ノンコーン寺院学校（メタン郡）、チェトボン寺院学校（チェンマイ）、シーソーダ寺院学校、同寺院ウィワッワナラム分校（サンサイ郡）および山地民女子訓練センター（サンサイ郡）の計五校および一センターを訪問した。

（3）ノンフォーマル教育の定義、内容に関しては、佐藤（一九九三）および渡邊（二〇〇二：八九－九二）を参照のこと。本章では基本的に「学校教育（フォーマルエデュケイション）の枠組みの外で、特定の集団に対して一定の様式の学習を用意する、組織化され、体系化された教育活動」（日本生涯教育学会編『生涯教育事典』一九九〇）という定義に沿いつつも、第三世界というコンテクストを考慮してこれをできるだけ広義に解釈し運用している。

（4）ちなみに本章で言及される事例は、寺院施設（パパオ寺）を借りての識字教育（②）と公立小学校（プティソポン）における夜間の一般的継続教育（③）に相当するものである。

（5）ただし、後述するように北部タイの寺院学校の場合は、実質的に仏教サンガとタイ政府宗教局との協同で運営されており、これを「地域の生態系に適合し、住民の生活の必要に応じ、地域の文化に根差し、住民の創意工夫によって、住民が協力して発展のあり方や道筋を模索し創造していく」（鶴見／川田 一九八九：ii）というオルタナティブな発展あるいは内発的発展の枠組みのなかにそのまま位置付けることは、特に「住民主体」という側面において慎重に差し控えなければならない。

（6）この研修は、参加者が得度式を受けた見習僧として寺院で寝起きしながら修行にはげみ教育を受けるという形式において、以下で扱おうとしている寺院学校の形態に類似しているといえる。

（7）例えば、ノンコーン寺院学校ではバンガロー形式の寄宿舎を採用している。寺院の敷地内の林間に一〜四名の生徒が寝泊まり出来る小屋が、キャンプ場のバンガローのように散在している。

（8）シーソーダ寺院学校は、中学課程が二三学級、八九〇名、高校課程が六学級、二二五名で合計一、一一五名という規模である（調査時点）。このうち市内のシーソーダ寺院学校で開講されているのは中学一年段階と高校三年段階であり、残りはウィワッワナラム寺院の分校で学習と修行を行っている。正規の教員数は俗人、僧侶をあわせて二六人である。さらに、シーソーダ寺院学校では、チェンマイ師範大学の教師の出向を受け、一ヵ月平均五日程度の大学レヴェルの講義を受講するプログラムもある。

（9）これらの問題に関しては、学校側が各民族集団からリーダーを選び、彼らを中心とする各民族集団間の相互協力によって、学生の生活や学習上の問題を解決する努力が試みられている（シーソーダ寺院学校でのインタヴューから）。

（10）シーソーダ寺院学校の興味深い特色のひとつとして、初等教育の機会を提供するコースの存在がある。山地民の子どもの場合、応々にして、その隔絶した居住環境や移動生活などの理由から、義務教育であるはずの初等教育さえ十分に受けていない者もある。こうした子どもたちに対し初等教育に代わる特別コースを提供しているのである。一九九五年当時、その学習レヴェルに応じて三つのグループに分けながら合計八一名の生徒がここで学んでいた。

（11）「タンマトゥト（法の使節）派遣計画」においては、政府の開発政策に協力するかたちをとりつつも、サンガによる自己変革的で主体的な取り組みの側面が見られた（石井 一九九一：一七二）。計画の目標として、①仏教の復興とサンガの地位回復および道徳観の混乱と共産主義者の浸透から民衆を救う、②国家、民族、国王に対する民衆の忠誠心を発揚する、③民衆間のあるいは民衆と政府の間の相互理解を涵養することによって国家統合を推進する、④村民のモラルの向上と開発の援助、などの項目がかかげられ、バンコクの仏教大学の学生僧によって北部と東北部の開発対象農村を中心に布教と開発が展開された。僧侶たちは数ヵ月にわたって村に滞在し、村人に対して仏教の教えを説くとともに国王や国家への忠誠心、あるいは地域開発の重要性を説明し、また、健康管理、生活環境の改善など村民生活の各方面にわたる指導を行った。同時に、村人に対して薬品や仏教書籍、その他の物質的援助品も手渡された（Somboon 1993: 68-69）。

（12）一九六七年から一九七〇年までに対象村落は二〇に拡大され、派遣された僧侶の数も一〇〇人を数えた（Somboon 1977: 106）。

（13）一九九二年段階では、センターの設置は北部タイの一七県にわたり、合計一一七ヵ所を数え、そこには僧侶一五三人、見習僧一一九人が配置され、布教活動や地域開発活動に携わっている（Administration Office of Buddhist Mission 1993）。

（14）例えば、チェンマイではタイの文化開発政策を受け、西暦二〇〇〇年を期して「チェンマイ芸術文化祭」が大々的に開催された。チェンマイ市内や近郊の特設会場を中心として一週間以上にわたり、伝統的手工芸の展示、ノスタルジックな村祭りの再現、有名な仏教遺跡を大がかりにライトアップした壮大な伝統演劇や芸能のパフォーマンスなど多彩な行事が開催された。パパオ寺のポイソンロンも全体プログラムの主要行事のなかに組み込まれ、例年以上の盛り上がりをみせていた。

（15）ただ、本章では現段階において開発される側の具体的な状況にまで踏み込んだ観察と考察をなしえていない。したがって、先に述べた教育開発のノンフォーマルな形態が、国家的開発動向（例えば同化政策から多文化政策へ）や北部タイという社会・文化文脈のなかで、教育機会へのアクセス実態だけでなく、その後のアウトプット（卒業後の進路）や民族的アイデンティティ形成の問題等とどのように関連しているのか、その実証的で体系的な検討が残されている。さらに公教育とノンフォーマル教育の制度間の調整（佐藤 一九九三：一二一－一二二）、あるいはそれらとＮＧＯ組織などとの相互連携に関しても広く検討する必要があるだろう。

第十一章　タイ農村の子どもと生活変容

——都市化のなかの学校、遊び、労働——

はじめに

今日、タイ農村は都市化、工業化にともなう急激な社会的、文化的変化の波にさらされている。他の東南アジア諸国には見られない持続的な経済成長の達成は、タイの農村地域にも豊かな商品や消費生活の享受をもたらした。しかし、一方で、タイの農村部は労働力と自然資源の限りない供給地となり、また豊かさを求めるがゆえの深刻な社会問題も生み出しつつある（Ekachai 1993(1990)）。タイ社会のあらゆる側面を巻き込んで加速するこうした変化は、子どもたちの生活世界のなかにどのような影響をもたらしているのだろうか。本章では、北部タイ農村における現地調査にもとづいて、学校、遊び、労働（手伝い）という子どもの生活世界を構成する三つの主要な場面を中心に、子どもたちの生活実態とその変化の諸相をみてゆく[1]。

調査は一九九三年、タイの北部地域に位置するチェンマイ県メタン郡のパジェ・ノンロム村（タンボン・サンマハポン、第四、第五集落：二一〇世帯、八二一人、タイ族）に約一ヵ月間住み込むかたちで行われた。村の選定においてはそこがタイ第二の都市チェンマイの近郊農村であり、都市化や産業化による生活変化が及んでいることが考慮された。村では、日常生活の参与観察のほか小学生から高校生までの子どものいる家庭を無作為に三〇戸ほど選び、親とその子どもたちへのインタビューを行った。また、村にあるノンロム小学校の六年生の児童一九名を対象に、子どもの生活実態に関する質問紙調査を実施した。さらに、補足資料としてチェンマイ市内のプティソポン小学校（児童数一、三八一人）の六年生から、チェンマイ市郊外（周辺の農村部）から通っている男女児童四一名を抽出し、同じ質問紙に回答してもらった。これらの児童を補足調査の対象に選んだのは、彼／彼女らが今回の直接の調査地であるパジェ・ノンロム村と似かよった村落環境に生活しているであろうと推測したからである。なお、本章の記述は調査時点での状況を表している。

第一節　子どもと学校生活

最初に、北部タイのパジェ・ノンロム村の子どもたちを中心に、彼／彼女たちを取り巻く多層的な教育環境や多様な学習内容の実態をみてゆく。ここの小学生の学校生活は、農村環境のほか国家教育計画にもとづくナショナルな制度環境、山地少数民族の存在やランナータイ王国の文化伝統など、北部タイ地域独自の社会的、文化的コンテクストのなかに位置付けられている。北部タイにおける子どもたちの学校生活を正しく把握するためには、まずこれらの教育をめぐる多層的で複雑な構成を理解する必要がある。

国家レヴェルの教育方針

タイの近代的学校教育の確立は一九世紀末にまでさかのぼる。この頃、西欧諸国との接触がさかんになるなかで、王族や貴族の子弟を対象とした官吏養成のための王宮学校がつくられた。それはタイ国の近代化達成のための指導者養成を目的としたエリート教育であった。次いで、一般民衆への教育拡大のための義務教育が実施（一九二一年）されていく。その後、数度の学制の改革を経ながら、現在の六―三―三制の近代教育制度が確立されるに至った。さらに、国民の約九五パーセント近くが仏教徒といわれるタイでは、その教育内容に仏教的要素が多く取り入れられている点が大きな特徴としてある。

学校制度は就学前教育、初等教育、中等教育、高等教育の四段階からなっており、初等教育は六年間の義務教育である。中等教育は三年制の中学校と、同じく三年制の高校からなっており、高等教育では一六の国立大学と三六の教員養成大学、私立大学、カレッジなどがある。本章に関連の深い初等、中等段階の就学率および進学率をみてみると、まず就学率では、一九九二年段階で小学校九三パーセント、中学校三六パーセント、高校二五パーセントであり、小学校の義務教育段階での完全就学はいまだ達成されていない（調査時点）。進学率では小学校から中学校への進学率が六一パーセント程度で四割の児童は小学校卒業後に学校を離れる。しかし、近年その進学率は確実に高まりつつある（表1）[2]。

表1　中学，高校への進学率（1986〜1992）

	G6/G7（小→中）	G9/G10（中→高）
1986/87	37.74%	74.88%
1987/88	39.88	75.79
1988/89	43.47	79.41
1989/90	48.11	82.45
1990/91	54.78	85.56
1991/92	61.62	85.61

出典：1992 Educational Statistics in Brief

全体的な教育内容に関しては、国の教育方針を定める「国家教育計画」に包括的な教育理念が示されている。一九九二年の「国家教育計画」は、政治、経済、社会、文化、環境、科学技術諸分野におけるタイ社会の急激な変化に対応できる国民の育成を目指しており、本章の問題意識でもある社会変化が国家的教育理念のなかでも強く意識されていることが分かる。平田によるとこの新しい「国家教育計画」の理念とその特色は、次のように整理される（平田 一九九五）。①経済成長を背景にした近代化を推進するにあたり、物質面の発達と精神面の発達の調和が重視されている。②森林資源の破壊や環境汚染の問題を背景にした環境教育の重視。③タイ文化の価値認識だけではなく外国文化の理解にも努めることによって、国際理解教育、異文化理解教育が意識されている。④③に関連しながら国際社会における相互依存関係の樹立が重視されている。また教育内容に関して、一九九〇年版のカリキュラムの基本理念では、①大衆のための基礎教育、②日常生活のための教育、③国家統一のための教育、の三点が掲げられており、読み、書き、計算という基本的な知識と技術を習得させ、立憲君主下での良き国民を育成することが目標とされている。[3]

地域レヴェルの教育文化

カリキュラムや教育理念を中心に国家レヴェルでの学習環境を概観したところで、次に北部タイという地域的レヴェルにおける学習環境をみてゆこう。北部タイ地域は、かつてのランナータイ王国の伝統をひく独自の歴史的、文化的背景を持っているばかりでなく、国境山岳地帯に囲まれた盆地という地理的条件から少数民族の山地民（チャオカオ）も多く、いわゆる多民族・多文化的な教育事情をかかえている。村の小学校には、調査時点で一名の山地民生徒しか在籍していなかったが、ほんの一〇キロ程離れたところにはモン族の村や小学校もあり、また、村に近い中等学校（高校課程を含む六年制）には、生徒数一、三二八人のうち一八〇人の山地民（リス、カレン、アカ、ヤオなど）の子弟が在籍していた。北部タイ地域の子どもの学習環境を語る場合、これらの多民族・多文化的要素を切り離して考えることはできない。

チェンマイ県の位置する北部タイ山間盆地の地域は、中央のシャム王国に併合される一八七四年までランナータイ王国として独自の歴史と文化を維持していた。さらに、タイ国内には、この北部をはじめ北東部の山岳地帯などを中心にシナ・チベット語族系の六民族集団とオーストロ・アジア語族に属する三民族集団が、約五五万人ほど居住しているといわれており、これらの地域はいわゆる多民族社会の様相も呈している。チェンマイ県の教育オフィスもこれらの九つの山地少数民族の存在を公に認めたうえで、山地民を平地社会へ文化的に同化させる方向で教育政策を進めている。

文化的同化の基本的手段は、公教育を通した言語政策である。チェンマイ県に二六九ある山地民の学校でも、タイ語を中心とした読み書き能力の育成が主要な目標となっている。学校教育の現場では、教授用語として標準タイ語が用いられているが、これは山地民の学校においても同様である（渋谷 一九九三）。一般に、山地民の子どもは家庭においては自民族の言語を使用し、学校ではタイ語を使用する多言語的環境におかれている。さらに、これが北部地域のようにタイ語の他に地方言語（ユアン語）を使う地域の場合、山地民の子どもたちは学校でタイ語、家庭で自民族語、そして近隣社会では地方言語も必要となり、その言語環境はさらに複雑なものになる。

タイ語習得を中心にすえた山地民教育政策は、単に山地民自身の生活の向上や子どもたちの児童労働市場への流出を防ぐためばかりでない。タイ政府にとって、それは国家への帰属意識の形成や国家的安全保障、あるいは国土保全の面においても不可欠な要件なのである。例えば、入学のための法的手続きである住民登録の整備や山地民のための学校（寄宿学校を含む）の建設などに示される山地民の定住促進の施策は、かれらの行政的な掌握を容易にし、結果として、①山地民の基本的生業である焼畑耕作から森林資源を守る、②国境を無視した非合法取引の対象となるケシ栽培を阻止する、③山岳国境地帯の治安を維持・管理する、などの政治的な効用が期待されているのだ。

村落レヴェルの教育環境

村のノンロム小学校は、一年生から六年生まで一学年二クラス、児童数一二五人（男児六四人、女児六一人）の小規模校である。同じ敷地内に幼稚園（園児二四人）も併設しており、これには別棟が充てられている。四年生のクラスには一人の山地民（モン族）の男児が在籍している。この小学校には以前から数名の山地民の児童が在籍しており、関係者も特に違和感をおぼえていない。彼は先生の家に寄宿しながら学校に通っており、校長の話ではモン族の祭りのとき実家に帰ってしまうほかは皆と同じように勉強に励んでいる。

ノンロム小学校では、一九九三年に二七人の六年生（男児一五人、女児一二人）が卒業している。そのうち二人の男児が見習僧（サーマネーン）になり、あとの二五人は全員中学へ進学している。最近は、政府主導の家族計画による少子化や親たちの教育熱の高まりのなかで、ほとんど一〇〇パーセントが中学へ進学する（メタン郡役場、初等教育課）。ただし、山地民の進学率は依然として低く、これが全体の進学率を押し下げているとの指摘もある。中学への進学率を上げることに関しては政府も前向きの姿勢を見せている。それには、単に基礎教育の充実のためだけではなく、一二歳以上の子どもたちの児童労働市場への流出を防ぐという切実な理由も含まれている。小学校の校長には児童の卒業後の進路について、すべて県に報告することが義務付けられており、児童労働に対する行政側の監視の目は厳しい。

小学校での伝統教育と先進教育

北部タイの子どもたちの学習内容に関する興味深い点として、公教育のなかに組み込まれた「仏教教育」と小学校段階から始まる「英語教育」がある。これらはいわば教育における伝統的要素と近代的要素を示すものであり、子どもたちの学校生活を社会の変化においてみてゆく場合にも重要な側面と思われる。

〈仏教教育〉

タイ国民の約九五パーセントは仏教徒であり、仏教は国民統合の重要なシンボルの一つとなっている。また、それは民衆の日常生活のなかにも深く浸透し、人々の価値観や行動に強い影響を与えている。タイでは伝統的に子どもたちに対する基礎教育を寺院の僧侶が行っていた。全国に設置された寺院において僧侶が教師となり読み書きや仏教道徳を教えていたのである。施設も寺院の建物を利用しており、タイの伝統教育は、教師、施設、教育内容のすべてにわたって仏教を中心に展開していたといってよい。その後、ラマ六世による近代教育制度の整備にともない、寺と学校教育は分離されてゆくようになる。しかし、教育における仏教的色彩は、近代的な学校教育制度が整備された現在でも維持されている。

今日（一九九三年）までの初等教育の基礎となっている一九七八年施行の初等教育カリキュラムによると、タイの仏教教育は「生活経験」領域および「性格教育」領域の中にそれぞれ準備されている。[4]「生活経験」では、基本的に日常生活での問題解決能力の形成が、また「性格教育」では、地域社会を平和的に開発してゆく人間の育成が目指される。そして、三〜四学年の「生活経験」領域においては、仏教やダルマの原理について理解し生活を営んでゆく基盤を持たせることを目標に、仏教史や仏教教理を知る、仏像や僧への尊敬心を示す、托鉢に対してタンブン（喜捨）する、説教を聞く、儀礼参加などにおいて伝統に即した正しい行動ができることなどが期待されている。五〜六学年では、僧や信者のとるべき礼儀作法や五戒、五正善などの仏教教義を身につけ、それらの内容について説明し議論できることが期待されている。一方、「性格教育」領域では、一〜六学年を通じて国家、仏教、国王に

仏教教育のための教室（小学校）

対する義務や重要性を日常生活や様々な儀礼的場面、あるいは作文指導や関連の物語を通して認識させるよう指導している。さらに、性格形成活動として仏教や寺院に関連した様々な行事や活動への参加が期待されており、短期間の出家や寺院の清掃などが例に挙げられている（平田　一九八九）。

ノンロム小学校でも仏教教育は行われており、ここでは一人の女性教師（四八歳）が担当している。仏教教育の授業時間数は、一〜三年生が週二時間、四〜六年生が週に一時間である。また、仏教教育のために特別の教室が用意されており、そこには仏像が安置され、釈迦の生涯を描いた絵画などが壁に貼られている。児童たちはここで礼拝や冥想の仕方、仏教の徳目の暗唱などの学習を行う。教材には絵入りの本や漫画風の雑誌が豊富に準備されており、仏教の教義や儀礼などを低学年の児童にも分かりやすく教えるための工夫が見いだされる。また、時には僧が学校に招かれて直接児童たちに法話を行ったりもする。

仏教教育は学校の中だけでなく学外でも積極的に行われている。前記カリキュラムにも示されていたように、普段から児童たちは学校の近くの寺に行き、僧の法話を聞いたり寺の清掃や雑用を手伝ったりする。また、カティナ祭など重要な年中行事の時には学校の児童全員が寺へ出かけ、ローソクや供物をささげる。さらに、夏休みには文部省宗教局の指導のもとで、全国各地の主要な寺において「夏期出家研修」（クロンカーン・バンパチャー・ウバソンボット・パーク・ルドゥローン）が開催され児童を募集している。例えば、チェンマイ県の募集ポスター（一九九三年）によれば、見習僧（サーマネーン）たちの研修先および宿舎としてメリム郡メサ村のメサ・ルアン寺が指定されている。期間は四月五日から五月五日までの一ヵ月間であり、この間に仏教に関する道徳、文化、儀礼、冥想を学習する。費用は無料。遠隔地の子どものためにバスによる送迎もあり、昔から見習僧になるに際して行われていた伝統的な祭り（ルッ・カオ）やパレードも再現される。

〈英語教育〉

ノンロム小学校では二人の女性教師が英語を担当している。彼女たちは他の科目（生活経験、作業経験など）も同時に教えている。小学校における英語教育は先述したカリキュラムの中の「特別経験」領域に属している。この領域は五〜六年生のそれぞれの学年において年間二〇〇時間が組まれており、前後期の合計授業日数を二〇〇日とすると、単純計算で一日一時間が割り当てられていることになる。この「特別経験」領域では、児童の興味に即した自由な科目の設定が可能であって、必ずしも英語を教える必要性はない。しかし、タイのほとんどの小学校ではこれを英語教育に当てており、ここメタン郡においてもほとんどの小学校で英語が教えられているといわれる。

この点に関して、チェンマイ市の小学校で英語教育にたずさわる教師の一人は、①中学への進学率が近年急速に高まりつつあり、ほとんどの児童にとって小学校段階からの英語の学習が必要になってきている、②チェンマイは国際的な観光都市という性格を帯びているために、観光産業への就業など実践的な英語能力に対する期待が高い、③今日、日常生活のなかに多くの英語表現があふれており、基礎的な英語の知識はタイ社会全体の一般常識となりつつある、などの理由を挙げて初等教育段階における英語教育の必要性を語っていた。

農村の社会変化と教育

ノンロム小学校は生徒数一二〇人余りの小さな村の小学校である。しかし、小学生たちを取り巻く教育環境はそれほど単純ではない。山地少数民族の子どもとの共学、急速に高まる進学熱、国際化社会を目指した小学校段階での英語教育の実施、さらに宗教伝統の継承としての仏教教育の重視など、村の小学校の子どもは国家的な教育政策と北部タイという地域的な文化特性からなる複雑なコンテクストのなかで学んでいる。進学熱の高まりは、近年のタイ社会における少子化傾向と産業化に伴う熟練労働力の需要増大を背景とするひとつの変化と考えられる。これはパジェ・ノンロム村のような小さな村落社会においても例外ではない。子どもを持つ親たちへの面接調査においても、ほとんどの親の口から子どもたちに対する中等、高等教育への強い進学希望が語られた。そこからは急激に変化する村落生活において、自分たちの将来を子どもの教育に託している村人たちの切実な期待が伝わってきた。

一方で、伝統文化への志向性をともなった仏教教育とその新たな展開の動きも見逃せない。仏教は公教育のなかにしっかりと組み込まれており、夏休みに実施される「夏期出家研修」もそれに関連するユニークな試みと考えられる。こうした研修や慣習としての出家に対しては、思春期前後の子ども（男子）に起こりがちな非行や心の問題を是正する道徳教育的な役割が期待されていた。仏教国タイにおいても人々の生活における世俗化の流れは確実に進行しつつあり、それは子どもの内面生活にも強く影響していることが予想される。急激な社会、文化変化のなかで親たちが子どもの教育に対していだく不安は、学習面ばかりではなく素行面においても大きいことがうかがわれるのだ。

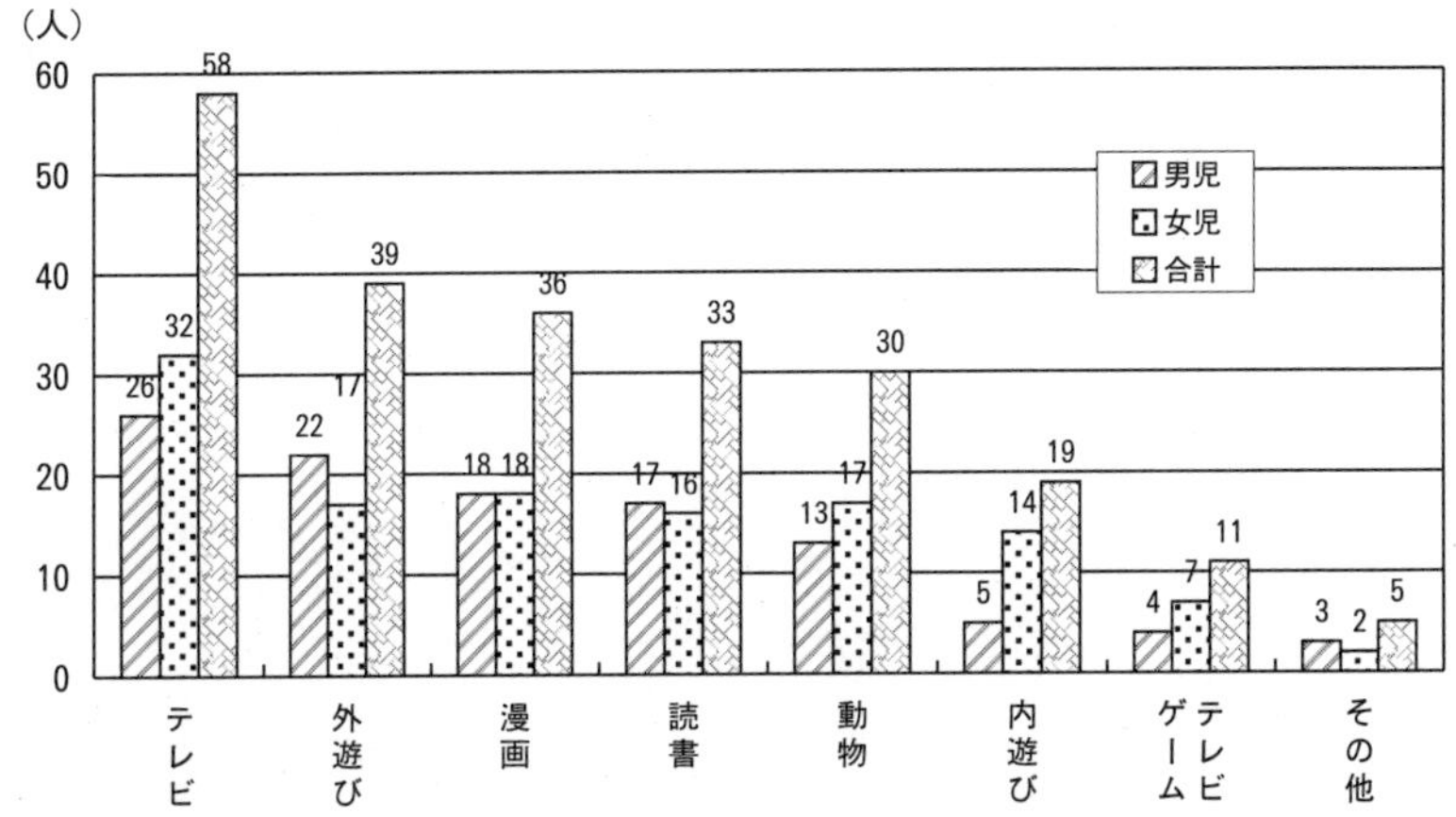

図1　ノンロムおよびプティソポン小学校児童の自由時間

第二節　子どもの遊びと変容

子どもの生活を構成するもうひとつの重要な側面として、学校での勉強のほかに自由な遊びの領域がある。調査では北部タイ農村の子どもを中心とした遊びの実態の把握も試みられた(5)。そのための方法として、村での参与観察のほか、質問紙を用いてノンロム小学校の六年生（一九人）と近郊農村からチェンマイ中心部のプティソポン小学校に通う六年生（四一人）に対し、自由な時間の過ごし方やよくする遊びについてたずねた。

テレビの普及

子どもたちの遊びが成立するためには、何よりもまず学校での勉強や家庭での仕事（手伝い）から解放された自由な時間が前提となる。実際、北部タイの農村の子どもたちは、自分たちの時間をどのように過ごしているのだろうか。調査から、子どもたちが自由な時間を費やすのは、まずなによりも「テレビを見る」ことであることが分かった（図1）。次いで「友達と外で遊ぶ」、そし

表2　ノンロムおよびプティソポン小学校児童のテレビ視聴時間

平均的な一日のテレビ視聴時間	回答者数（人）
3.5時間	1人
3	2
2.5	2
2	22
1.5	9
1	10
無記入	14

て「漫画を読む」ことに費やされている。男女別にみても大きな違いはなく、男児は「テレビを見る」、「友達と外で遊ぶ」、「漫画を読む」の順に多くの時間を費やし、女児の場合も、「テレビを見る」、「漫画を読む」、「友達と外で遊ぶ」という回答が並ぶ。回答からは、自由な時間はテレビや漫画に夢中になり、屋外では友人たちと遊んで過ごす、われわれにとっても馴染み深い子どもたちの様子がうかがわれる。

村に初めてテレビが入ってきたのは一〇年程前（一九八〇年代初め）のことである。しかし、今回、訪問した家の居間には必ずといっていいほどテレビが置いてあった。家屋の外壁が竹で編まれているような貧しい家庭の場合も例外ではなく、村のテレビ普及状況は、ほぼ一〇〇パーセントに近いものがあると推測される。そこで、村の子どもたちの生活時間調査からテレビ視聴時間に関する部分を集約したところ、おおよそ二時間のところでピークを示していることが分かった（表2）。タイの教育学者の調査グループは、タイの農村全域で行った育児様式の民族誌的研究において、子どもたちの文化的、道徳的価値観の発達におよぼすマスメディアの影響の大きさを指摘しており、こうした懸念は右にみたような近年の子どもの長いテレビ視聴時間とも深く関連していると思われる（Sumon et al. 1990: 124-126）。

よくする遊び

〈小学校での調査から〉

当地における子どもの遊びの概況を把握するために、最近、友達としている遊びの種類（内容）についてたずねた。図2、図3に示したように、そこにはテレビや漫画だけではなく、いくつかのローカル（伝統的）な遊びも見いだされる。今回、北部タイの小学生の間で採集された人気の遊びは、男児の場合、「サッカー」、「かくれんぼ」、「テレビゲーム」、「ピンポン」、「鬼ごっこ」、「ビー玉」、「自転車」、「かぶと虫合戦」などである。そして、女児の場合は、「マーケップ」、「ひも跳び」、「かくれんぼ」、「ごっこ遊び」、「鬼ごっこ」、「室内ゲーム」、「テレビゲーム」などであった。

自作の凧と村の少年

子どもたちの遊びに関しては、量的把握のほかに遊びの内容や性別に注目することで、その概況をより細かく捉えるよう試みた。まず、子どもたちが挙げた多くの遊びの中には、いくつかの伝統的でローカルな遊びを見いだすことができる。男児の場合、「かぶと虫合戦」（自分たちで捕まえてきたかぶと虫どうしを戦わせる競技）、「タクロー」（竹製のボールを用いた競技）、「タイ将棋」、「凧あげ」（自作の凧による）などがある。女児の場合には「マーケップ」（木の実、枝、小石などを用いたおはじき遊び）や「ひも跳び」（日本のゴム跳びに似る）、「一本足うさぎ」（地面に描いた円のなかで四～五人で行われる。二組に分かれ、一本足で逃げる片方の組のオニの片足を地面につけること

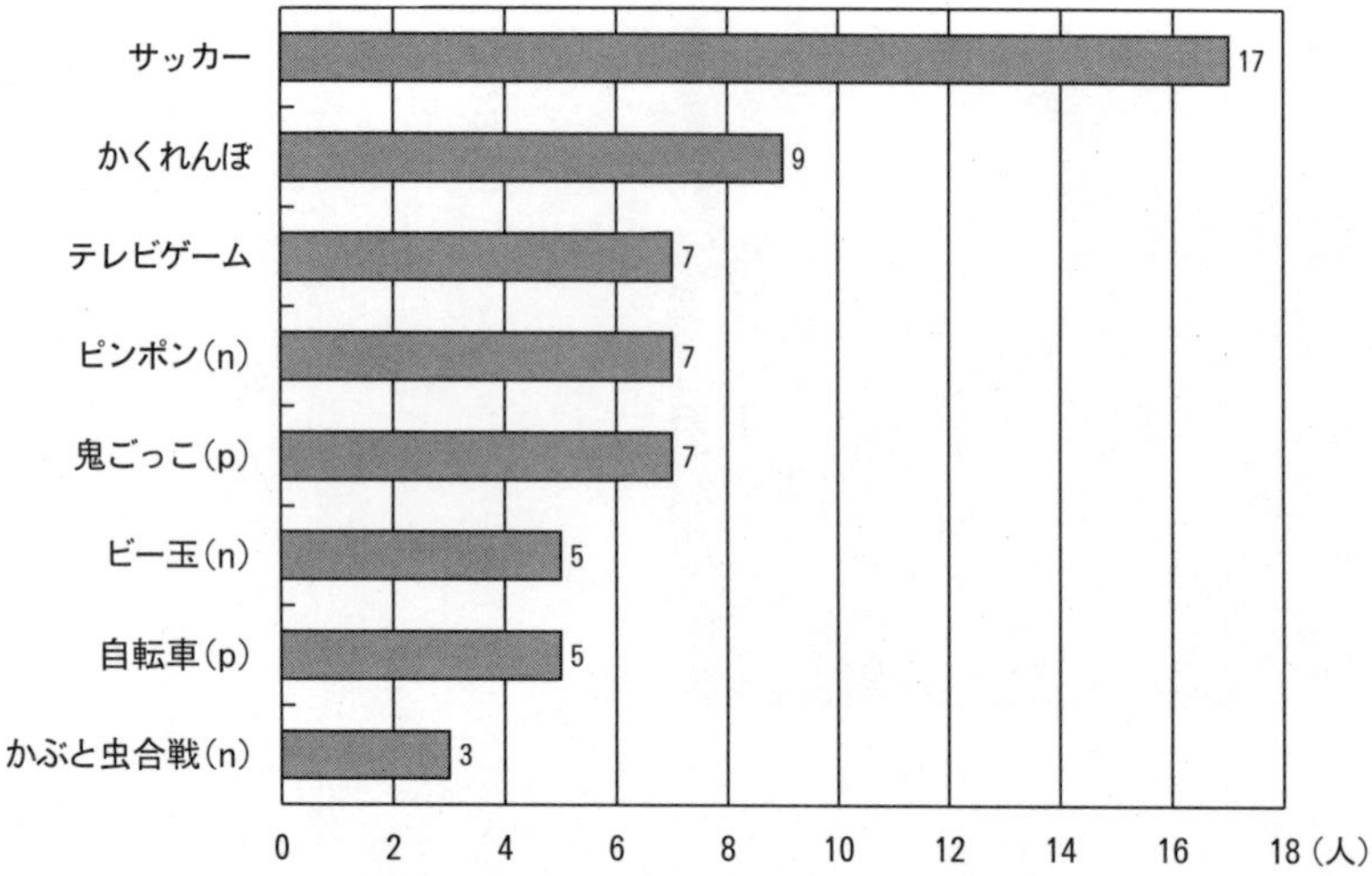

(n):ノンロム小学校児童の間だけで言及された遊び
(p):プティソポン小学校児童の間だけで言及された遊び

図2　ノンロムおよびプティソポン男児のよくする遊び

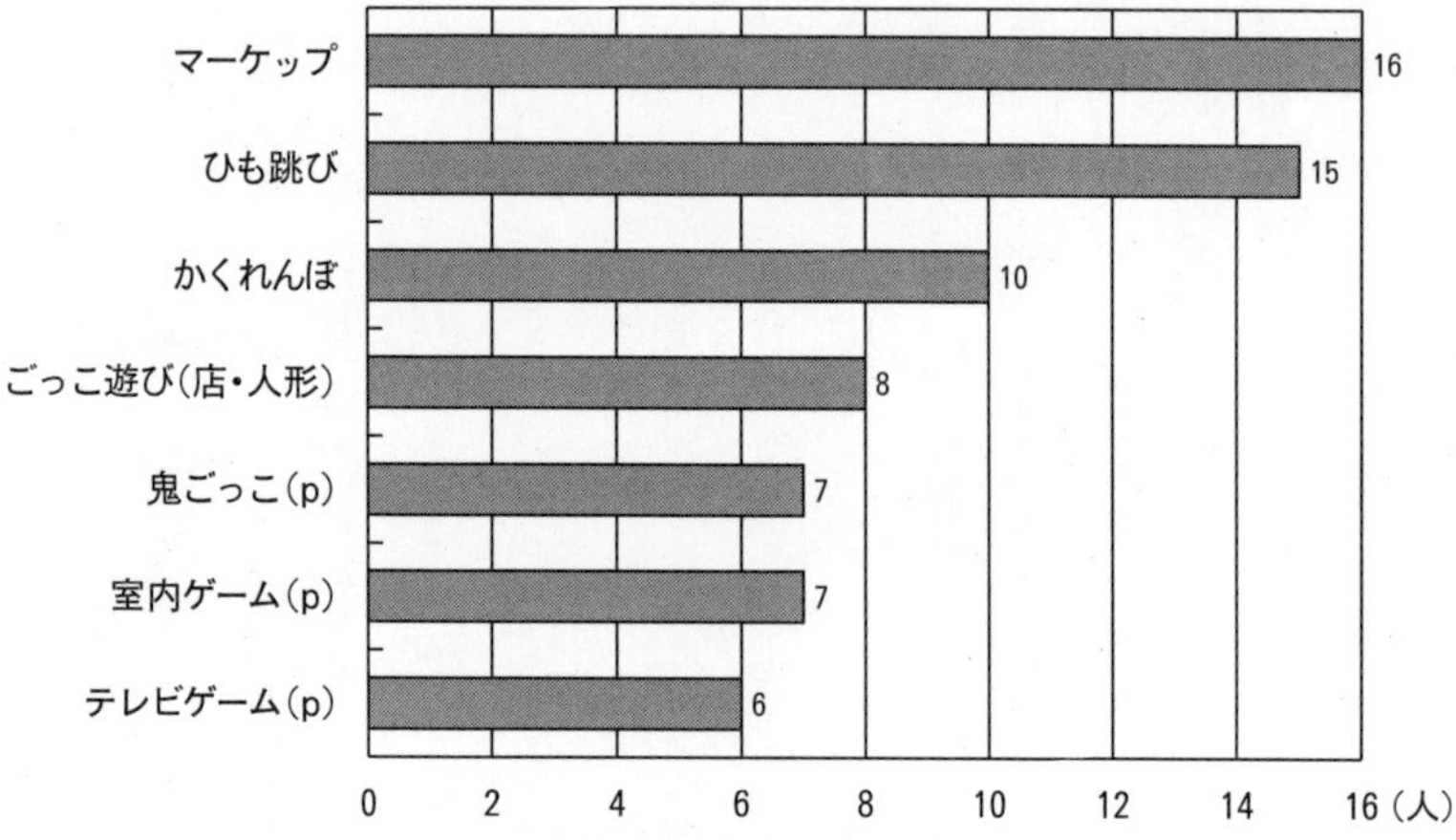

(n):ノンロム小学校児童の間だけで言及された遊び
(p):プティソポン小学校児童の間だけで言及された遊び

図3　ノンロムおよびプティソポン女児のよくする遊び

で勝敗を競う）あるいは「モーソンパー」（布切れをつかって行う鬼ごっこの一種）などが伝統的な遊びに相当している。さらに、小学生の遊びには性別による若干の違いも見いだされた（表3）。遊びの種類における性別化のあり方としては、男児に限定された遊びとして、「サッカー」、「タクロー」、「ビー玉」、「かぶと虫合戦」などであり、女児の場合は、「マーケップ」、「ひも跳び」、「ごっこ遊び」、「一本足うさぎ」、「なぞなぞ」、「お絵かき」などであった。これに対して、「テレビゲーム」、「かくれんぼ」、「鬼ごっこ」などは男女共通の遊びとして挙がっている。

表3　性別から見た北部タイ児童の遊び

男児の遊び	女児の遊び
サッカー，タクロー，ビー玉，かぶと虫合戦	マーケップ，ひも跳び，ごっこ遊び，一本足うさぎ，なぞなぞ，お絵かき

〈村での調査から〉

パジェ・ノンロム村には公園のような子どものための特別な遊び空間は存在していない。しかし、村内にはタクローやバドミントンができる簡単なネットを備えた空き地もあり、子どもたちはここでスポーツや遊びを楽しんでいる。このほか小学校にも基本的な遊具や運動場が備わっており、村の子どもたちに遊びの空間を提供している。これ以外に、高床家屋の床下や庭先、道路、収穫後の畑や田んぼなどでも子どもの遊ぶ姿が見られる。

さて、村内の家庭を訪問するなかで、小学一年生から高校一年までの子どもや若者の遊びについて聞くことができた（表4）。インタヴューを通して、まず男子全体ではほぼ全学年で「サッカー」と「テレビゲーム」の遊びが盛んであることがうかがわれた。これは先の小学校での質問紙調査に示された傾向とも一致している。それ以外の項目を見ても、ほとんどは小学校調査の遊びの種類と重複している。また、女子の遊びについて見てみると、全体に目につくのは、「ひも跳び」、「かくれんぼ」、「人形遊び」、「鬼ごっこ」などの伝統

表4　調査村における最近の遊び

学年（人数）	男子の最近の遊び
小学1年生（3）	鬼ごっこ，自転車，かくれんぼ（メーナーパカノーン），粘土遊び，ピンポン，ごっこ遊び
2年生（1）	テレビゲーム，ビー玉，ごっこ遊び，サッカー，バドミントン
3年生（2）	テレビゲーム，ビー玉，凧あげ，サッカー，鬼ごっこ，一本足うさぎ，かくれんぼ
4年生（3）	テレビゲーム，ビー玉，凧あげ，サッカー，かぶと虫合戦，かくれんぼ
5年生（1）	サッカー，自転車
6年生（1）	テレビゲーム，自転車
中学1年生（2）	サッカー，自転車，魚釣り，スポーツ（バスケット）
2年生（1）	テレビゲーム，サッカー，自転車，バドミントン
高校1年生（1）	サッカー
学年（人数）	**女子の最近の遊び**
小学2年生（4）	自転車，ひも跳び，かくれんぼ，ぬり絵，人形遊び，ピンポン，おしゃべり
3年生（3）	自転車，ひも跳び，かくれんぼ，人形遊び，鬼ごっこ，布かくし（モーソンパー）
4年生（2）	かくれんぼ，人形遊び，鬼ごっこ，かくれんぼ，とおりゃんせ（リリーカウサーン）
5年生（1）	人形遊び，鬼ごっこ，布かくし
6年生（1）	ひも跳び，人形遊び，鬼ごっこ
中学1年生（1）	おしゃべり，音楽を聴く，スポーツ（バレーボール）
2年生（2）	おしゃべり，音楽を聴く，自転車
高校2年生（1）	おしゃべり，音楽を聴く，水泳，自転車

的な遊びである。やはり、学校調査において女児の間で人気の高かった遊びの種類とほぼ一致しているといってよいだろう。また、村では、例えば、男児の「かぶと虫合戦」や女児の「モーソンパー」のような伝統性の強い遊びも指摘されている。さらに、聞き取りの数は少ないが、村の中高生などいわゆるティーンエイジャーに関しては、男子ならサッカーなどのスポーツ、女子が友だちとのおしゃべりや音楽を聴いたりなど、年齢が上がるにつれて小学生時代の多様な遊びから遠ざかってゆく傾向もうかがえる。

子どもの遊びと変容

今回の調査から、北部タイ農村における子どもの遊びの実態についていくつかの知見を得ることができた。まず、電気的な娯楽メディアの登場とその浸透による遊びの変容がある。それはテレビ、テレビゲーム、ビデオなどのメディア機器を用いた新しい遊びの登場や余暇利用の形態によって示される。例えば、村にテレビが入ってきてようやく一〇年ほどが経過したばかりだというのに、すでに普及率は一〇〇パーセントに近く、さらに、子どもたちの視聴時間も二時間あまりのところでピークを示していた。導入時期が新しいわりには、きわめて急速なテレビの定着率と子どもの生活への浸透がうかがわれる。ここにも、北部タイ農村の急激な変化の様子が現れている。この他、子どもの余暇利用に占める漫画の位置付けも大きいように思われる。すでに日本の漫画の『ドラえもん』（藤子・F・不二雄）も子どもたちの間で人気を博しており、大衆文化のグローバルな展開の実態が見られる。

近年、日本の子どもの余暇の形態は自己開発型から気晴らし型あるいは休息型の余暇へと移行しつつあるという指摘がある（深谷　一九八七：一〇五－一〇七）。今回のデータでも、子どもたちの自由時間の過ごし方として、外遊びなどの自己開発型に属する項目が上位に挙がっている一方、テレビや漫画といった休息型や気晴らし型に近い余暇利用への志向も強く、日本の子どもたちの余暇利用の変化と同様の傾向がうかがわれる。

玩具あるいは遊具としての娯楽メディアをはじめ、ビー玉、ロボット人形、自転車、ゴムや革製ボールなどは、近年、新しくタイの子どもの世界に入ってきたものである。これらは子どもの遊び文化の物質的側面を構成するとともに、また遊び文化における市場化のプロセスを示唆するものでもある。村の子どもの親からは、昔の自給自足的な遊び文化の思い出が語られる。当時の遊びでは道具や玩具を市場や商店から購入するようなことは少なく、三〇～六〇代の親たちの場合、もっぱら木や木の実など自然のものをそのまま利用したり、あるいはそれを自ら加工したりしながら玩具や遊び道具を調達していた。例えば、六八歳の男性はタクローのボールを自分で竹から作っていた。また、イジョーン（おはじきの一種）に用いるコマも、各自が家の屋根瓦片や土塀片を加工して丸いタブレット状に仕上げて遊んでいたという。今日、子どもたちが親世代のように自然物や生活用品から玩具をつくったりすることが全くなくなってしまったわけではないが、商店や市場で購入する商品としての玩具は、着実に子どもたちの間に浸透しつつある。

さらに、タイ農村の子どもの遊びの変化をおし進めるもうひとつの側面として、子どもの遊びの世界への欧米的な各種スポーツ競技の浸透がある。例えば、今回の回答のなかにもサッカー、バドミントン、バスケット、バレーボールなど欧米由来の競技的遊びがみられる。これらは、主に近代的な学校教育（体育）を通して、子どもたちの間に普及したものと考えられる。一方で、子どもたちの遊びには昔から受け継がれている伝統的遊びも数多く確認されており、北部タイ農村の子どもの遊びの世界は、市場化、欧米化の波を受けながら、伝統と現代とが混在する変容過程のなかにあるといえよう。

第三節　子どもの家事労働

タイの子どもたちは両親の手伝いをよくするといわれる。例えば、総務庁の国際比較調査においてもタイの子どもの手伝いの時間は他の国の水準を大きく超えている[6]。ここまで子どもの勉強と遊びに関する内容を見てきたわけだが、最後に、当地の子どもの生活を構成するもうひとつの側面である家事労働あるいは手伝いの様子をみてゆきたい。子どもの仕事あるいは労働をタイ社会の今日的文脈のなかにおいて眺めるとき、そこにふたつの形態が浮かんでくる。ひとつは家庭内における補助的労働という意味でのいわゆる手伝いであり、もうひとつはより直接的に家庭経済を支える子どもの労働である。後者は深刻な社会問題ともなっている「児童労働」のなかにその典型をみることができる。多くの先進国社会では、搾取的な児童労働の形態はすっかり姿を消してしまったといわれている。しかし、タイをはじめとするいわゆる第三世界の多くの地域では、こうした児童労働はいまだに存在しており、それはまた子どもの福祉や人権に関わる深刻な問題として国際的な関心を集めている。ただ、今回は、変化する農村社会の現状を背景に家庭や学校を中心とする日常的な生活領域での子どもの労働を考えるということから、主に子どもの補助的な家事労働（手伝い）に焦点をしぼり、その具体的内容についてみていくことにする。また、その際、タイの子どもの家事労働を取り上げている中央タイ農村の民族誌（Kaufman 1960）や北部タイ農村の民族誌（Kingshill 1991）など参考に、パジェ・ノンロムおよび北部タイ農村における子どもの家事労働の変化や性別分業のあり方についてもみてみたい。

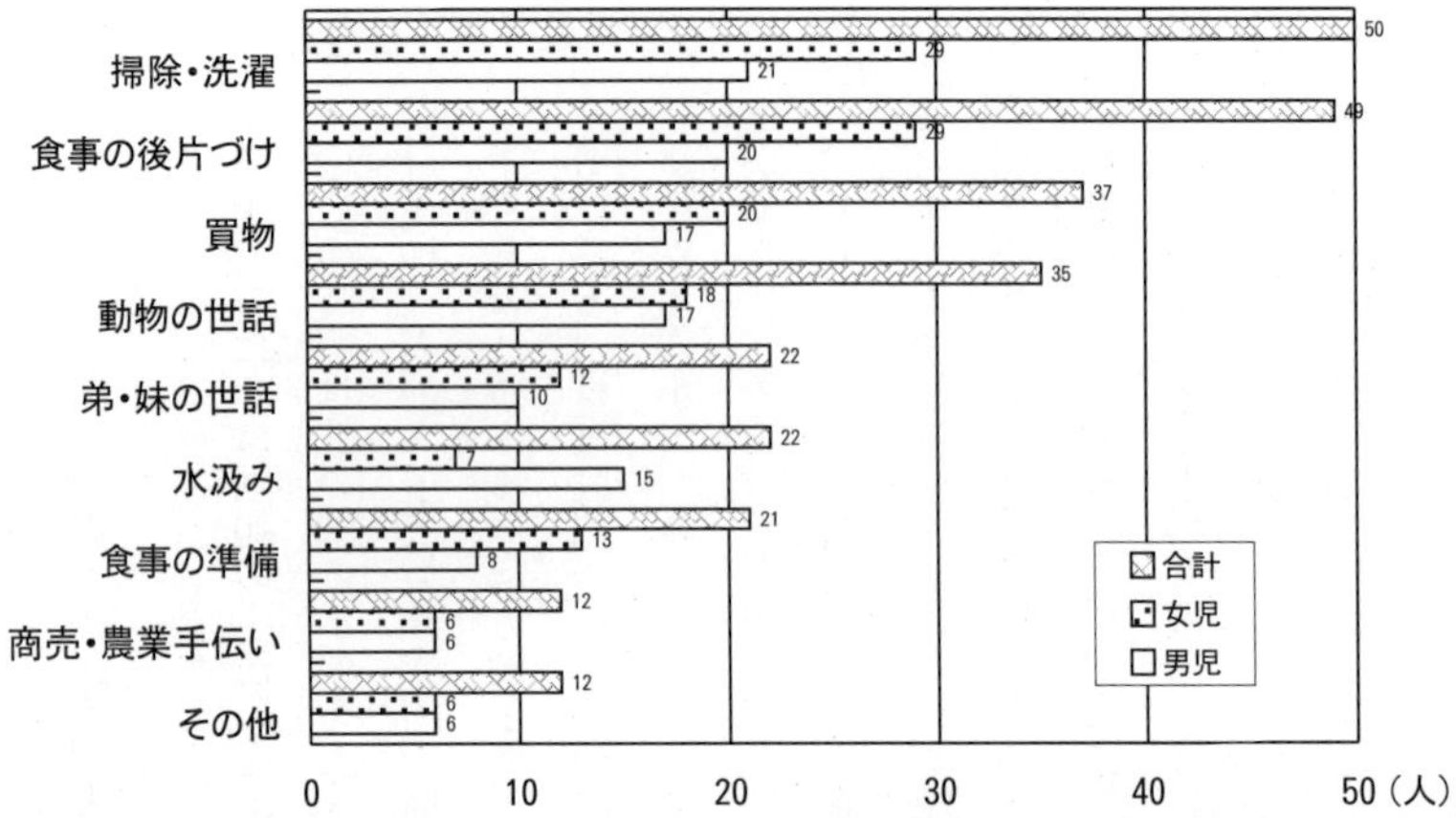

図4　ノンロムおよびプティソポン小学校児童の手伝い

農村の子どもの日常的手伝い

ノンロム小学校および市内プティソポン小学校（農村地域からの通学児童）における調査から、北部タイ農村地域の子どもたちの一般的な手伝いの内容として、「掃除・洗濯」、「食事の後片づけ」、「動物の世話」、「買物（おつかい）」などが挙げられた。いずれの小学校でもほぼ同様の傾向が得られ、子どもの性別ごとに見てもそれほどの違いは見られなかった。したがって、グラフに示された手伝いの内容は、当地における子ども（小学校六年生）の手伝いのおおよその概況を示していると考えられる（図4）。

またノンロム小学校では、手伝いに関する自由回答形式の質問も行った。これは子どもたちの手伝いをさらに具体的に把握するためであり、六年生の教室で子どもたちが前日に行った手伝いの内容を思いつく限り書き出してもらった。その結果、一九名の男女児童から、延べ一二三件一五種類の手伝いの内容を得ることが出来た（表5）[7]。件数順に項目をみてゆくと、一位「掃除」、二位「食事の後片づけ」、三位「食事の準備」、「洗濯」、「動物の世話」、四位「水やり」、五位「買物」であり、先の選択方式の質問紙で聞いたときの順位とそれほど違いはない。

表5　ノンロム小学校児童の昨日の手伝い

順位	種類	合計件数	男児（件数）	順位	女児（件数）	順位
1	掃除	20	7	1	13	1
2	食事の後片づけ	14	7	1	7	3
3	食事の準備	13	5	3	8	2
	洗濯	13	5	3	8	2
	動物の世話	13	6	2	7	3
4	水やり	10	5	3	5	
5	買物	9	7	1	2	
6	水運び	8	4		4	
7	アイロンがけ	5	2		3	
	弟・妹の世話	5	2		3	
	ゴミ捨て	5	3		2	
8	畑の手伝い	3	3		0	
9	自動車洗い	2	1		1	
10	バイク洗い	1	1		0	
	商売の手伝い	1	1		0	
		122	59		63	

性別と仕事内容

次に男女別に見た手伝いの様子をみてみよう。表5から、男児の場合、一位が「掃除」、「食事の後片づけ」、「買物」で、二位が「動物の世話」、三位が「食事の準備」、「洗濯」、「水やり」、である。女児の場合、一位が「掃除」、二位が「食事の準備」、「洗濯」、三位が「食事の後片づけ」、「動物の世話」である。「買物」の有無以外、ほとんど男女間に違いはない。

カウフマンは民族誌『バンクアード村』のなかで、中央タイの農村における人々の諸活動や慣習を性別、世代別にまとめており、そこには子どもの仕事の内容も紹介されている。もちろん、これは一九六〇年代の中央タイの一農村でみられた子どもの仕事（手伝い）であり、決して今日的なものばかりではない。ただ、タイ農村の子どもの手伝いにおける性別役割分担を示した資料としては貴重であり、今回の子どもの手伝い内容と性別の関係をみてゆくうえでも参考になると思われる。バンクアード村の人々の諸活動から子ども

（一五歳以下）の仕事の部分を性別も考慮しながら抜き出してみると表6のようになる。カウフマンの資料からはわずかながら性別によるゆるやかな分担傾向もうかがわれるが、やはりそれほど厳格な役割分担ではないように思われる。

表6　中央タイ・バンクアード村における子どもの仕事

手伝いの内容	a．時々する	b．よくする
1．小さい子どもの世話		男女児
2．にわとりの世話		男女児
3．水牛の世話		男女児
4．洗濯	男児	女児
5．店の仕事	男児	女児
6．食べ物売り	男児	女児
7．草取り		男女児
8．手で籾殻をふるう		女児
9．家庭で米粉をひく	男児	女児
10．ボートをあやつる	男女児	
11．鼠やカエル取り（昼間）		男女児
12．鳥を取る	男児	
13．籠での魚取り	男女児	
14．網での魚取り		男女児
15．網でのエビ取り		男女児

出典：Kaufman 1960: 222-224より筆者作成

北部タイ農村における子どもの手伝いとしては、掃除や洗濯あるいは食事の後片づけなどが、もっとも一般的に聞かれた。手伝いの内容の性別化に関しては、それほど目立った違いは見られない。あえて挙げるなら、水汲みを女児よりも男児の方がよく手伝うくらいであろうか（水汲みといっても、現在では、ミネラルウォーターのポリタンクを運ぶことを意味しており、いわゆる力仕事である）。子どもの手伝いの内容に関して、少なくとも村での調査資料からは、性別による大きな違いや役割分担を見いだすことはなかった。

手伝いの変化

今回の調査で得られた手伝いの内容をかつての農村の子どものそれと比較したとき、ひとつの変化を指摘できる。それは農作業関連の手伝いの減少である。今の北部

表7　北部タイ・クデン村における子どもの仕事（手伝い）

1954年の調査時にはあったが1984年には姿を消した項目

1．溝掘りあるいは清掃	11. 畑仕事
2．家の掃除	12. 鋤で耕す
3．水汲み	13. 稲刈り
4．牛車をあやつる（男児）	14. 市場で米を売る，製粉する
5．竹の棒に付けた網で魚を取る	15. 水田の水をかき出す
6．わなで魚を取る	16. 鶏を殺す
7．もりで魚を取る	17. 種まき
8．竹製の籠で魚を取る	18. 米を精米所へ持っていく
9．鍬で畑を耕す	19. 菜園の世話
10. 洗濯	

1954年から1984年まで存続し続けている項目

20. 子どもの世話（子守）	25. マットを編む
21. 水牛，家畜の世話	26. 魚の下ごしらえ
22. 女性の洗濯物を運ぶ	27. 食事の準備
23. 魚釣り	28. 水田の草取り
24. 豚や家禽の世話	29. 籾殻を空中に放り投げてふるう

1984年の再調査時に新しく登場した項目

30. 店番をする	31. 籾殻を扇風機であおる

出典：Kingshill 1991: 263-265より筆者作成

タイ農村の子どもたちが農作業から身を引いてゆくこうした様子は、北部タイの別の農村（クデン村）を調査したキングスヒルの報告にも現れている。表7はキングスヒルによって一九五四年と一九八四年に観察された農民の仕事内容のリストから、特に子どもが行っていたものだけを抽出したものである。リストから昔（一九五四年）は見られたが、三〇年後の一九八四年時点では姿を消した子どもの仕事がある程度把握できる。例えば、一九五〇年代にあった「牛車をあやつる」、「魚取り」、「鍬や鋤で畑を耕す」、「稲刈り」、「製粉」、「精米所への米運搬」、「田の水かき」、「種まき」、「菜園の世話」、など農業関連の手伝いが一九八四年にはすでに姿を消していることが分かる。

これは産業化、都市化そして学校教育の拡大など北部タイ社会の構造的変動にともなう子どもの生活変化の一端を示していると考えられる。村での調査期間中には、鍬をかついで帰宅する少年や稲刈りの手伝いをする少年の姿を見かけることもあった。しかし、質問紙で農作業の手伝いを挙げる者がごくまれであったように、農作業を手伝う子どもの姿はけっして日常的な風景ではなかったように思われる。これに対して、村の三〇代から六〇代の大人に子ども時代の手伝いの内容についてたずねたとき、その多くがつらい農作業を手伝った思い出を語ってくれた(8)。

教育機会の拡大や進学率の上昇は、かつて農地で働くことに当てられていた子どもたちの時間を、学校での勉強へと振り向けた。また、農業の近代化にともなう農業機械の導入は、単に作業の省力化を実現しただけでなく子どもの手伝いのような未熟練の労働を周辺化していったとも考えられる。総務庁の調査では、他の国々に比べてタイの子どもの手伝いの時間は長いけれども、その手伝いの内容に関しては、全体として産業社会型のそれへと移行しつつあるように思われる。

おわりに

短期間の調査で得られた北部タイ農村の子どもたちの生活資料は限られたものである。しかし、限られた子どもたちとの接触やインタヴューの中においてさえ、その生活全般にわたって都市化、産業化の影響が及んでいる実態を強く印象付けられた。薄暗い教室の土間でビー玉に興じている子どもたちがいるかと思えば、そのすぐ横では男の子が小型のテレビゲーム機に夢中になっている。こうした光景を目にし、またテレビの各家庭への普及とその視聴時間の長さを知るにつけ、われわれは当地の子どもたちが、もはやかつての農村世界に生きているのではないという現実を認めざるを得ない。

手伝いの実態調査からは、農地から学校や家庭内へと重点を移していく子どもの生活時間の変化がうかがわれた。そして、比重を増した学校生活の中で子どもたちは新しい知識の学習や多様な文化と向かい合っていた。例えば、それは英語教育という欧米的な知識や価値観の学習であったり、北部タイという地域性を反映した山地少数民族との共学や多文化（言語）環境などに示されていた。

子どもの生活全般にわたる変化が観察される一方で、現代の子どもたちの遊びには昔から受け継がれてきた伝統的な遊びや遊具も存在していた。さらに、学校教育のみならず学外活動においても積極的に動員される仏教伝統は、いまだに子どもの内面生活に関わる重要な側面を構成している。こうして、北部タイ農村の子どもたちの学校、遊び、労働を軸に展開する生活文化は、伝統と現代を混在させつつ不断に再編される変化過程の中にあるといえるのだ。

注

（1）本章は、福岡アジア太平洋センターの支援による自主研究プロジェクト「タイ社会における伝統的価値とその変容に関する文化人類学的研究」（一九九二～一九九四年）にもとづいており、その報告書である『現代タイ農民生活誌』（丸山孝一編著 一九九八）の第三章「北タイ農村の子供の生活とその変容」に大幅な加筆修正を付したものである。

（2）新しい教育改革の動きの中では中学義務化も進んでおり、一九九二年の新国家教育計画においては、現在の小学校六年間の義務教育期間を中学校三年間まで延長することが決定された。また、進学率の向上には中学校の施設や人員の整備が必要であるが、これには既存の小学校の建物と教員をそのまま中学校のために利用する施策もすでにスタートしている。近年の少子化傾向が小学校の施設に余裕をもたらし、また、ほとんどの小学校教員が大学卒業の資格を持つようになったために、中学校教育の拡大も可能になったという。

（3）タイの初等教育カリキュラムはその構造においてユニークな性格を持っている。すなわち、従来の国語、算数を「基礎技能」に、社会、理科、保健は「生活経験」に、道徳、音楽、美術、体育は「性格教育」に、家庭科、工作は「作業経験」に、そして英語を中心とした学習を「特別経験」として五つのグループにまとめている。「基礎技能」では、日常生活での思考力と理解力および科学技術への接近のための能力を育成し、「生活経験」では、日常生活での問題解決能力を、「性格教育」では、地域社会を平和的に開発してゆく人間を育成する。「作業経験」では、作業を通しての職業の基礎能力を育成する。「特別経験」では五～六年生を対象として、日常生活に最低必要な英語能力を身につけさせることを目的としている。以上のような教育制度のもとに、タイの子どもたちの学習は五月中旬から十月まで、十一月から翌年三月まで（三月から五月までは夏休み）の二学期の間に、計二〇〇日の授業日数で進められる（平田 一九九五）。

（4）カリキュラムの「生活経験」は、よりよい生活を送るための様々な段階における人間の問題と欲求に関する領域、すなわち健康、国民、政治、社会、仏教、文化、経済、テクノロジー、自然環境、コミュニケーションなどの内容から構成されており、これらの学習によって子どもたちが有益な社会生活を送ることを目指している。一方、「性格教育」は学習者の価値、道徳心、行動の育成に関する領域、すなわち道徳、文化芸術、体育から構成され、これらの学習を通して望ましい性格の発達と、平和的に地域社会を開発してゆく能力の育成が目指されている（平田 一九八九）。

（5）調査地での滞在期間中は、つとめて学校、路上、室内、庭などにおける子どもたちの生活実態を観察し、機会を捉えては映像資料として記録・収集を行った。以下の報告では、頻繁に表や数値が登場するが、特に学校生活や遊びに関しては現地での実際の観察による確認を心がけた。また、本文中ではノンロム、プティソポン、両小学校の回答内容に大きな違いがないかぎり、両小学校を合計した回答結果にもとづいた記述をしている。

（6）総務庁青少年対策本部の行った「児童の実態等に関する国際比較調査」（日本、アメリカ、イギリス、フランス、タイ、韓国が対象）では、タイの子ども（一〇歳から一五歳）の手伝いの時間は、アメリカに次いで二番目に長い（平均一時間六分）という結果が出ている。

（7）調査日の前日は七年ぶりの洪水の直後で、学校は休校であった。そのため通常の生活の中での手伝いの実態とは、その種類や件数においてのズレがあると予想される。

（8）親たちの子ども時代の手伝いの内容に関しては限られた資料しか得ることが出来なかった。それでも限られた聞き取りからは現在の子どもの手伝いとの相違が見えてくる。家事や子守、掃除など今の子どもと共有される手伝い以外で目についたものをいくつか拾ってみると、以下のごとくである。

六四歳女性：米たたき、豚の世話
六二歳女性：一日中畑で働く（たばこ栽培、米たたき）
五七歳女性：一日中茶畑で働く
四二歳女性：ピーナッツ売り（三バーツ／一袋）
四〇歳女性：畑で父親の手伝い（水やりなど）
三二歳女性：薪割り、水汲み
三一歳女性：商売の手伝い

第十二章　写真とまんがの文化政治

――子どもの抵抗論――

はじめに

今日の子どもたちの生活環境についてみてゆくとき、いわゆるメディア機器や情報機器の進歩と浸透の現象は見過ごすことのできない重要な観点となっている。ポスト・モダンにむけたメディア研究を先導するシルバーストーンは、現代のメディアを「経験の核」として位置付け、個人と世界の間におけるその「媒介作用」が、人々の経験の構成と世界における意味の生成に深く関わることを指摘する（シルバーストーン 二〇〇三）[1]。このような現代社会のメディアは、子どもや青年の日常生活や経験においても、同様に重要な部分を占めている。また、彼／彼女たちは大人より進んだメディア・リテラシーを備えた世代として、メディア機器との新しい親密性を獲得しつつあり、そのあり方は新しい形態のサブカルチャーも生み出している。

本章は子どもたちの生活文化を構成する現代的位相として、印刷や電子メディアに囲まれた日常を基点に、そこで展開している大人／子どもという関係性の政治についてみていく。これらの関係性について具体的娯楽メディアの受容形態や表象様式などを考察することにより、現代の子ども文化を語るためのひとつの切り口を提示してみたい。考察の手がかりとしては、写真実践[2]やまんが・アニメなど子どもの生活に広く浸透し、その経験の構成にも深く関わっている子どもの表象文化が中心となる。前者に関しては、子どもをめぐる写真表象[3]や実践のプロセスを、また、後者に関しては狡猾者譚的なまんがが作品とその受容の実践を取り上げる。これらはいずれも子ども自身やその主人公（ヒーロー）が視覚的に表象される領域として、すでに子どもの生活世界に深く浸透しており、彼／彼女たちの経験や社会関係のあり方にも強い影響を及ぼしている。

メディアを含むグローバル状況における第三世界の子どもの福祉について、人類学的視点から検討を進めているシェパ＝ヒュージらは、子ども（期）を「セクシュアリティ、再生産、愛情、保護、権力、権威また虐待の潜在性をめぐる一群の言説と実践を表象する」（Scheper-Hughes & Sargent 1998: 2）ものとして捉えその文化的政治の解明を試みている[4]。シェパ＝ヒュージらは「子どもたちへの処遇とその場所が、グローバルな政治・経済的構造とローカルな文化のミクロな相互作用のなかに埋め込まれた日常的実践によっていかに影響をうけているのか」（ibid.: 2）という問題意識にもとづき、「子ども（期）という文化的に構築されたカテゴリー」が大人社会において政治的、イデオロギー的、社会的、経済的に操作される具体相を明らかにしようとした。しかし、子どもをめぐる文化政治の空間は、なにも大人による子どもに対する一方的な権力行使の場としてのみ成立しているわけではないだろう。文化の政治的空間が、本来、様々な表象や実践を介し多様な言説がせめぎあい交渉される場として成立することを考えるならば（小笠原　一九九七）、ここでいう子どもをめぐる文化政治も、子どもの側からの様々な働きかけや作用を念頭に入れた力や関係性の動態として理解すべきであろう。本章では、子どもの主体的で対抗的な表象や実践に注意を向けることによって、このような文化政治の空間を大人と子どもの双方向的な相互作用において捉えてゆこうと思う。それは、社会変革や文化の生産に対する子どもの積極的な関わり方（エージェンシー、コンピテンシー）

(Caputo 1995, Hutchby et al. 1998, Schwartzman 2001) に着目することによって、子どもをめぐる文化政治を、単に大人による子どもの従属化としてだけではなく、大人と子どもの関係性のダイナミズムとして捉えかえす試みでもある。

第一節　子どもをめぐる表象の政治

子どもの行事や成長過程を追って頻繁に行われる親たちの写真撮影は、当該社会における子ども観や発達観を背景とするひとつの他者表象の形式であり、それはまた子ども（期）の文化的構成に深く関わる日常的実践のひとつと考えられる。これに対して、近年の映像テクノロジーの大衆化は、長く大人たちの手中にあった表象の手段を「プリクラ」や「カメラ付きケータイ」などの新しいメディア機器によって子ども自身の手に取り戻させるようはたらいている。これらの現象は、大人／子どもの関係性を前提に子どもの表象をめぐって展開するひとつの日常的政治過程と見なすことができる。

子どもの表象形式としての写真

写真によって子どもの姿を表象することが一般化したのはいつ頃のことだろうか。ヨーロッパ（フランス）では、一九六〇年代には子どもの成長や誕生を撮影する慣習がすでに定着しはじめていたようである（ブルデュー　一九九〇）。子どもの視覚的な表象形式としては、これらの写真に先行するものとして肖像画の伝統が存在していた。子ども期が近代の産物であることを広く知らしめたアリエスが、その論拠として当時の版画や肖像画などの図象資料を積極的に用いたことは周知の通りである。当時、版画や肖像画によって家族や子どもを表象する慣行は、一部の貴族階級に限られていたが、新興市民層が経済力をつけるにつれ、次第に一般市民の間にも普及していった。その後、肖像画に対する人々の欲求は「ダゲレオタイプ」と呼ばれる写真技術に受け継がれ、今日の大衆的な写真文化の隆盛にいたる（ローゼンブラム　一九九八）。子どもを視覚的に表象する習慣は、近代的なメディア・テクノロジーの発達によって急速に浸透してゆくのである。

ブルデューによれば一九六〇年代当時、フランス人の写真機購入の決定的なきっかけは子どもの誕生であった（ブルデュー　前掲書：三二、三四一－三四五、三六〇注一九）。彼はその『写真論』のなかで家族的な写真実践の普及の背景について構造機能主義的な解釈を加え、写真の実効的働きを家族の統合機能のなかに見いだすとともに子どもの誕生をその重要な契機と見なした。

また、子どもの写真は写された状況の如何にかかわらず、結果的に、それ自体として子どもの成長（変化）を表象するものである。そして、写真表象による成長過程の分節化がもっとも典型的にそして劇的に示される場面として、一連の民俗的な産育儀礼の行事がある。例えば、日本国内でも、地域的変異はあるものの、宮参り、百日の祝、初誕生、初節句、七五三参りなど、それは全国的にほぼ一般化した習俗として定着している。すなわち、これら産育儀礼は、記念写真という近代的習俗と結びつくことによって、ローカルで体系化された子どもの成長過程を視覚的に表象する機会となっているのである。

大人による子どもの表象

産育儀礼とそこでの写真の撮影を、子どもやその成長に関する近代的な表象行為と捉えるとき、われわれは参加者たちの間にひとつの関係性を見いだすことができる。それは表象する者（大人）と表象される者（子ども）という一方向的な関係性である。この点において、産育儀礼は誕生から死までをカヴァーする人生儀礼のなかでも、表象の行為主体のあり方において他の儀礼とは明確に区別されるといえる。すなわち、主催者としての親や大人が一貫して子どもやその成長を表象する主体となっている（儀礼における主役とは違う意味において）のである。[5]

このような表象のあり方は、写真やその実践のなかに本来的に伏在する権力作用や支配力に関するひとつの議論を思い起こさせる。思想や言論界に幅広い影響力を持つ米国の批評家ソンタグは、その『写真論』において写真は世界に対する様々な獲得の手法であり、「写真が撮影された事物に対する支配力を与え」、「写真による記録がいつも支配の手段の潜在力をもつ」ことを指摘する（ソンタグ　一九九二：一五九）。彼女によれば、写真は日常生活に幅広く埋め込まれた不可視の権力作用（フーコー）として働いており、その射程は単に個人的な経験の領域にとどまらず近代社会や国家による個人の監視や統御の問題にまで及んでいる（同書：一二）。[6]「写真を収集するということは、世界を収集するということ」（同書：一〇）であり、その結果、撮影されたものは、例えば、家族アルバムに貼られたスナップ写真の年代記的な順序のように「分類・保管の計画に適した情報の制度の一部になる」（同書：一五八）のである。

産育儀礼をひとつの典型とする子どものための写真実践は、親たちによる一方向的で視覚的な他者表象の形式としての性格を備えているといえる。そこでは「儀礼を運営し写真を撮るのは常に親や大人であり、そこで被写体となるのは常に子ども」という不均衡な関係構造がかたくなに維持されているのだ。しかし、写真を含め近代的メディア・テクノロジーとともに育った子どもたちの間には、すでに新しいテクノロジーとの親和性にもとづくそうした関係性への対抗の予兆を見いだすことができる。すなわち、それは大人による一方的表象行為からの逃走であったり、あるいは身近になった映像機器による自己表象の奪回というかたちで現れている。

自己表象の奪回

産育儀礼の写真などを典型とする子どもの表象の実践や機会は、大人と子どものあいだに一方的な関係性を生み出すひとつの政治的場として捉えられる。しかし、そうした一方的で不均衡な表象のあり方は、必ずしも永続的で安定的なものとしてあるわけではない。子どもは、たとえそのような表象の場にあっても、自分なりの交渉と抵抗を示す主体として存在しうる。彼／彼女たちの交渉と抵抗は、大人による儀礼的表象からの逃走や新しいメディアの獲得による自己表象の回復によって示される。

子どもたちはメディアへの接近や操作機会の増大、あるいは自意識の確立過程のなかで、次第に大人による表象に対して抵抗するようになる。その兆候はわれわれの日常経験のすぐ手のとどくところに見いだすことができる。まず一方的表象への抵抗は、子どもたちの多くが成長とともに写真に撮られることを避けるようになる一般的傾向のなかにうかがわれる。例えば、それは日本の写真年賀状というローカルな慣習において具体的に示される。新年の挨拶を兼ねて子どもの誕生や成長を知らせる年賀状の写真から、いつの頃からか子どもの姿が消えていくお馴染みの現象は、たまたま適当な写真がなかったとか、すでに成長が完成したとかいう事情を反映するだけではない。子どもたちの多くは、たとえ同居を続けていたとしても、親たちが主催する表象の舞台から次第に（あるいは突然！）身を引いていくものである。親と一緒に写真に収まることを避け、また親によって一方的に撮られたり自分の表象を使われたりすることを避けるようになるのは、親子関係における一般的な変化やあるいは子どもの精神的な自立や成長の表れとして広く了解される現象であるかもしれない。しかし、本章の観点からすれば、そのような行動変容は表象される者としての位置付けを甘受させられてきた子どもにとって、親と同じフレームに収まらない（自分を撮らせない）といういわば消極的戦略による折衝であり抵抗の実践にほかならないのだ。

さらに、TVやパソコン、ケータイなどの電子メディアによって特徴付けられる後期近代社会の進展は、子どもたちに対してより積極的な対抗の手段をもたらしつつある。ダゲレオタイプの開発以来、子どもを表象する写真実践が急速に大衆化したとはいえ、子どもが自らを表象する機会はこれまでほとんど与えられてこなかった。その意味において「プリクラ」や「カメラ付きケータイ」あるいは「使い捨てカメラ」などの身近な視覚メディアを用いた近年の子どもの「遊び」は、これまでの子どもの自己表象の機会の欠落を一気に回復する注目すべき現象であり、同時にまた、表象をめぐる従来の大人／子どもの関係性を大きく揺るがす契機としても考えることができる。子どもにとって身近な道具となったこれらのメディア機器は、今まで親たちによって占有されていた写真実践や表象の機会を自分たちのものとして奪回する機会をもたらしたのだ。

プリクラの名称で知られる写真シール撮影機「プリント倶楽部」（アトラス社）に関しては、すでに巷間に定着した子ども文化あるいは社会現象としてよく知られている。社会学の栗田はその実証的調査にもとづき、プリクラ遊びの本質について「複数での撮影・交換＝社会的な遊び」を中心とした新たなメディア・コミュニケーション形態と規定している（栗田　一九九九、二〇〇一）。プリクラは一九九六年に爆発的な流行を見せて以来、青少年を中心に写真映像を用いた新しい「コミュニケーション・ツール」として普及しつつある。それはまた視覚的メディアと仲間遊びが交差するところに成立する新しい時代の子ども文化の一形態でもある。しかし、ここでわれわれが注目しているのはプリクラのそのようなコミュニケーション・メディアとしての役割ではなく、彼／彼女たちにとっての自己表象の手段としての側面である。そして、同様にこうした側面は、最近のカメラ付きケータイの利用形態をみても、確かに、友人を含む自分たちを被写体にした使い方として確認されているのである（朝日新聞 〇三／六／二十七）。

これまでの子どもの写真表象の歴史を振り返るとき、子どもが自分たちを写真映像（イメージ）として撮影するという社会現象は、このプリクラの流行と定着をもってひとつの画期とするといえよう。現代メディア社会の子どもたちは、カメラ付きケータイやプリクラあるいは使い捨てカメラなど身近で新しいメディア機器を得て、映像による新たな自己表象の手段と機会を奪回しつつある。写真実践が媒介する大人／子ども関係は、大人による一方向的で支配的なものから、双方向的で交渉的なものへとその新たな局面を見せはじめていると考えられるのである。

第二節　まんが・アニメをめぐる文化政治

子どもの表象をめぐる文化政治について多様な写真メディアの社会的浸透を通してみてきたところで、今度は、同じく大人／子どもの関係性の視点から、子どもの娯楽としてのまんが・アニメを例にその表象構造と受容のあり方についてみてゆこう。まんが・アニメをめぐる政治性の問題に関しては、現代のテレビ・映画メディアのグローバルな展開を前提に、それらの文化帝国主義的な進出を主題化するマクロな観点からの接近と、それらが個々のローカルな文脈において受容され再文脈化されるミクロ（日常的）な過程に注目する二通りの接近方法が考えられる。ここでの主たる関心は後者であるが、その前にまず、前者のマクロなコンテクストについて簡単に触れておこう。

まんが・アニメの世界は、グローバルかつローカルな場としてある今日の子どもの生活世界の重要な部分を構成している。長い間、固有の大衆文化として語られてきた日本のまんが・アニメも、テレビを中心とする電子メディアの革新やその急速な普及によって、アジア諸国ばかりでなく欧米の子どもたちの生活や経験のあり方にも大きな影響を与えつつある（白石 二〇〇三）。テレビや映画によって媒介される子どもの娯楽作品や主人公（キャラクター）は、今日、国境や政治体制の違いを越えてネットワーク化されたサブカルチャー（越境文化）を形成している。日本のまんが・アニメの世界各地における生産と消費の過程は、子ども文化を介した新しい紐帯を実現しているばかりでなく、それらが分かち持たれる空間的な広がりのなかに文化の流通をめぐる新たな地政学も現出させつつあるのだ。

越境的子ども文化としてのまんが・アニメの世界規模での流動は、決して均質的かつ双方向的に起こっているわけではない。例えば、東アジアの具体的文脈に即して越境的ポピュラーカルチャーの研究を行っている岩渕は、アジアにおいて促進される日本のポピュラーカルチャーの受容は、歴史的な確執を乗り越える文化的対話の期待をいだかせるばかりでなく、日本の文化的優越性を根拠とするナショナリスティックな語りとして政治化される場でもありうることを指摘している（岩渕 二〇〇一）。まんが・アニメをめぐって展開するマクロな政治的空間は、メディア技術の革新と産業資本構造の超国家的再編としてのメディア・グローバリゼーションのなかに生み出されているのだ。

子どもたちのまんが・アニメ文化の流通と受容に関しては、その越境的流動を前提に構成されるこうしたマクロな力の関係性も重要な問題であるが、一方で、そのよりミクロな力の関係性についての検討も重要である。なぜなら、今日の子どもたちの生活世界は、まんが・アニメに対する接近や選択をめぐり日々親や大人たちとの交渉や抵抗が展開される場としても存在しているからである。どのようなまんが・アニメが支持されているのか、あるいは具体的にどのように受容しているのかなど、大人／子どものミクロな文化政治は、テクスト内容と受容形態に関するローカルな文脈に即した検討を経ることによりはじめてその全体像を現す。このミクロな文化政治という観点から、次にかつての少年向け人気まんがのジャンルを例にそのテクストの表象構造と受容実践をみてゆこう。

「狡猾者譚」の表象構造

日本のまんが文化における「狡猾者譚」の人気は、大人たちの教育的な配慮あるいは憂慮をよそに、構造的弱者としての主人公の活躍とその消費者としての子どもたちの熱心な受容を通して、子どもの娯楽的メディアにおける対抗的な文化政治の事例を提供していると思われる。ここでいう狡猾者譚とは、もともと日本の昔話分類における「笑話」の下位ジャンルのひとつであるが、筆者がかつて文化記号論的な観点から指摘したように、その独自のテーマと表象構造は時代やメディアを超えて現代の大衆文化のなかにも脈々と受け継がれている（坂元 一九八〇、一九八二）[7]。また、昔話伝承の一般的な凋落のなかで、狡猾者譚を含む笑話の伝統だけは維持されているとの指摘もあり（武田 一九八〇：二四六）、そのジャンルとしての生命力に関しても興味深いものがある。

民俗学の関敬吾によれば、狡猾者譚を含む笑話のジャンルは、嘲笑・風刺に満ちており、欠陥・非行などの行為を好む傾向がある。構造的には単一の形式からなり不思議な事件よりも現実的な事件への興味が主である。また、笑話の主人公は事件の解決にあたって、一般の昔話の主人公が超自然的な援助や呪術に頼るのに比べ、策略やとんちといった即物的解決法によっている。さらに、主人公たちはもっぱら村落社会の最下層の生活者、行商人、渡り職人であることが多く、代官、庄屋、和尚、物知りなど村の権力者や有識者は揶揄の対象となる（関 一九七七：一〇〇―一〇九）。

このような笑話の下位ジャンルを構成する狡猾者譚は、桃太郎など正義の英雄昔話に比べ、伝統的に笑い（おどけ）、いたずら、そして何よりも「狡知」の要素により特徴付けられており、一般に、狡知による不利な力関係の逆転劇をテーマとする昔話ジャンルとして規定される。例えば、九州地方では、きっちょむ話（豊前）、彦一話（肥後）、日当山侏儒どん（薩摩）などがよく知られている。また、同様のジャンルや主人公は、なにも日本の昔話のなかにのみ見いだされるわけではない。欧米の神話研究、あるいは構造主義（記号論）的神話研究における「トリックスター」の物語や表象群は、まずもって想起されるべきものであろう。さらに、米国の社会学者クラップも、ティル・オイレン・シュピーゲルやロビン・フッド、また北米インディアンのウサギといった世界中の神話や伝説のなかに「クレバー・ヒーロー」の系譜を見いだし、狡猾者譚やその主人公の表象における文化や時間を超えた広がりを示唆している。

「クレバー・ヒーロー」の特徴

①　笑い Humor
②　知恵の勝利 Clever Triumph
③　詐欺・不正手段 Fraud and Deception
④　不利な条件 Relative smallness and weakness
⑤　逃避 Escape

（Klapp 1954）

一方、かつて、筆者は現代に生きる狡猾者譚として、一九八〇年代の青少年向けまんが雑誌において狡猾者譚としてカテゴリー化しうる作品群を抽出し、そのメディア形態を超えた歴史的、文化的展開を指摘したことがあった（坂元 一九八一）。その時、少年まんがの狡猾者譚のひとつの典型作品として『おれは鉄平』（ちばてつや 一九七九 講談社）を取り上げている。古いまんが作品ではあるが、その主人公、上杉鉄平のクレバー・ヒーロー的言動には、現代の狡猾者譚としての性格がはっきりと見いだせる。ここでの主人公の活躍の舞台は、私立の名門校王臨学園の剣道部であり、以下は強豪校との試合の模様から抜き出した登場人物たちのセリフの一部である。

〈名門剣道部の主将である吉岡は鉄平のなりふり構わぬ試合ぶりを前に激怒し、部員全員に対し試合や勝負の心構えを説く〉

吉岡主将「この対校試合はたんに勝敗のみではなく、両校剣道部の礼儀・風格をもきそいあっていることを肝に銘じてわすれるな」、「ゲスな剣道をやって勝つよりは、正々堂々と負けた方がずっとまし」

〈これに対し策を凝らして必死で勝とうとしている鉄平は〉

鉄平「そういうセリフは勝ったもんが口にしてはじめてカッコがつくんだよ。負けたんじゃそんなものハラのたしにもなりゃしねえんだい」、「まともに勝負して勝てるくらいならおれだってとっくにそう（正々堂々：筆者）やってますよ」、「このどたん場になってプライドなんぞもちだしやがって王臨のクソッタレどもが」

〈また、応援団や仲間たちのセリフからも鉄平のコミカルで「狡猾な」戦法がうかがえる〉

同級生「なんかこうサギにひっかけたようであまりあと味がよくないけど、まあうまくいった」

応援団「正々堂々とやれ上杉！　策謀をつかいすぎるぞ、おまえは。これ以上きたない手をつかうならおれたちはもう応援せんぞ」

（ちばてつや『おれは鉄平』九巻〜一一巻　一九七九　講談社）

転校生（周辺性）としてやってきた主人公は、学校の名門剣道部に入った新入部員（技能的劣位）であり下級生（年齢階梯下位）という設定である。体格的にも他の部員に比べきわめて小柄（身体的劣位）で、学校文化の中心価値である勉学においても劣等生として描かれる。しかし、持ち前の敏捷さと狡知によって圧倒的に優勢な相手をつぎつぎに負かし、その明朗でユーモアあふれる性格により常に愉快なヒーローとして迎えられているのだ。

ここで取り上げたテクストは、単に子どもの世界における力の競合物語にとどまらず、より汎用性のある構造もパラフレーズしているように思われる。それは大人／子ども関係というもうひとつの対抗的構造である。主人公の対戦相手は常に構造的強者として登場する。それは笑話の狡猾者譚の敵役と同様、ストーリーごとに年長者（上級生）、身体的・技能的優勢、社会規範の担い手など、身体や規範における卓越性を体現して登場する。主たる読者として想定される子どもたちが自分を主人公に同一化するとき、その潜在的敵役として身体的・規範的に卓越する大人や親が配されても何ら不思議はなく、結果として、そこに大人／子どもの対抗軸が浮かび上がってくる。大人／子どもの関係性において読み替えられる狡猾者譚まんがは、まずそのテクスト構造において大人／子どもの力関係とその逆転劇の舞台を準備しているといえるのだ。

テクストの消費と抵抗の実践

少年まんがの狡猾者譚では、物語テクストの内部において力関係の逆転や力への抵抗が構造化されていた。さらに、これらのテクストは子どもたちを中心とする読者層、購買者層によって熱心に受容され消費されているという意味において、同時に日常実践としての抵抗の場も用意していると考えられる。

狡猾者譚を特徴付ける笑いやいたずらは、それが社会的規範やその代表者（大人）たちに向けられるとき、既成のシステムに対する抵抗の武器としての笑い（嘲笑）となり規範を侵犯するいたずらとなる（飯沢 一九七七、小笠原 二〇〇〇）。また、この笑いやいたずらは、単なる抵抗の手段としてだけでなく、制度化され自明化した秩序体系や優劣関係に対し、文化の再活性としての「創造的否定」（バブコック 一九八四）の機会としても捉えることができる。

このような笑いやいたずらのほかに、狡猾者譚のジャンルを規定するさらに重要な特徴として、主人公が目的達成のために用いる手段としての「狡知」がある。主人公による「狡知」の行使は、笑いやいたずらを導く直接の契機として、このジャンルと主人公の性格を最も基本的な部分において規定している。主人公のずるがしこさは、笑いやいたずらにもまして狡猾者譚を他のジャンルから差異化する重要な要素となっているのだ。そして、注目すべきは、狡猾者譚におけるこの狡知が「弱者」の対抗的文化政治に欠くことのできない「戦術」概念にも連続しているという点である。

専門家的理性に対する民衆的知恵の歴史記述を追究したセルトーは、『日常的実践のポイエティーク』（セルトー 一九九九）において、民衆文化の担い手たちが日常生活のなかで示す抵抗的で創発的な実践の意味を明らかにしようとした。その考えは、近年、人類学的民族誌研究のなかでも声なき民衆の抵抗的な日常的実践を描くための理論的な拠り所を提供している（松田 一九九七、小田 一九九八）。セルトーは「戦術」という独自に意味付けられた概念を用いながら、監視と規律化により貫かれた近代社会の網の目のなかで、自分たちなりのやり方で「なんとかやっていく」民衆の生き方そのもの（日常的実践）を日常的な「抵抗」として捉える。そして、住んだり話したり、あるいはまた読書や買い物など人々の日常的な消費実践さえもひとつの「生産」として積極的に意味付けようとしている（セルトー　一九九九：一一－三六）。そのなかには子どもたちがまんがを買って読むというような日常行動も含まれることはいうまでもあるまい。

さらに、セルトーは民話にみられる狡知の逆転劇を現実の日常的実践のための形式範型（再演）と見なし、そのような民話が消費される空間を弱者がその武器を隠しておく場所と捉えている（同書：八〇）。このことは、例えば、自宅で親に隠れて読む、親のいない場所（コンビニや書店など）で読むなど、まんが受容をめぐり大人と子どもの間で展開されるある種緊迫した（?）相互作用を想起させるのに十分であろう。セルトーのいう「戦術」を特徴付けるのは、「ブリコラージュ」（レヴィ＝ストロース）の手法としての「実践的狡智」（同書：一〇五）あるいは民衆の生活力に秘められたしたたかな知恵である。そして、狡猾者譚において繰り広げられるのは、構造的弱者がサバイバルしていくために、「強者の論理としての規範や道徳」ではなく現実的な合理性を優先し「狡知」を是とする物語なのである。社会や親たちの冷たい視線に抗して、あるいはそれから隠れて家の自室やコンビニでまんがを読む（買う）子どもたちの日常は、そうした狡知の実践と表象により日々組み上げられるひとつの文化政治の場として考えることができる。

おわりに

人々の日常的実践に着目した人文・社会科学的アプローチは、言説分析や表象分析などの手法を動員することにより、グローバルかつローカルな文脈を前提としながら、様々な権力作用や関係性の力学を明らかにしつつある。

本章では、文化政治という観点から二つの子どもの娯楽メディアを例に取り上げ、大人／子どもの関係性を相互的で動態的なものとして考えてみた。精緻な検討を残したままの研究展望に終始した観もあるけれども、これからの子ども研究における切り口の一端程度は提示しえたように思う。

子どもをめぐる文化政治の観点は、例えば、シェパ＝ヒュージらが強調したような大人による様々な言説や表象を介した知識＝権力の一方的行使だけでなく、それに対してしたたかに抵抗し交渉する主体としての子どもの姿を的確に捉えることにより、初めてその全体性やダイナミズムが保証されると考える。その意味で、ここに紹介した子どもの写真をめぐる表象の政治や対抗的なまんがテクストの消費実践の例は、大人／子どもを相互的で動態的な関係性において見てゆくひとつの具体的な糸口を示していると思う。

人類学（社会学）的子ども研究の近年の動向として、研究者の視点を受動的対象としての子どもから、行為主体あるいは文化や意味の生産者としての子どもへと転換することの重要性が主張されている（Caputo 1995, Toren 1998）。それはまた、フィールドにおける他者表象の政治性や民衆による抵抗の日常的実践への着目など、異文化の民族誌的理解に関わる人類学的課題とも呼応しあう観点である。子どもをめぐる文化政治の解明が、社会や文化に対する子どもの主体的参画のあり方を、日常生活の文脈のなかでどうすくい上げるかにかかっているとするならば、人類学的な方法や視角は、今後の子ども研究においてもひとつの重要な役割を担いうると思われる。

注

（1）　いうまでもなく、シルバーストーンの基本的な立脚点は、近年の社会学的なメディア文化論あるいはメディアの文化社会学の知的系譜の延長上にある。そこでは理論的源流と思想的スタンスをカルチュラルスタディーズやポスト構造主義的な文化再生産研究にたどり（吉見　一九九八（一九九四））、メディアによって媒介される文化変容や現象を単に還元論的に説明するのではなく、そこに伏在する権力性、政治性にまで目を向けることが意識されている。

（2）　実践とは、一般に人々の日常的、ルーティーン化された慣習的行為をさす。ただし、近年の人類学では、ブルデューの実践理論にもとづき、従来のように制度や規範に従属する反復的な行為として捉えるのでなく、そのなかでの個々人の能動的な関わりを重視し、変動と差異をともないながら絶えず構築的に生み出されるものとして捉える（田辺／松田　二〇〇二：一―三八）。

（3）　ここで表象とは、一般に、異文化（他者）に関する描写や再現をさし、特に人類学では学術的、客観的と考えられてきた民族誌に潜む、知識と権力をめぐる問題として、描く側と描かれる側の力の不均衡を批判的に主題化している。それは、必然的に、広く文化としての人々の日常的な実践や知識、あるいは知的・芸術的・大衆的作品の生産や消費等による社会的過程において、イデオロギー、権力、主体性をめぐる相互作用や力学やあり方、およびそれを前提とした諸行為を取り上げる、いわゆる文化的政治のテーマのなかに位置付けられる。

（4）「子ども（期）」を文化政治的な観点から捉える方法は、文化の構築性、民族誌的な他者記述（表象）の政治性等を重視するいわゆる「ポストモダン人類学」の動向と呼応するものであり、これをひとつの日常性の政治（山田　一九九七）として子どもをめぐる大人たちの日常的な言説や実践の位相に適用するならば、そこには新しい子ども論、子ども文化論のフロントが構成されるだろう。

（5）「人間観や世界観はそれによって構成された現実世界の中にその観念をもつ主体自身が生きているのに対して、児童観や発達観ではそれによって作られた世界に生きる主体と、その観念をもつ主体とが異なっている。観念の主体はおとなであるが、その世界の中におかれているのは子どもである」（矢野　一九九二：七〇）。一見、自明ともとれるこの指摘は、単に児童観・発達観をめぐる観念主体について再確認しているばかりでなく、人生儀礼全体における産育儀礼の基本的特徴、すなわち、それが大人による子どもについての一方的な他者表象の形式および実践となっている点を示唆してもいる。

（6）　一般家庭において写真を介し展開される国家的権力作用については、北部タイの農村家族における居間の写真展示の現地調査を通して具体的に紹介したことがある（坂元　一九九七）。

（7）　筆者はかつて「狡猾者譚」の文化的伝統の連続性とテクストにおける共通構造を、一連のスポーツまんがの作品群を検討することによって指摘した。そこでは一九七九年に刊行された『少年マガジン』（講談社）、『少年ジャンプ』（集英社）、

『少年サンデー』（小学館）、『少年チャンピオン』（秋田書店）等に掲載された作品からスポーツまんが二三作品を取り出し、そのうち一四作品の主人公に狡猾者のキャラクターを認めた（坂元　一九八一）。以下の部分は当時の資料をもとに文化政治の観点から新たにこれを再構成したものである。

参考文献

第一章

綾部恒雄　一九八五「人間と文化」『新編人間の一生――文化人類学の視点――』アカデミア出版会

クリフォード&マーカス編　一九九六『文化を書く』春日直樹他訳、紀伊國屋書店

江淵一公　一九八二「教育人類学」祖父江孝男編『現代の文化人類学2：医療・映像・教育人類学』至文堂

――――　一九九四『異文化間教育学序説――移民・在留民の比較民族誌的分析――』九州大学出版会

比研創立四〇周年記念事業実行委員会編　一九九七『比研四〇年のあゆみ』九州大学教育学部附属比較教育文化研究施設

石附　実　一九九五『教育の比較文化誌』玉川大学出版部

カラベル&ハルゼー編　一九七七／一九八〇『教育と社会変動』（上・下）潮木守一他訳、東京大学出版会

Kelly, D. P. 2000 'Introduction : A Discursion on Ethnography', In Judith Liu et al. (Eds.), *The Ethnographic Eye : An Interpretative Study of Education in China*, pp.1-28. Falmer Press

九州大学教育学部附属比較教育文化研究施設編　一九五七～一九九八『九州大学比較教育文化研究施設紀要』第一号～第五一号

九州大学教育学部附属比較教育文化研究施設編　一九九六『教育文化の比較研究――回顧と展望――』九州大学出版会

丸山孝一　一九九一「マイノリティ教育民族誌方法論（一）」『九州大学比較教育文化研究施設紀要』第四二号、九州大学教育学部附属比較教育文化研究施設

松本誠一　二〇〇三「新刊紹介「韓国朝鮮の文化と社会」一号（風響社）」『民族学研究』六八（一）

松澤員子・南出和余　二〇〇二「文化人類学における子ども研究」『子ども社会研究』第八号

Middleton, J. 1970 *From Child to Adult : Studies in the Anthropology of Education*, The Natural History Press

箕浦康子　一九九六（一九九〇）『文化のなかの子ども』東京大学出版会

Murdock, G. P. et al. 1988(1982) *Outline of Cultural Materials* 5th Edition, Human Relations Area Files（『文化項目分類』国立民族学博物館訳：国立民族学博物館）

Ogbu, J. 1981 'School Ethnography : multilevel approach', *Anthropology & Education Quarterly*, Vol.12(1), 3-29

大家香子 一九九七「小石原村陶工の徒弟教育に関する教育人類学的研究 ── 徒弟教育と個性や創造力の育成について ──」『九州大学比較教育文化研究施設紀要』第五〇号

Scheper-Hughes, N. & Sargent, C. 1998 *Small Wars : Cultural Politics of Childhood*, University of California Press

Schwartzman, H. B. 2001 *Children and Anthropology : Perspectives for the 21st Century*, Westport, CT. Bergin & Gaervey

シングルトン、J 一九九六「日本研究と教育人類学」九州大学教育学部附属比較教育文化研究施設編『教育文化の比較研究 ── 回顧と展望 ──』九州大学出版会

Spindler, G. 1988(1982) *Doing the Ethnography of Schooling : Educational Anthropology in Action*, Waveland Press

Toren, C. 1998(1996) 'Childhood', In Barnard, A. and Spencer, J. (Eds.), *Encyclopedia of Social and Cultural Anthropology*, pp.92-94. Routledge

Wilcox, K. 1988(1982) 'Ethnography as a Methodology and Its Application to the Study of Schooling : A Reviw', In *Doing the Ethnography of Schooling : Educational Anthropology in Action*, pp.456-488. Waveland Press

Yon, D. A. 2003 'Highlights and Overview of the History of Educational Ethnography', *Annual Review of Anthropology*, Vol.32, 411-29

全 京秀 二〇〇四『韓国人類学の百年』岡田浩樹・陳大哲訳、風響社

[中文]

冯 增俊 二〇〇〇『教育人類学』江苏教育出版社

顾 明远 二〇〇〇「序」冯增俊『教育人類学』江苏教育出版社

滕 星 一九九九「国外教育人类学学科历史与现状」『民族教育研究』第四期、中央民族大学期刊社

庄 孔韶 二〇〇〇a「人类学与中国教育的进程（上）」『民族教育研究』第二期、中央民族大学期刊社

──── 二〇〇〇b「人类学与中国教育的进程（下）」『民族教育研究』第三期、中央民族大学期刊社

[韓文]

曺 永達 二〇〇三「韓国教育学人類学会会長挨拶」（韓国教育学人類学会ホームページ http://plaza.sun.ac.kr/~kssae/intro/insa.html）

趙 鏞煥 一九九七『社会化と教育 ── 部族社会の文化伝承過程の教育学的再検討 ──』教育科学社

李 鍾珏 一九九五『教育学人類学の探索』夏雨

ソウル大学校師範大学 二〇〇三「教育人類学研究概観」(http://learning.sun.ac.kr/)

第二章

ベイトソン、G 二〇〇〇『精神の生態学』(改訂第二版) 佐藤良明訳、新思索社

Benedict, R. 1938 'Continuities and Discontinuities in Cultural Conditioning', *Psychiatry*, Vol.161(1)

ボック、F 一九七七『現代文化人類学入門(一)』江淵一公訳、講談社

ブルデュー、P 二〇〇一(一九八八)『実践感覚1』今村仁司他訳、みすず書房

趙 鑛煥 一九九七『社会化と教育——部族社会の文化伝承過程の教育学的再検討——』教育科学社(ソウル)

江淵一公 一九八二「教育人類学」祖父江孝男編『現代の文化人類学2：医療・映像・教育人類学』至文堂

—— 一九八八「G・スピンドラーとL・スピンドラー——文化変容・教育の人類学——」綾部恒雄編『文化人類学群像2：外国編②』アカデミア出版会

福島真人 一九九三「野生の知識工学——暗黙知の民族誌についての試論——」『国立歴史民俗博物館報告』五一

—— 二〇〇一『暗黙知の解剖——認知と社会のインターフェイス——』金子書房

ヘネップ、A 一九七七『通過儀礼』綾部恒雄・裕子訳、弘文堂 (Van Gennep, A. 1909 *Les Rites de Passage*, Librairie Critique, Paris)

ハンクス 一九九三「ウィリアム・F・ハンクスの序文」レイヴ&ウェンガー著『状況に埋め込まれた学習——正統的周辺参加——』産業図書

Hart, C. W. M. 1955 'Contrasts Between Prepubertal and Postpubertal Education', In Spindler, G. 1963, *Education and Culture : Anthropological Approaches*, pp.400-425. New York : Holt

Henry, J. 1960 'A Cross-cultural Outline of Education', *Current Anthloporogy*, Vol.267(1), 267-305

Mead, M. 1970(1942-43) 'Our Educational Emphases in Primitive Perspective', In Middleton, J. (Ed.), *From Child to Adult : Studies in the Anthropology of Education*, pp.1-13. University of Texas Press

ミード、M 一九八二(一九八一)『地球時代の文化論——文化とコミットメント——』太田和子訳、東京大学出版会

茂呂雄二 二〇〇一『実践のエスノグラフィ』金子書房

Pelissier, C. 1991 'The Anthropology of Teaching and Learning', *Annual Review of Anthropology*, Vol.20, 75-95

レイヴ、J 一九九八(一九九五)『日常生活の認知行動』無藤隆他訳、新曜社

レイヴ&ウェンガー 一九九三（一九九一）『状況に埋め込まれた学習——正統的周辺参加——』佐伯胖訳、産業図書

シングルトン、J 一九九六「日本研究と教育人類学」九州大学教育学部附属比較教育文化研究施設編『教育文化の比較研究——回顧と展望——』九州大学出版会

Singleton, J. 1998 *Learning in Likely Places : Varieties of Apprenticeship in Japan*, Cambridge University Press

Spindler, G. 1976 'From Omunibus to Linkages : Cultural Transmission Models', In Joan, I. R. & Akinsanya (Eds.), *Educational Patterns and Cultural Configurations : Anthropology of Education*, pp.177-183. S. K., David McKay Company. Inc.

——— 1988(1982) *Doing the Ethnography of Schooling : Educational Anthropology in Action*, Waveland Press

——— 1997 *Education and Cultural Process : Anthropological Approaches*, Third Edition, Waveland Press

Stafford, C. 1998 'Education', In *Encyclopedia of Social and Cultural Anthropology*, Barnard, A. & Spencer, J. (Eds.), Routledge

高木光太郎 二〇〇一「移動と学習——ヴィゴツキー理論の射程——」茂呂雄二編著『実践のエスノグラフィ』金子書房

竹沢尚一郎 一九八七『象徴と権力——儀礼の一般理論——』勁草書房

田辺繁治 一九九七「実践知としての呪術——北タイにおける憑依の身体技法覚書——」『民族学研究』六二(三)

内堀基光 一九九七「文化相対主義の論理と開発の言説」『開発と文化3：反開発の思想』岩波書店

Whiting, J. W., Child, I. L., and Lambert, W. W. 1966 *Field Guide for a Study of Socialization*, New York : Wiley

Wolcott, H. T. 1991 'Propriospect and the Acquisition of Culture', *Anthropology & Education Quarterly*, Vol.22, 251-273

——— 1997(1982) 'The Anthropology of Leraning', In G. Spindler (Ed.), *Education and Cultural Process*, Third Edition, pp.310-338 Waveland Press

第三章

Allen, M. R. 1967 *Male Cults and Secret Initiation in Melanesia*, Victoria : Melbourne University Press

綾部恒雄 一九八五「大人から見た子ども——子ども観の変遷——」岩田慶治編著『子ども文化の原像——文化人類学的視点から——』日本放送出版協会

ブロック、M 一九九四『祝福から暴力へ——儀礼における歴史とイデオロギー——』田辺繁治・秋津元輝訳、法政大学出版局

ブルデュー、P 二〇〇一（一九八八）『実践感覚1』今村仁司他訳、みすず書房

福島真人 一九九三「野生の知識工学——暗黙知の民族誌についての試論——」『国立歴史民俗博物館報告』五一

―――　一九九三「儀礼とその釈義――形式的行動と解釈の生成――」『課題としての民俗芸能研究』ひつじ書房

―――　一九九五「「儀礼」の意味というパラドックス」『言語』二四巻四号

ギアツ、C　一九八七『文化の解釈学Ⅰ』吉田禎吾他訳、岩波書店

ヘネップ、A　一九七七『通過儀礼』綾部恒雄・裕子訳、弘文堂（Van Gennep, A. 1909 *Les Rites de Passage*, Librairie Critique, Paris)

岩田慶治　一九八五『子ども文化の原像――文化人類学的視点から――』日本放送出版協会

加藤　泰　二〇〇一『文化の想像力――人類学的理解のしかた――』東海大学出版会

小泉潤二　一九八七「儀礼と還元論――中米の事例と機能主義――」伊藤亜人他編『現代の社会人類学2』東京大学出版会

―――　一九八八「儀礼と解釈学――象徴形態を常識的意味に還元することについて――」青木保他編『儀礼――文化と形式的行動――』東京大学出版会

小嶋秀夫　一九八二「児童観研究序説――児童観研究の意義と方法――」三枝孝弘他編著『現代の児童観と教育』福村出版

Lutkehaus, N.C. & Roscoe, P.B. 1995 *Gender Rituals : Female Initiation in Melanesia*, Routledge

Lutkehaus, N.C. 1995 'Feminist Anthropology and Female Initiation in Melanesia', In Lutkehaus, N.C & Roscoe, P.B. (Eds.), *Gender Rituals : Female Initiation in Melanesia*, pp.3-29. Routledge

宮田　登　一九八五「日本の伝統的子ども観」岩田慶治編著『子ども文化の原像――文化人類学的視点から――』日本放送出版協会

Paige, K.E. & Paige, J.M. 1981 *The Politics of Reproductive Ritual*, University of California Press

リーチ、E　一九八一『文化とコミュニケーション』青木保他訳、紀伊國屋書店

Roscoe, P.B. 1995 “'Initiation” in Cross-Cultural Perspective' In Lutkehaus, N.C. & Roscoe, P.B. (Eds.), *Gender Rituals : Female Initiation in Melanesia*, Routledge

坂元一光　一九八五「韓国の子どもと祖先」岩田慶治編著『子ども文化の原像――文化人類学的視点から――』日本放送出版協会

―――　一九九〇「日本の男児選好民俗の一事例――伊賀西部頭屋祭祀調査予報より――」『Cross Culture（光陵女子短期大学研究紀要）』第八号

―――　二〇〇四「子どもの娯楽メディアにおける文化政治――表象と実践をめぐる大人／子どもの関係性――」『子ども社会研究』第一〇号

Sanday, P.R. 2002 *Women at the Center : Life in a Modern Matriarchy*, Cornell University Press

佐藤健二　一九九五「ライフヒストリー研究の位相」中野卓・桜井厚編著『ライフヒストリーの社会学』弘文堂

スペルベル、D　一九七九『象徴表現とはなにか』菅野盾樹訳、紀伊國屋書店

シュッツ、A 一九八〇『現象学的社会学』森川眞規雄・浜日出夫訳、紀伊國屋書店
田辺繁治 一九八九『人類学的認識の冒険：イデオロギーとプラクティス』同文舘出版
宇野しのぶ 一九九二「高知における初誕生儀礼の意味」『民俗学』第一九一号
矢野喜夫 一九九二「児童観・発達観の構造と変遷」村井潤一編『新しい児童心理学講座』第一巻、金子書房
吉成直樹 一九九六『俗信のコスモロジー』白水社
Young, F. W. 1965 *Initiation Ceremonies : A Cross-Cultural Study of Status Dramatization*, Indianapolis : Bobbs-Merrill

第四章

Burnett, J. H. 1969 'Ceremony, Rites, and Economy in the Student System of an American High school', *Human Organization*, Vol.28(1), 1-10
デュルケーム、E 一九七五『宗教生活の原初形態』古野清人訳、岩波文庫
江淵一公 一九八二「教育人類学」祖父江孝男編『現代の文化人類学2：医療・映像・教育人類学』至文堂
Ensign, J. & Quantz, R. A. 1997 'Introduction', *The Urban Review*, Vol.29(4), 217-219
Foster, S. & Litter, M. 1997 'The Vision Quest : Passing from Childhood to Adulthood', In L. C. Mahdi, S. Foster & M. Litter (Eds.), *Betwixt & Between : Patterns of Masculine and Feminine Initiation*, 1997(1987), pp.79-110. Open Court Publishing Company
ヘネップ、A 一九七七『通過儀礼』綾部恒雄・裕子訳、弘文堂(Van Gennep, A. 1909 *Les Rites de Passage*, Librairie Critique, Paris)
Goffman, E. 1967 *Interaction ritual : essays on face-fo-face behavior*, New York : Auchor Books
ゴッフマン 一九八六『儀礼としての相互行為』広瀬英彦・安江孝司訳、法政大学出版局
Lankshear 1999 'Foreword', In Mclaren, P., *School as a Rituals Performance : toward a political economy of educational symbols and gestures*, Lawman & Littlefield Publishers
Magolda, P. M. 2000 'The Campus Tour : Ritual and Community in Higher Education', *Anthropology & Education Quarterly*, Vol.31(1), 24-26
McCadden, B. M. 1997 'Let's Get Our Houses in Order : The Role of Transitional Rituals in Constructing Moral kindergartners', *The Urban Review*, Vol.29(4), 239-251
Mclaren, P. 1999(1986) *School as a Ritual Performance : toward a political economy of educational symbols and gestures*,

Lawman & Litterfield Publishers
ミード、M 一九七六『サモアの思春期』畑中幸子・山本真鳥訳、蒼樹書房
野津隆志 一九九六「タイ農村小学校におけるナショナル・アイデンティティの形成――学校行事の実施とその受容を中心に――」『教育学研究』六三(二)
尾中文哉 一九八九「試験の比較社会学――儀礼としての試験――」『思想』七七八号
小野沢正喜 一九八三「「家庭からの分離」と「異文化との出会い」としての入園・入学」『教育と医学』三一(四)
Pettitt, G. A. 1946 *Primitive Education in North American*, University. of California Press
Quantz, R. A. & Magolda, P. M. 1997 'Nonrational Classroom Performance : Ritual as an Aspect of Action', *The Urban Review*, Vol.29(4), 221-238
武井秀夫 一九九七「病と儀礼――病院の探検――」『岩波講座 文化人類学9 儀礼とパフォーマンス』岩波書店
ターナー、V 一九七六『儀礼の過程』富倉光雄訳、思索社
―― 一九八一『象徴と社会』梶原景昭訳、紀伊國屋書店
潮木守一 一九七四「教育における合理化過程」麻生誠編『社会学講座10 教育社会学』東京大学出版会
Watkins, M.H. 1963 'The West African "Bush" School', In Spindler, G.D., *Education and Culture : Anthropological Approaches*, Holt, Rinehart and Winston
ウェーバー、M 一九六二『支配の社会学2』世良晃志郎訳、創文社
山本雄二 一九九一「学校教育という儀礼――登校拒否現象をてがかりに――」『教育社会学研究』第四九集

第五章

ギアツ、C 一九六九「ジャワのキャイ Kijaji――文化的仲介者の変動する役割」石田雄・長井信一編『インドネシアの権力構造とイデオロギー』アジア経済研究所
―― 一九八七『文化の解釈学I』吉田禎吾他訳、岩波書店
ヘネップ、A 一九七七『通過儀礼』綾部恒雄・裕子訳、弘文堂 (Van Gennep, A. 1909 *Les Rites de Passage*, Librairie Critique, Paris)
服部美奈 一九九六「イスラームにおける通過儀礼と宗教教育に関する序論――インドネシア・西スマトラ州パリアガン村における事例研究――」『比較教育学研究』第二二号
―― 二〇〇一『インドネシアの近代女子教育――イスラーム改革運動のなかの女性――』勁草書房

石川　澄　一九八七「男子割礼をめぐる諸解釈――検討と批判――」『文化人類学4』アカデミア出版
Jones, G. W. 1994 *Marriage and Divorce in Islamic South-East Asia*, Oxford University Press
加藤　剛　一九八〇「矛と盾？――ミナンカバウ社会にみるイスラームと母系制の関係について――」『東南アジア研究』一八（二）
――　一九九六「「インドネシア」の見方――行政空間の認識とその変容――」『東南アジア研究』三四（一）
――　一九九九「大きな家の百年」佐藤浩司編『住まいにつどう』（シリーズ建築人類学2〈世界の住まいを読む〉）、学芸出版社
Kato, T. 1978 'Change and Continuity in Mjnangkabau Matrilineal System', *Indonesia*, Vol.25, 1-16
―― 1982 *Matriliny and Migration : Evolving Minangkabau Traditions in Indonesia*, Ithaka & London, Cornell University Press
倉田　勇　一九六九「スマトラ・ミナンカバウ社会――母系社会の構成と内容について――」岸幸一・馬淵東一編『インドネシアの社会構造』、アジア経済研究所
――　一九七五「Alam minangkabau の Pepatah-petitih」『天理大学学報』第六九輯
Loeb, E. 1934 'Patrilineal and Matrilineal Organization in Sumatra', *American Anthropologist*, Vol.36, 26-56
Lutkehaus, N. C. & Roscoe, P. B. 1995 Gender Rituals : Female Inutudeuib in Melaneia, Routledge
Lutkehaus, N. C. 1995 'Feminist Anthropology and Female Initiation in Melanesia', In Lutkehaus, N. C. & Roscoe, P. B. (Eds.), *Gender Rituals : Female Initiation in Melanesia*, Routledge
Thomas, Lynn L. & Franz von Benda-Beckmann (eds.) 1988(1985) *Change and Continuity in Minangkabau : Local, Regional, and Historical Perspectives on West Sumatra*, Ohio University (Monographs in International Studies, Southeast Asia Series, No.71)
マース、A　一九四三「中央スマトラ横断記」『スマトラ研究』清野謙次訳、河出書房
中村光男　一九九一「東南アジア史のなかのイスラーム」石井米雄編『東南アジアの歴史』（講座東南アジア学4）、弘文堂
西広直子　二〇〇四「インドネシアにおける高齢化と高齢者の現状――ミナンカバウの事例――」（修士論文）、京都大学アジアアフリカ地域研究科
Paige, K. E. & Paige, J. M. 1981 *The Politics of Reproductive Ritual*, University of California Press
ラジャブ、M　一九八三『スマトラの村の思いで』加藤剛訳、めこん
Roscoe, P. B. 1995 '"Initiation" in Cross-Cultural Perspective', In Lutkehaus, N. C. & Roscoe, P. B. (Eds.), *Gender Rituals : Female Initiation in Melanesia*, Routledge
坂元一光　一九九九「インドネシア・西スマトラ村落における通過儀礼の一側面――婚姻・産育儀礼における性別構造を中心に――」

『九州大学大学院教育学研究紀要』創刊号
Sanday, P. R. 1990 'Androcentric and Matrifocal Gender Representations in Minangkabau Ideology', In Sanday, P. R. & Goodenough, R. (Eds.), *Beyond the Second Sex : New Directions in the Anthropology of Gender*, pp.139-168. University of Pennsylvania Press
―――― 2002 *Women at the Center : Life in a Modern Matriarchy*, Cornell University Press
タウフィック、A 一九八五『インドネシアのイスラム』白石さや・白石隆訳、めこん
Whalley, L. A. 1993 *Virtious Women, Productive Citizens : Negotiating Tradition, Islam, and Modernity in Minangkabau, Indonesia*, Ph. D. thesis, University of Illinoi

第六章

福田アジオ 一九八九『時間の民俗・空間の民俗』木耳社
堀　哲 一九七八『三重の文化伝承』伊勢民俗学会
―――― 一九七九「三重県西南部における信仰と歳時習俗（その6）」『中京大学文学部紀要』第一四巻、一・二合併号
堀田吉雄 一九七二『三重―日本の民俗24―』第一法規
―――― 一九八〇『山の神信仰の研究』光書房
―――― 一九八七『頭屋祭祀の研究』光書房
井村道弘 一九七七「近畿中央部の山の神まつりについて―カギヒキを中心として―」『駒沢大学大学院地理学研究』第七号
松阪市史編纂委員会 一九八一『松阪の民俗』（松阪市史第一〇巻）、勁草書房
松園万亀雄 一九八七「社会人類学における性研究」『文化人類学4』、アカデミア出版会
三重県教育委員会 一九七〇『伊賀東部山村調査報告書』三重県文化財調査報告書第一一集
―――― 一九七二『伊賀西部山村調査報告書』三重県文化財調査報告書第一三集
名張民俗研究会編 一九六八『名張の民俗』名張地方史研究会
名張市総務部市史編さん室 二〇〇二『山の神信仰分布調査報告書』名張市総務部
中　貞夫 一九八七『名張市史』名張市役所
小野重朗 一九九〇「年中行事と子供」黎明館企画持別展『子どもの世界』（図録）、鹿児島県歴史資料センター
坂元一光 一九九〇「日本の男児選好民俗の一事例―伊賀西部頭屋祭祀調査予報より―」『Cross Culture（光陵女子短期大学研究紀要）』第八号

竹内利美　一九七九「七五三祝いと子ども組」『講座日本の民俗宗教1』弘文堂

第七章

秋葉　隆　一九五四『朝鮮民俗誌』六三書院
Arnold, F. & Kuo, E. 1984 'The Value of Daughters and Sons : A Comparative Study of the Gender Preference of Parents', *Journal of Comparative Family Studies*, Vol.15(2), 299-318
朝倉敏夫　一九八八「韓国祖先祭祀の変化――都市アパート団地居住者を中心に――」『国立民族学博物館研究報告』一三巻四号
今村　鞆　一九一九『朝鮮風俗集』ウツボヤ書籍店（京城）
金　文卿　一九三四「出産に関する民俗」『朝鮮民俗』第二号、朝鮮民俗学会
Lee, Dong Won 1986 'The Change in the Korean Family and Women', *Challenges For Women : Women's studies in Korea*, pp.230-254, Ewha Women's University Press
Lee, Hoon Koo & Lee, Sung Jin 1973 'Boy preference and Family Planning', *Psychological Studies in Population / Family Planning*, Vol.1(6), 1-27
李　興卓　一九八八「人口状況と将来展望」韓国社会学会編『現代韓国社会学』小林孝行訳、新泉社
李　光奎　一九七八『韓国家族の構造分析』服部民夫訳、国書刊行会
坂井博通　一九八七「日本人の子供の性別選好について」『人口問題研究』第一八二号
坂元一光　一九八四「韓国キリスト教の土着化における文化的新解釈試論」『九州大学比較教育文化研究施設紀要』三五号
――――　一九八五「韓国の子供と祖先」岩田慶治編著『子ども文化の原像――文化人類学的視点から――』日本放送出版協会
――――　一九九二「韓国産育民俗の一側面――男児選好の背景と変容を中心に――」『比較民俗研究』五号
竹田　旦　一九八三『木の雁――韓国の人と家――』サイエンス社
若林敬子　一九八九『中国の人口問題』東京大学出版会
Williamson, N. E. 1976 *Sons or Daughters : a cross-cultural survey of parental preference*, Sage Publications

［韓文］

崔　在錫　一九八二『韓国家族研究』一志社
韓国経済企画院調査統計局　一九九〇『韓国の社会指標』韓国経済企画院
韓　南済　一九八九『現代韓国家族研究』一志社

金　日炫・崔鳳鎬　一九八七「人口構造の変化推移と展望」『韓国の出産力変動と展望』韓国人口保健研究院
金　泳謨　一九九〇『韓国家族政策研究』韓国福祉政策研究所出版部
李　効再　一九九〇（一九七六）『家族と社会』経文社
李　奎植・李　任田　一九八七「差異出産力と避妊実践率」『韓国の出産力変動と展望』韓国人口保健研究院
李　興卓　一九八七「男児選好が出産形態および家族規模に及ぼす影響」『韓国の出産力変動と展望』韓国人口保健研究院
柳　岸津　一九八〇『韓国伝統社会の幼児教育』正民社
――　一九八六『韓国の伝統育児方式』ソウル大学出版部

第八章

堀田吉雄　一九七二『日本の民俗――三重――』第一法規
岸田史生　二〇〇〇「父と子の祭礼――大和東高原のトウヤ儀礼――」八木透編『フィールドから学ぶ民俗学』昭和堂
前田　卓　一九九五（一九七六）『姉家督――男女の別を問わぬ初生子相続――』関西大学出版部
――　一九九七（一九九二）『女が家を継ぐとき――東北・北関東に見る女性の相続――』関西大学出版部
名張民俗研究会編　一九六八『名張の民俗』名張地方史研究会
中村　彰　一九八九「〈宮座〉研究覚書」『季刊人類学』第二〇巻二号
中　貞夫　一九八七『名張市史』名張市役所
大塚民俗学会編　一九七九（一九七二）『日本民俗事典』弘文堂
坂元一光　一九九〇「日本の男児選好民俗の一事例――伊賀西部頭屋祭祀調査予報より――」『Cross Culture（光陵女子短期大学研究紀要）』第八号
高橋統一　一九七八「宮座の構造と変化――祭祀長老制の社会人類学的研究」未来社
――　一九八四「祭りと宮座」『日本民俗文化体系』第九巻、小学館
坪井洋文　一九七七「祭りの地域的諸形態――宮座研究の視点――」『日本祭祀研究集成』第四巻、名著出版

第九章

Arnold, F. & Kuo, E. 1984 'The Value of Daughters and Sons : A Comparative Study of the Gender Preferences of Parents', *Journal of Comparative Family Studies* Vol.15(2), 299-318
Arnold, F. et al. 1975 *The Value of Children : a cross-national study, Introduction and comparative analysis*, Vol.1, East-

West Population Institute, East-West Center
阿藤 誠・中野英子・大谷憲司・金子隆一 一九八八ａ「結婚と出産の動向――第九次出産力調査（夫婦調査）から――」『人口問題研究』第一八七号
―――― 一九八八ｂ「現代青年層の結婚観と子供観――第九次出産力調査「独身者調査」の結果から――」『人口問題研究』第一八八号
福田アジオ 一九九二『柳田国男の民俗学』吉川弘文館
Harris, M. 1987 *Cultural Anthropology*, Second Edition, Harper & Row
柏木惠子 一九九八「社会変動と家族発達――子どもの価値・親の価値――」柏木惠子編『結婚・家族の心理学』ミネルヴァ書房
Krier, J. 1995 'Narrating Herself : Power and Gender in a Minangkabau Woman's Tale of Conflict', In Aihwa, Ong and Michael, G. Peletz (Eds.), *Bewitching Women, Pious Men : Gender and Body Politics in Southeast Asia*, pp.48-75. University of California Press
Peletz, G. M. 1996 *Reason and Passion : Representations of Gender in a Malay Society*, University of California Press
ラジャブ、M 一九八三『スマトラの村の思いで』加藤剛訳、めこん
坂井博通 一九八七「日本人の子供の性別選好について」『人口問題研究』第一八二号
―――― 一九八九「現代日本人の子供の性別選好について――2子の性別パタンと3子出生の関係から――」『社会心理学研究』四（二）
―――― 一九九八『少子化への道』学文社
坂元一光 一九八九「誕生のセクシズム――男児を好む文化と女児を好む文化――」『教育と医学』三七（六）
Tanner, N. 1974 'Matrifocality in Indonesia and Africa and among Black Americans', In M. Rosald et al. (Eds.), *Woman, Culture, and Society*, pp.129-157. Stanford University Press
Sargent, C. & Harris, M. 1998 'Bad Boys and Good Girls : The Implications of Gender Ideology for Child Health in Jamaica' In Scheper-hughes, N. & Sargent, C., (Eds.), *Small Wars : The Cultural Politics of Childhood*, pp.202-227. University of California Press
Schrijvers, J. & Postel-Coster, E. 1977 'Minangkabau Women Change in a Matrilineal Society', *Archipel*, Vol.13, 79-103
Stivens, M. 1996 *Matriliny and Modernity : Sexual Politics and Social Change in Rural Malaysia*, Allen & Unwin
須藤健一 一九八九『母系社会の構造――サンゴ礁の島々の民族誌――』紀伊國屋書店
和歌森太郎 一九七六『女の一生』河出書房新社

Williamson, N. E. 1976 *Sons or Daughters : a cross-cultural survey of parental preference*, Sage Publications
吉田禎吾 一九六五『未開民族を探る——失われゆく世界——』社会思想社
Zelizer, V. A. 1985 *Pricing the Priceless Child : The Changing Social Value of Children*, Basic Books

第十章

Administration Office of Buddhist Mission 1993 *Report of the Buddhist Mission Program in 1993 Srisoda Temple*
天野正治・村田翼夫編 二〇〇一『多文化共生社会の教育』玉川大学出版部
江原裕美編 二〇〇一『開発と教育——国際教育と子どもたちの未来——』新評論
速水洋子 一九九四「北タイ山地における仏教布教プロジェクト：あるカレン族村落群の事例」『東南アジア研究』三二(二)
林　行夫 一九九一「内なる実践へ——上座仏教の論理と世俗の現在——」前田成文編『東南アジアの文化』(講座東南アジア学5)、弘文堂
平田利文 一九九八「タイにおける学校と地域社会との連携——寺院学校の意義と役割——」『平成六〜十年度特別研究　学校と地域社会との連携に関する国際比較研究』国立教育研究所
石井米雄 一九九一『タイ仏教入門』めこん
北村かよ子 一九九五「タイの教育開発の実態と問題点——基礎教育を中心に——」豊田俊雄編『開発と社会——教育を中心として——』(経済協力シリーズ第一七三号)、アジア経済研究所
Keyes, C. F. 1971 'Buddhism and National Integration in Thailand', *The Journal of Asian Studies*, Vol.30(3), 551-568
Mckinnon, J & Vienne, B. 1989 *Hill Tribes Today*, Bangkok : White Lotus
Mulder, J. A. Neil. 1973 *Monks, Merit and Motivation : Buddhist and National Development in Thailand*, Center for Southeast Asian Studies Special Report No.1, Northern Illinois University
村上忠良 一九九八「タイ国境地域におけるシャンの民族内関係——見習僧の出家式を事例に——」『東南アジア研究』三五(四)
村田翼夫 一九九五ａ『タイにおける文化政策の展開とノンフォーマル教育——近代化社会へのタイ的適応——』一九九四年度文部省科学研究費助成金(一般研究C)報告書
——— 一九九五ｂ「タイにおける仏教日曜教育センターの普及」『比較・国際教育』第三号、筑波大学比較・国際学研究室
Nipa, L & Taworn, F. 1993 'Special Interview for Phra sunthonputitada about the Phra Dhammajarik Programme 30th Anniversary', *T. R. I.Quarterly*, Vol.17 No.3,4 July December. Tribal Research Institute, Chiangmai
西川　潤・野田真里編 二〇〇一『仏教・開発ＮＧＯ』新評論

Office of the National Education Commission 1997 *Education in Thailand 1997*, Bangkok : Seven Printing Group
——— 2001 *Education in Thailand 2001/2002*, Bangkok : Kurusapa Lardprao Press
ピッタヤー、W 一九九三『村の衆には借りがある』野中耕一訳、サンサン社（バンコク）
坂元一光 一九九六「北タイ農村の子どもの生活とその変容——小学生児童における遊び、学習、労働——」丸山孝一編著『現代タイ農民生活誌』九州大学出版会
佐藤真理子 一九九三「開発途上国の教育開発——人的資源理論とノンフォーマル教育に焦点を当てて——」『比較・国際教育』第一号、筑波大学比較・国際学研究室
渋谷 恵 一九九八「タイの文化政策にみる「開発」と「文化」——第八次期国家文化計画（一九九七年—二〇〇二年）の分析を中心として——」『比較・国際教育』第六号、筑波大学比較・国際学研究室
Somboon Suksamran 1977 *Political Buddhism in Southeast Asia*, New York : St. Martin's Press
——— 1993 *Buddhism and Political Legitimacy*, Chulalongkorn University Research Report Series No.2, Research Dissemination Project Research Division
末廣 昭 一九九三『タイの開発と民主主義』岩波書店
鈴木 紀 一九九九「「開発人類学」の課題」『民族学研究』六四（三）
豊田俊雄編 一九九五『開発と社会——教育を中心として——』（経済協力シリーズ第一七三号）、アジア経済研究所
鶴見和子・川田侃編著 一九八九『内発的発展論』東京大学出版会
Tribal Research Institute Chiangmai & Public Welfare Department Ministry of Interior 1985 *Evaluation of Education for Hilltribes in Buddhist Mission Program*
渡邊洋子 二〇〇二『生涯学習時代の成人教育学——学習者支援へのアドヴォカシー——』明石書店
米岡雅子 二〇〇一「内発的発展と教育」西川潤編『アジアの内発的発展』藤原書店

第十一章

Amornvivat, Sumon et al. 1990 *Thai Ways of Child Rearing Practices : An Ethnographic Study*, International Development and Research Center, Canada, and by the Unit Cell, Chulalongkorn University
Ekachai, S. 1993 *Behind the Smile : Voice of Thailand*, Thai Development Support Committee, Bangkok
深谷昌志 一九八七『放課後の子どもたち』第三文明社（灯台ブックス）
平田利文 一九八九「第三世界のカリキュラム改革——タイの場合——」『比較教育学研究』第一五号

―――― 一九九五「世界の教育改革：タイ」権藤與志夫編著『二十一世紀をめざす世界の教育』九州大学出版会

Kaufman, H. K. 1960 '*Banghkuad : A Community Study in Thailand*', J. J. Augustin Incorporated Publisher, Locust Valley, New York

Kingshill, K. 1991 *Ku Daeng: Thirty Years Later*, Center for Southeast Asian Studies, Northern Illinois University

丸山孝一 一九七三「タイ農村社会における社会化の諸相――特に家族及び仏教寺院の教育的機能について――」『九州大学比較教育文化研究施設紀要』第二三号、九州大学教育学部附属比較教育文化研究施設

――――編著 一九九六『現代タイ農民生活誌』九州大学出版会

渋谷 恵 一九九三「タイにおける山地民教育」『比較教育学研究』第一九号

総務庁青少年対策本部編 一九八七『日本の子供と母親』

Tambiah, S. J. 1970 *Buddhism and the Spirit Cults in North-east Thailand*, Cambridge University Press

タイ文部省編 一九七九『タイの子どもの遊び（中央タイ）』平田利文訳（未刊）

第十二章

バブコック、B 一九八四『さかさまの世界――芸術と社会における象徴的逆転――』岩崎宗治・井上兼行訳、岩波書店

ブルデュー、P 一九九〇『写真論――その社会的効用――』山縣熙他訳、法政大学出版局

Caputo, V. 1995 'Anthropology's silent 'others', In Vered Amit-Talai and Helena Wulff (Eds.), *Youth cultures : A Cross-cultural Perspective*, pp.19-42. Routledge

ちばてつや『おれは鉄平』（第九～一一巻）、講談社

Hutchby, I. & Moran-Ellis 1998 *Children and Social Competence : Arenas of Action*, The Falmer Press

飯沢 匡 一九七七『武器としての笑い』岩波書店

岩渕功一 二〇〇一『トランスナショナル・ジャパン――アジアをつなぐポピュラー文化――』岩波書店

Klapp, O. E, 1954 'The Clever Hero', *Journal of American Folklore*, Jan.-March, 21-34

クラップ、O・E 一九七七『英雄・悪漢・馬鹿――アメリカ的性格の変貌――』中村祥一・飯田義清訳、新泉社

栗田宣義 一九九九「プリクラ・コミュニケーション――写真シール交換の計量社会学的分析――」『マス・コミュニケーション研究』五五号

―――― 二〇〇一「プリクラ・コミュニケーション再考」『武蔵大学総合研究所紀要』一一号

松田素二 一九九七「都市のアナーキーと抵抗の文化」『岩波講座 文化人類学6 紛争と運動』岩波書店

小田　亮　一九九八「民衆文化と抵抗としてのブリコラージュ」田中雅一編著『暴力の文化人類学』京都大学学術出版会

小笠原浩方　二〇〇〇『悪戯文化論――わるガキの群像――』新曜社

小笠原博毅　一九七七「文化と文化を研究することの政治学――スチュアート・ホールの問題設定――」『思想』第八七三号

ローゼンブラム　一九九八『写真の歴史』大日方欣一他訳、美術出版

坂元一光　一九八〇「民俗学的にみた児童漫画」『九州教育学会紀要』第八巻

――――　一九八一「狡猾者譚としての少年漫画――民話的英雄の現代への回帰――」『教育と医学』九（二）

――――　一九九七「北タイ農村家庭における写真展示とその視覚的「語り」」『比較家族史研究』第一一号

――――　二〇〇〇「通過儀礼と表象テクノロジー――子どもをめぐる民俗表象形式への写真の介入――」『九州大学大学院教育学研究紀要』第二号

Scheper-Hughes, N. & Sargent, C. 1998 *Small Wars: Cultural Politics of Childhood*, University of California Press

Schwartzman, H. B. 2001 *Children and Anthropology: Perspectives for the 21st Century*, Westport, CT. Bergin & Gaervey

関　敬吾　一九七七『日本の昔話――比較研究序説――』日本放送出版協会

セルトー、M　一九九九（一九八七）『日常的実践のポイエティーク』山田登世子訳、国文社

白石さや　二〇〇三「文化人類学と大衆文化――マンガ・アニメのグローバリゼーションを事例として――」綾部恒雄編著『文化人類学のフロンティア』ミネルヴァ書房

シルバーストーン　二〇〇三『なぜメディア研究か――経験・テクスト・他者――』吉見俊哉他訳、せりか書房

ソンタグ、S　一九九二（一九七九）『写真論』近藤耕人訳、晶文社

武田　明　一九八〇『日本笑話集』社会思想社（現代教養文庫）

田辺繁治・松田素二　二〇〇二『日常的実践のエスノグラフィ』社会思想社

Toren, C. 1998(1996) 'Childhood' In Barnard, A. and Spencer, J. (Eds.), *Encyclopedia of Social and Cultural Anthropology*, pp.92-94. Routledge

ターナー、V　一九八一『象徴と社会』梶原景昭訳、紀伊國屋書店

山田富秋　一九九七「子ども現象とエスノメソドロジー」『児童心理学の進歩』三六巻、金子書房

矢野喜夫　一九九二「児童観・発達観の構造と変遷」村井潤一編『新しい児童心理学講座』第一巻、金子書房

吉見俊哉　一九九四『メディア時代の文化社会学』新曜社

あとがき

大学で教育人類学や子ども文化論を講じる機会を与えられるうちに、いつしか子どもの人類学（Children and Anthropology）という研究領域について関心を持つようになった。本書もそうした関心の延長上に構想されたものである。さらに、それは、本書の中で触れてきた、比研の人類学的教育研究の幅広い実践を身近に見聞きしてきた経験とも結びついている。広く教育（学習）の過程も含んだ子どもの生活文化の実態や仕組みに対し、人類学的視角と方法から接近してゆくこの領域に関しては、最近、研究者の間でも少しずつ言及されるようになっているものの、今のところ、自律的な研究の潮流を形成するまでには至っていない。そこには、この領域がそれ自体として体系化や理論化にそぐわないということだけでなく、かつて人類学的な文化記述や研究のなかで「女性」が当該文化の担い手として軽視されていたように、「子ども」も同じように周辺化されてきたという経緯とも関係しているように思われる。本書は、そうした文化の記述や研究のなかで長い間脇役に甘んじてきた子どもに対して、人類学の様々な観点からの光を当てることで、彼／彼女たちを少しでもその表舞台に引き出そうとするささやかな試みである。とはいえ、子どもやそれをめぐる事象に対する把握の仕方や分析視点において、本書にはいまだ多くの課題が残されている。今日、人類学（社会学）における子どもの文化や教育に対する視点や問題関心の立て方は、すでに大きな転換期を迎えており、新旧の論考から編集された本書の場合、そのすべての部分において最新の動向や成果が反映されているわけではない。例えば、本書で取り上げた産育のローカルな観念や実践への民族誌的関心は、今日、女性の人権を強く意識したリプロダクティブ・ヘルス／ライツの問題へと接続され、新たな課題領域を構成しつつある。また、教育人類学の主要テーマであった学校中心の文化伝達や文化化研究に対しては、より広い生活世界のなかで暗黙知や実践知の形成過程を文脈に即して追及する新しい研究関心の流れが生み出されている。さらに、子どもの捉え方それ自体に関しても、これを常に構造的に規定され、また、そこから一方的に析出される対象(subject)として見てゆく視点から、社会や文化の生成過程に深く参与する主体的存在と見なす視点へと研究者のまなざしのあり方は大きく変わりつつある。本書で積み残した部分に関しては、今後、さらに当該社会における子ども(期)の編成過程やそのエージェンシー等を意識したフィールド研究によって乗り越えてゆかねばならないと考えている。その意味で、本書は、新しい子どもの人類学を構想してゆくための準備作業としても位置づけられている。

多くの宿題を残した内容ではあるが、とりあえず、このような形で本書をまとめることができたのは多くの方々の助力に拠っている。多地域にわたるために一人一人のお名前を挙げることは出来ないけれども、本書に登場する日本、韓国、タイ、インドネシアなどでの現地調査においては、それぞれの地で大勢の関係者の方々に多大なご理解とご協力をいただいた。この場を借りて、まず心よりの感謝を申し上げたい。また、本書のなかの主要な論考のもとになった海外調査の機会をあたえてくださったお二人の先生にも感謝申し上げなければならない。そのうち、韓国の性別子ども観の調査研究に関しては、かつて国立民族学博物館を中心に行われた子ども文化の文化人類学的研究の共同プロジェクト(一九八二〜一九八五年)において、綾部恒雄先生(筑波大学名誉教授)らの研究グループに加えていただくことで可能になった。同じく、韓国とタイにおける子どもや教育を取り巻く文化の変容過程に関する度重なる現地調査の機会は、丸山孝一先生（福岡女学院大学教授、九州大学名誉教授）の研究グループに加えていただくことで可能になったものである。

最後に、九州大学出版会の藤木雅幸氏には、本づくりの素人である筆者に対し、企画から出版までの要所、要所においてその豊かな経験にもとづく適切なアドヴァイスをいただいた。また、同編集部の尾石理恵さんには、行儀の悪い筆者の校正原稿に最後まで丁寧かつ忍耐強くお付き合いいただき、本当に感謝している。そして、かつての同僚の根之木英二氏（大分県立芸術文化短期大学教授）には、唐突なお願いにもかかわらず、本書の装丁をこころよくお引き受けいただいた。あらためてお礼を申し述べたい。

二〇〇五年十一月

坂元一光

〈初出一覧〉

本書のもとになった論考は以下に示す通りである。ただし、新旧の論考を四つのテーマに沿って編集してゆく作業のなかで、ほとんど原型をとどめないものも含め、それぞれ大幅な改稿が付されていることをお断りしておく。


第一章「人類学的子ども・教育研究の組織的展開――自校史的視点から――」『九州大学大学院教育学研究紀要』第六号（二〇〇四）。

第二章「伝達・学習・状況――文化伝達・文化化論の展開に関する覚書――」『国際教育文化研究』第二巻（二〇〇二）。

第三章 書き下ろし
第四章「学校教育研究における儀礼論的接近――若干のレヴューと展望――」『九州大学大学院教育学研究紀要』第四号（二〇〇二）。

第五章「インドネシア・西スマトラ村落における通過儀礼の一側面」『九州大学大学院教育学研究紀要』創刊号（一九九九）。

第六章「人、稲、イエの再生産儀礼としての子どもの祭り――名張市箕曲中村のカギヒキ・ネントゴの事例から――」『西日本宗教学雑誌』第一三号（一九九一）。

第七章「韓国産育民俗の一側面――男児選好の背景と変容を中心に――」『比較民俗研究』第五号（一九九二）。

第八章「日本の男児選好民俗の一事例――伊賀西部頭屋祭祀調査予報より――」『Cross Culture（光陵女子短期大学研究紀要）』第八号（一九九〇）。

第九章「女児選好の理由と背景について――民族誌あるいは統計調査（日本）資料を中心に――」『Cross Culture（光陵女子短期大学研究紀要）』第九号（一九九一）。

第十章「北タイ農村の子供の生活とその変容」『現代タイ農民生活誌』（丸山孝一編著）九州大学出版会（一九九六）。

第十一章「タイ教育開発と寺院学校」『九州大学大学院教育学研究紀要』第五号（二〇〇三）。

第十二章「子どもの娯楽メディアにおける文化政治——表象と実践をめぐる大人／子どもの関係性——」『子ども社会研究』第一〇号（二〇〇四）。

著者紹介

坂元一光（さかもと・いっこう）

1954年　鹿児島県生まれ

1977年　九州大学教育学部卒業

1981年　九州大学大学院教育学研究科博士課程退学，同大教育学部附属比較教育文化研究施設助手，光陵女子短期大学及び大分県立芸術文化短期大学助教授を経て1998年より現職

現在　九州大学大学院人間環境学研究院　助教授・博士（教育学）

専攻　文化人類学・教育人類学

著書　『子ども文化の原像 ── 文化人類学的視点から ──』（共著）日本放送出版協会，1985

『現代タイ農民生活誌』（共著）九州大学出版会，1996

『アジアの文化人類学』（共著）ナカニシヤ出版，1999，他

論文　「韓国産育民俗の一側面」『比較民俗研究』第5号，1992

「子どもの娯楽メディアにおける文化政治」『子ども社会研究』第10号，2004，他

アジアの子《こ》どもと教育文化《きょういくぶんか》

── 人類学的視角と方法 ──

2006年2月1日　初版発行

著　者　坂　元　一　光

発行者　谷　隆　一　郎

発行所　(財)九州大学出版会

〒812-0053　福岡市東区箱崎7-1-146

九州大学構内

電話　092-641-0515（直　通）

振替　01710-6-3677

印刷／㈲レーザーメイト・㈲城島印刷　製本／篠原製本㈱

ISBN4-87378-897-8